北京师范大学学科交叉建设项目“互联网传播的大数

构与应用”支持成果

2020中国海外网络传播力建设报告

THE REPORT OF CHINESE OVERSEAS NETWORK

COMMUNICATION IN 2020

张洪忠　方增泉 ◎ 著

联合发布方

北京师范大学新媒体传播研究中心

中国日报网、光明网

北京师范大学教育新闻与传媒研究中心

经济管理出版社

ECONOMY & MANAGEMENT PUBLISHING HOUSE

图书在版编目（CIP）数据

2020 中国海外网络传播力建设报告/张洪忠，方增泉著．—北京：经济管理出版社，2021.3
ISBN 978－7－5096－7855－8

Ⅰ.①2…　Ⅱ.①张…②方…　Ⅲ.①网络传播—研究报告—中国—2020　Ⅳ.①G206.2

中国版本图书馆 CIP 数据核字(2021)第 048956 号

组稿编辑：杜　菲
责任编辑：杜　菲
责任印制：黄章平
责任校对：张晓燕

出版发行：经济管理出版社
（北京市海淀区北蜂窝 8 号中雅大厦 A 座 11 层　100038）
网　　址：www.E－mp.com.cn
电　　话：(010) 51915602
印　　刷：唐山昊达印刷有限公司
经　　销：新华书店
开　　本：787mm×1092mm/16
印　　张：16
字　　数：432 千字
版　　次：2021 年 3 月第 1 版　　2021 年 3 月第 1 次印刷
书　　号：ISBN 978－7－5096－7855－8
定　　价：98.00 元

联系地址：北京阜外月坛北小街 2 号
电话：(010) 68022974　　邮编：100836

课题组成员

总　负　责　人： 张洪忠　方增泉

课题组参与人员：

《2020 **中国大学海外网络传播力建设报告**》

课 题 组 成 员：任吴炯　常　晋　郑　伟　祁雪晶

数　据　处　理：苏世兰

数据采集助理：朱乐怡　陈思雨

《2020 **中国央企海外网络传播力建设报告**》

课 题 组 成 员：王海丞　张　恒　李长健　郭诗媛

闫昊扬　郑　伟　祁雪晶

数　据　处　理：苏世兰

《2020 **中国城市海外网络传播力建设报告**》

课 题 组 成 员：李馨婷　李思雨　李婉慈　王秋懿　周怡帆

符冬妮　李长健　郑　伟　祁雪晶

数　据　处　理：苏世兰

联合发布方：

北京师范大学新媒体传播研究中心

中国日报网

光明网

北京师范大学教育新闻与传媒研究中心

目 录

第一章　2020 中国大学海外网络传播力建设报告

摘　要

高等学校“双一流”建设是继“985 工程”、“211 工程”之后我国高等教育领域的又一国家战略，着力于提升中国高等教育综合实力和国际竞争力。我国大学在国际上的传播能力在一定程度上反映了大学在国际上的影响力和竞争力。研究我国大学的海外网络传播力建设的效果，对高校深入推进“双一流”建设有着重要的参考价值。

基于以上，研究团队选取了 141 所我国内地大学（涵盖全部双一流大学和原 211 大学）、42 所我国港澳台大学作为研究对象，并以 4 所日韩大学、4 所美国大学为参照分析，从 Google、Wikipedia、Facebook、Twitter、Instagram、YouTube 6 个平台采集数据进行分析。

研究发现：2020 年我国大学的海外网络传播力具有以下特征：

（1）在 2020 年的内地大学海外传播力综合指数排名中，前十名大学依次为：清华大学、北京大学、上海交通大学、浙江大学、南京航空航天大学、天津大学、中国美术学院、复旦大学、华中科技大学和华东师范大学。清华大学和北京大学的头部效应显著。

（2）海外传播力与 QS 排名有显著相关关系。将本次研究对象包含的 25 所大学的海外网络传播力排名与 QS 世界大学排名做相关性分析，发现 QS 世界大学排名与中国大学海外网络传播力排名呈显著相关，这在一定程度上反映出两者相辅相成，共同推动大学整体海外形象建设和实力提升。

（3）内地大学排名第一与美国大学排名第一差距缩小，开始超过港澳台大学。将最近 5 年内地大学海外网络传播力第 1 名的高校传播力指数与同年港澳台大学、美国参照大学和日韩参照大学第 1 名分别进行对比，发现内地排名第 1 的高校海外传播力整体处于提升态势，与美国参照大学差距在缩小，开始超过港澳台大学与日韩参照大学。

（4）因为新冠疫情议题，武汉 5 所高校海外传播力排名上升，部分医学类专业高校在 Google 新闻数量上相对于上年有较快的增长。华中科技大学、武汉大学进入排名前十五，华中科技大学进入排名前十，社会关注度增高；华中师范大学、华中农业大学和中南财经政法大学相较上年上升超过 15 个名次，进步明显；以北京协和医学院、南京中医药大学、北京中医药大学等为代表的医学类专业高校在 Google 新闻数量上相对于上年有较大的增长。

（5）内地大学整体上对海外社交、视频平台建设重视程度还不够，关注度与活跃度普遍偏低，整体上仍需进一步加强“走出去”的传播力建设。从 Twitter、Instagram、Facebook 和 YouTube 4 个海外社交与视频平台来看，内地大学相对参照大学的海外传播力建设仍有较大差距，海外社交平台建设不完善、不系统，对平台运营不重视、不活跃，绝大多数内地大学在海外社交平台传播力建设上低迷、存在感弱，未来需高度重视、重点发力。

一、背景

自 2015 年开始，经中共中央审议、国务院批准同意，出台了关于统筹推进世界一流大学和一流学科建设总体方案的系列文件，对新时期高等教育重点建设做出新部署，强调高等教育综合实力和国际竞争力的全面提升。2018 年，教育部等印发《关于高等学校加快“双一流”建设的指导意见》，进一步指导推进高校“双一流”建设，其中再次提出国际合作交流的总体要求。

互联网技术的普及应用使得各个国家和地区跨越国界和地域成为一个地球村。中国正以积极、开放的态度走向世界。作为国家科技和人才发展重要名片之一，中国大学的海外网络传播力既是大学国际化的组成部分，也是国家“走出去”战略的重要构成部分。

为了更科学、准确地评价中国大学的海外传播力建设状况，为中国大学以及国家“走出去”战略提供更具针对性的参考，本报告选取 Google、Wikipedia、Twitter、Facebook、Instagram、YouTube 6 个平台作为中国大学海外网络传播力的分析维度，考察中国大学的海外传播力建设现状。

Google 是全球最大的搜索引擎，提供 30 余种语言服务，在全球搜索引擎平台上占据主导地位。因此，以 Google News 为平台分析中国大学的新闻内容和报道数量具有较高的研究价值和可信度。Google Trends 是基于用户搜索行为的数据平台，可以反映中国大学某一时间段内在该平台上的搜索热度，从而整体把握中国大学在海外的受关注程度。

Wikipedia 是全球任何用户都可以编辑、基于多种语言写成的网络百科全书，也是一个动态的、可自由访问的全球知识体。Wikipedia 是世界最大百科类网站，有着强大的访问量，对受众来说，它是一个较受信赖的寻找答案、发现事实的平台。Wikipedia 上英文词条完整性能够在一定程度上反映中国大学面向全球编辑和完善英文媒体资料的主动性和积极性。

Twitter 在全世界都非常流行，截至 2020 年第三季度，Twitter 的可货币化日活跃用户达 1.87 亿，受众广泛。Twitter 为受众提供了一个公共讨论平台，所有信息都可以及时检索。Twitter 在自媒体平台上有着很强的国际影响力，在国际网站 Alexa.com 排名中，Twitter 影响力名列前茅。

Facebook 是全球最大的社交网络平台，用户可以利用该平台发布各种内容，与拥有共同兴趣的好友交流讨论和分享网络信息。Facebook 已覆盖 200 多个国家和地区，是全球影响力最高的社交媒体平台，也是全球市值最高的社交网络公司。Facebook 的官方主页是企业宣传和吸引粉丝的重要阵地，Facebook 平台的数据统计在一定程度上可以反映中国大学海外传播的触达范围及深度。

Instagram 于 2010 年 10 月推出，不同于传统社交媒体，它更专注于图片分享，主推图片社交，深受年轻人欢迎。自问世以来一直保持高速增长，2018 年 6 月，月活跃用户量已经突破 10 亿关口，超过 400 亿的照片在这里被分享，它的快速发展表明以图片及视频分享服务为主的社交媒体正在蓬勃发展，以图会友的新型社交媒体平台逐渐成为主流。

YouTube 是世界上规模最大和最有影响力的视频网站，用户可在该平台内自主上传和浏览全球范围的视频内容，YouTube 影片内容包罗万象，深受中年和青少年人群青睐。在 YouTube 平台上进行影像视觉传播可以做到快速、大范围传播，吸引用户成为企业品牌粉丝。YouTube 平台的统计数据在一定程度上可以反映中国大学的跨文化传播和沟通能力。

本报告将传播力分为三个层次。第一个层次是“在场”，衡量标准是一个国家在互联网场域中的出现频率，操作化定义是提及率。第二个层次是“评价”，即“在场”内容是否引起评价，以及评价的正面或负面。第三个层次是“承认”，即互联网世界对一个传播内容的价值认可程度。多元文化背景下的海外传播环境中，“在场”是基础，只有在“在场”的前提下，才可能有后面的层次。而“评价”是重点，直接影响大学代表的形象。因此，本报告从第一层次的“在场”维度和第二层次的“评价”维度来考察我国大学在海外互联网世界中的传播力。

本报告选取 141 所中国内地大学、42 所港澳台大学作为研究样本，通过抓取国际搜索网站和大型社交平台数据，设定具体的维度和指标进行比对分析，以期了解我国大学的海外网络传播力现状，提高我国大学海外传播能力，完善我国海外网络传播体系建设，进而提升中国整体的国际传播实力。

二、指标和算法

（一）指标

本报告采用专家法设立指标和权重。研究择取 Google、Wikipedia、Twitter、Facebook、Instagram、YouTube 6 个平台作为考察维度。各维度下设具体指标，各指标以不同权重参与维度评估，各维度以不同指标共同参与中国大学与参照大学海外传播力评估。

6 个维度共有二级指标 25 个，逐一赋予权重进行量化统计和分析，得出 183 所中国大学在海外网络传播力指数。各项指标权重如下：

表 1-1　中国大学海外网络传播力各项指标体系及权重　　单位：%

维度	指标	权重	
Google	Google News	25	30
	Google Trends	5.0	
Wikipedia	词条完整性	2.5	10
	一年内词条被编辑的次数	2.5	
	一年内参与词条编辑的用户数	2.5	
	链接情况（What links here）	2.5	
Twitter	是否有官方认证账号	1.0	15
	粉丝数量	3.5	
	一年内发布的内容数量	3.5	
	一年内最高转发量	3.5	
	一年内最多评论数	3.5	
Facebook	是否有官方认证账号	1.0	15
	好友数量	4.6	
	一年内发布的内容数量	4.7	
	一年内最高赞数	4.7	
Instagram	是否有官方认证账号	1.0	15
	粉丝数量	2.8	
	一年内发布的内容数量	2.8	
	一年内最多回复数量	2.8	
	一年内图文最高点赞量	2.8	
	一年内视频最高点击量	2.8	
YouTube	是否有官方认证账号	1.0	15
	订阅数量	4.6	
	一年内发布的内容数量	4.7	
	一年内最高点击量	4.7	

（二）算法

1. 数据整理

将非定量数据转化成定量数据，非定量数据所在指标分别为：Wikipedia 中的“词条完整性”、Twitter 中的“是否有官方认证账号”、Facebook 中的“是否有官方认证账号”、Instagram 中的“是否有官方认证账号”、YouTube 中的“是否有官方认证账号”等。

2. 计算各个指标的校正系数 X_{ij}

由于各项指标之间的数量级不同，为了平衡各项指标的数据差距，以确保各项指标在总体中所占的比重能够达到既定的权重，为此，根据表 1－1 所列的指标权重计算每个指标的校正系数，计算公式如下：

$$X_{ij} = \frac{K_{ij}A}{a_j} \qquad (1-1)$$

3. 计算每一所大学的海外网络传播力的综合指数和单一指数

计算公式分别如下：

$$Y = \sum_{i=1}^{6} \sum_{j} a_{ij}X_{ij} \qquad (1-2)$$

$$Y_i = \sum_{j} a_{ij}X_{ij} \qquad (1-3)$$

式中，Y 表示任意大学的海外网络传播力的综合指数。

Y_i 表示任意大学的海外网络传播力的单一指数，如 $i=1$，Y_i 代表任意大学在 Google 搜索上的海外传播力。

a_{1j}表示 Google 搜索任意指标的数值，$j=1$，2。

a_{2j}表示 Wikipedia 任意指标的数值，$j=1$，2，3，4。

a_{3j}表示 Twitter 任意指标的数值，$j=1$，2，3，4，5。

a_{4j}表示 Facebook 任意指标的数值，$j=1$，2，3，4。

a_{5j}表示 Instagram 任意指标的数值，$j=1$，2，3，4，5，6。

a_{6j}表示 YouTube 任意指标的数值，$j=1$，2，3，4。

K_{ij}表示任意指标的权重。

a_j 表示任意指标的均值。

A 表示所有指标的均值的和。

（三）数据采集时间

本报告中 Google、Wikipedia、Twitter、Facebook、Instagram、YouTube 6 个维度 25 个二级指标的采集时间均为 2019 年 10 月 15 日至 2020 年 10 月 14 日。

（四）研究对象

1. 中国大学

本报告选取 183 所大学作为研究对象，包括 141 所内地大学（涵盖全部“双一流”大学和原“211”大学）以及 42 所我国港澳台大学，试图对中国大学的海外网络传播力做全景分析。同时选择了 4 所日韩大学、4 所美国大学作为参照分析。

2017 年 9 月 21 日，教育部、财政部、国家发展改革委联合发布《关于公布世界一流大学和一流学科建设大学及建设学科名单的通知》[①]，在既有“985 工程”、“211 工程”大学名单基础上，正式确定世界一流大学和一流学科建设大学及建设学科名单，首批

① 中华人民共和国教育部，http：//www. moe. gov. cn/srcsite/A22/moe_ 843/201709/t20170921_ 314942. html。

“双一流”建设名单中大学共计 137 所。本报告在以往大学海外网络传播力研究的基础上，在原“211 工程”大学名单中加入新增“双一流”建设的大学，最终共计研究 141 所中国内地大学。这些大学建设较为成熟或发展优势突出，代表了我国内地高等教育的领先水平，对其研究能一窥我国内地大学海外网络传播力发展的前沿现状。

研究选取 42 所入选 QS 亚洲大学排行榜 200 强的我国港澳台大学作为探究我国香港、澳门、台湾三地大学网络传播力发展现状的研究样本，具体是香港地区大学 7 所、澳门地区大学 1 所、台湾地区大学 34 所。这 42 所大学在亚洲大学排名中均表现较好，能代表我国港澳台地区高等教育领先水平，选择其作为研究对象对了解我国港澳台地区大学海外网络传播力有重大意义。

2. 参照大学

为与亚洲其他国家大学进行海外网络传播力对比，选取入选 QS 亚洲 200 强排名、在其国家大学排名靠前的 4 所大学作为参照对象，具体是日本东京大学、日本京都大学、韩国首尔大学、韩国高丽大学。同时研究选取了 4 所美国大学作为参照。这 4 所大学可以代表全球高等教育的最顶尖水平，选择其作为样本对于研究我国大学的海外传播力具有重要的参考价值，具体是哈佛大学、斯坦福大学、耶鲁大学、麻省理工学院。

在参照分析时，选择了海外网络传播力综合指数第一的斯坦福大学作为参照对象。因为绝对数值一直处于波动状态，所以在对比参考大学进行绝对数值的分析时，采用百分比的形式，将斯坦福大学作为 1 进行比较。183 所中国大学和 8 所参照大学名单如下：

表 1－2　中国大学名单及英文名称

中文名称	英文名称	中文名称	英文名称
安徽大学	Anhui University	天津工业大学	Tianjin Polytechnic University
北京大学	Peking University	天津医科大学	Tianjin Medical University
北京工业大学	Beijing University of Technology	天津中医药大学	Tianjin University of Traditional Chinese Medicine
北京航空航天大学	Beihang University	同济大学	Tongji University
北京化工大学	Beijing University of Chemical Technology	外交学院	China Foreign Affairs University
北京交通大学	Beijing Jiaotong University	武汉大学	Wuhan University
北京科技大学	University of Science and Technology Beijing	武汉理工大学	Wuhan University of Technology
北京理工大学	Beijing Institute of Technology	西安电子科技大学	Xidian University
北京林业大学	Beijing Forestry University	西安交通大学	Xiȧn Jiaotong University
北京师范大学	Beijing Normal University	西北大学	Northwest University（China）

续表

中文名称	英文名称	中文名称	英文名称
北京体育大学	Beijing Sport University	西北工业大学	Northwestern Polytechnical University
北京外国语大学	Beijing Foreign Studies University	西北农林科技大学	Northwest Agriculture and Forestry University
北京协和医学院	Peking Union Medical College	西藏大学	Tibet University
北京邮电大学	Beijing University of Posts and Telecommunications	西南财经大学	Southwestern University of Finance and Economics
北京中医药大学	Beijing University of Chinese Medicine	西南大学	Southwest University(China)
成都理工大学	Chengdu University Of Technology	西南交通大学	Southwest Jiaotong University
成都中医药大学	Chengdu University of TCM	西南石油大学	Southwest Petroleum University
大连海事大学	Dalian Maritime University	新疆大学	Xinjiang University
大连理工大学	Dalian University of Technology	延边大学	Yanbian University
第二军医大学	The Second Military Medical University	云南大学	Yunnan University
第四军医大学	The Fourth Military Medical University	长安大学	Chang'an University
电子科技大学	University of Electronic Science and Technology of China	浙江大学	Zhejiang University
东北大学	Northeastern University (China)	郑州大学	Zhengzhou University
东北林业大学	Northeast Forestry University	中国传媒大学	Communication University of China
东北农业大学	Northeast Agricultural University	中国地质大学(北京)	China University of Geosciences
东北师范大学	Northeast Normal University	中国地质大学(武汉)	China University of Geosciences
东华大学	Donghua University	中国海洋大学	Ocean University of China
东南大学	Southeast University(China)	中国科学技术大学	University of Science and Technology of China
对外经济贸易大学	University of International Business and Economics	中国科学院大学	University of Chinese Academy of Sciences
福州大学	Fuzhou University	中国矿业大学(北京)	China University of Mining and Technology, Beijing
复旦大学	Fudan University	中国矿业大学(徐州)	China University of Mining and Technology
广西大学	Guangxi University	中国美术学院	China Academy of Art
广州中医药大学	Guangzhou University of Chinese Medicine	中国农业大学	China Agricultural University
贵州大学	Guizhou University	中国人民大学	Renmin University of China
国防科技大学	National University of Defense Technology	中国人民公安大学	Peoples' Public Security University of China

续表

中文名称	英文名称	中文名称	英文名称
哈尔滨工程大学	Harbin Engineering University	中国石油大学(北京)	China University of Petroleum – Beijing
哈尔滨工业大学	Harbin Institute of Technology	中国石油大学(华东)	China University of Petroleum
海南大学	Hainan University	中国药科大学	China Pharmaceutical University
合肥工业大学	HeFei University of Technology	中国音乐学院	China Conservatory of Music
河北工业大学	Hebei University of Technology	中国政法大学	China University of Political Science and Law
河海大学	Hohai University	中南财经政法大学	Zhongnan University of Economics and Law
河南大学	Henan University	中南大学	Central South University
湖南大学	Hunan University	中山大学	Sun Yat – sen University
湖南师范大学	Hunan Normal University	中央财经大学	Central University of Finance and Economics
华北电力大学(保定)	North China Electric Power University(BaoDing)	中央美术学院	Central Academy of Fine Arts
华北电力大学(北京)	North China Electric Power University(BeiJing)	中央民族大学	Minzu University of China
华东理工大学	East China University of Science and Technology	中央戏剧学院	The Central Academy Of Drama
华东师范大学	East China Normal University	中央音乐学院	Central Conservatory of Music
华南理工大学	South China University of Technology	重庆大学	Chongqing University
华南师范大学	South China Normal University	澳门大学 *	University of Macau
华中科技大学	Huazhong University of Science and Technology	大同大学 *	Tatung University
华中农业大学	Huazhong Agricultural University	东海大学 *	Tunghai University
华中师范大学	Central China Normal University	东吴大学 *	Soochow University (Taiwan)
吉林大学	Jilin University	逢甲大学 *	Feng Chia University
暨南大学	Jinan University (China)	辅仁大学 *	Fu Jen Catholic University
江南大学	Jiangnan University	高雄医学大学 *	Kaohsiung Medical University
兰州大学	Lanzhou University	成功大学(台湾) *	National Cheng Kung University (NCKU)
辽宁大学	Liaoning University	东华大学(台湾) *	National Dong Hwa University
南昌大学	Nanchang University	高雄科技大学(台湾) *	National Kaohsiung First University of Science and Technology

续表

中文名称	英文名称	中文名称	英文名称
南京大学	Nanjing University	暨南国际大学（台湾）*	National Chi Nan University
南京航空航天大学	Nanjing University of Aeronautics and Astronautics	交通大学（台湾）*	National Chiao Tung University
南京理工大学	Nanjing University of Science and Technology	清华大学（台湾）*	National Tsing Hua University
南京林业大学	Nanjing Forestry University	台北大学（台湾）*	National Taipei University
南京农业大学	Nanjing Agricultural University	台北科技大学（台湾）*	National Taipei University of Technology
南京师范大学	Nanjing Normal University	台湾大学 *	National Taiwan University（NTU）
南京信息工程大学	Nanjing University of Information Science & Technology	台湾海洋大学 *	National Taiwan Ocean University
南京邮电大学	Nanjing University of Posts And Telecommunications	台湾科技大学 *	National Taiwan University of Science and Technology（Taiwan Tech）
南京中医药大学	Nanjing University Of Chinese Medicine	台湾师范大学 *	National Taiwan Normal University
南开大学	Nankai University	阳明大学（台湾）*	National Yang Ming University
内蒙古大学	Inner Mongolia University	云林科技大学（台湾）*	National Yunlin University of Science and Technology
宁波大学	Ningbo University	彰化师范大学（台湾）*	National Changhua University of Education
宁夏大学	Ningxia University	政治大学（台湾）*	National Chengchi University
青海大学	Qinghai University	中山大学（台湾）*	National Sun Yat－sen University
清华大学	Tsinghua University	中兴大学（台湾）*	National Chung Hsing University
厦门大学	Xiamen University	中央大学（台湾）*	National Central University
山东大学	Shandong University	中正大学（台湾）*	National Chung Cheng University
陕西师范大学	Shaanxi Normal University	岭南大学 *	Lingnan University，Hong Kong

续表

中文名称	英文名称	中文名称	英文名称
上海财经大学	Shanghai University of Finance and Economics	台北医学大学 *	Taipei Medical University
上海大学	Shanghai University	台湾淡江大学 *	Tamkang University
上海海洋大学	Shanghai Ocean University	香港城市大学 *	City University of Hong Kong
上海交通大学	Shanghai Jiao Tong University	香港大学 *	The University of Hong Kong
上海体育学院	Shanghai University of Sport	香港浸会大学 *	Hong Kong Baptist University
上海外国语大学	Shanghai International Studies University	香港科技大学 *	The Hong Kong University of Science and Technology
上海音乐学院	Shanghai Conservatory of Music	香港理工大学 *	The Hong Kong Polytechnic University
上海中医药大学	Shanghai University of Traditional Chinese Medicine	香港中文大学 *	The Chinese University of Hong Kong (CUHK)
石河子大学	Shihezi University	亚洲大学 *	Asia University, Taiwan
首都师范大学	Capital Normal University	元智大学 *	Yuan Ze University
四川大学	Sichuan University	长庚大学 *	Chang Gung University
四川农业大学	Sichuan Agricultural University	中国医药大学（台湾）*	China Medical University
苏州大学	Soochow University (Suzhou)	中华大学 *	Chung Hua University
太原理工大学	Taiyuan University of Technology	中原大学 *	Chung Yuan Christian University
天津大学	Tianjin University		

注：带 * 为我国港澳台地区大学。下同。

表 1-3　参照大学名单及英文名称

日韩参照大学	
中文名称	英文名称
东京大学	The University of Tokyo
高丽大学	Korea University
京都大学	Kyoto University
首尔大学	Seoul National University
美国参照大学	
中文名称	英文名称
哈佛大学	Harvard University
斯坦福大学	Stanford University
耶鲁大学	Yale University
麻省理工	Massachusetts Institute of Technology

三、中国大学海外网络传播力综合指数

（一）中国大学海外网络传播力综合指数排名

报告汇集中国 183 所大学，包括 141 所内地大学、42 所入选 QS 亚洲 200 强的港澳台大学，在 Google、Wikipedia、Twitter、Facebook、Instagram 以及 YouTube 6 个不同海外网络平台上的建设信息，对此 6 个维度下 25 个具体指标进行统计，通过综合模型计算得出中国 183 所大学海外网络传播力总排名。

183 所中国大学海外网络传播力排名前十位的依次是清华大学、北京大学、香港大学、香港浸会大学、上海交通大学、香港城市大学、香港中文大学、香港理工大学、台湾大学和澳门大学。其中香港地区大学 5 所、澳门地区大学 1 所、台湾地区大学 1 所、内地地区大学 3 所。

表 1－4　中国大学海外传播力综合指数排名

排名	学校名称	海外传播力综合指数	排名	学校名称	海外传播力综合指数
1	清华大学	1695005.0	18	中山大学（台湾）*	163800.0
2	北京大学	1260737.0	19	成功大学（台湾）*	155319.0
3	香港大学 *	617831.0	20	逢甲大学 *	150478.0
4	香港浸会大学 *	534801.0	21	阳明大学（台湾）*	137176.0
5	上海交通大学	356402.0	22	东海大学 *	136785.0
6	香港城市大学 *	352520.0	23	高雄科技大学（台湾）*	135402.0
7	香港中文大学 *	317518.0	24	中国美术学院	133406.0
8	香港理工大学 *	303268.0	25	复旦大学	131975.0
9	台湾大学 *	296773.0	26	清华大学（台湾）*	129698.0
10	澳门大学 *	283475.0	27	政治大学（台湾）*	127376.0
11	浙江大学	278385.0	28	华中科技大学	126227.0
12	台湾师范大学 *	219976.0	29	华东师范大学	124440.0
13	中华大学 *	208221.0	30	武汉大学	119916.0
14	南京航空航天大学	193148.0	31	岭南大学 *	96289.5
15	香港科技大学 *	189597.0	32	厦门大学	95458.1
16	亚洲大学 *	172997.0	33	辅仁大学 *	92374.5
17	天津大学	170696.0	34	北京外国语大学	91179.4

续表

排名	学校名称	海外传播力综合指数	排名	学校名称	海外传播力综合指数
35	北京师范大学	90416.3	69	台北科技大学（台湾）*	42673.5
36	台北大学（台湾）*	84045.7	70	中国农业大学	42570.9
37	东华大学（台湾）*	83479.1	71	西安交通大学	42040.9
38	中央大学（台湾）*	82005.4	72	华中师范大学	40432.0
39	交通大学（台湾）*	81961.7	73	吉林大学	40233.5
40	中山大学	77406.0	74	郑州大学	39994.7
41	南京大学	75760.3	75	苏州大学	39875.1
42	四川大学	72548.1	76	中国医药大学（台湾）*	37272.2
43	元智大学*	72192.7	77	中央戏剧学院	36551.6
44	哈尔滨工业大学	71826.5	78	西北工业大学	35833.6
45	中国科学技术大学	69575.9	79	宁波大学	34941.8
46	台北医学大学*	68269.6	80	华中农业大学	33356.1
47	北京理工大学	65739.1	81	南京理工大学	33237.4
48	上海大学	64562.3	82	武汉理工大学	32992.0
49	大同大学*	64504.7	83	中南大学	32792.1
50	中国人民大学	62122.8	84	大连理工大学	32618.5
51	电子科技大学	62009.9	85	北京交通大学	32223.2
52	中正大学（台湾）*	61940.6	86	重庆大学	30778.7
53	云林科技大学（台湾）*	61077.0	87	兰州大学	30313.6
54	华东理工大学	59909.6	88	台湾淡江大学*	30305.6
55	北京航空航天大学	59789.6	89	北京体育大学	30036.4
56	同济大学	59398.7	90	华南理工大学	29534.5
57	东吴大学*	54949.2	91	南京师范大学	28906.5
58	中兴大学（台湾）*	52916.5	92	湖南师范大学	28224.9
59	北京协和医学院	52822.2	93	贵州大学	28001.3
60	上海外国语大学	52173.2	94	云南大学	27964.6
61	长庚大学*	51929.3	95	东南大学	27557.1
62	湖南大学	51774.1	96	国防科技大学	26965.3
63	山东大学	50717.5	97	中国石油大学（北京）	26314.0
64	东华大学	44906.2	98	上海音乐学院	26140.8
65	对外经济贸易大学	44627.2	99	台湾海洋大学*	26138.1
66	南开大学	44268.8	100	上海财经大学	26053.9
67	中国科学院大学	43371.1	101	东北大学	25870.3
68	中国海洋大学	42799.8	102	河南大学	25546.3

续表

排名	学校名称	海外传播力综合指数	排名	学校名称	海外传播力综合指数
103	中央音乐学院	25072.6	137	中国石油大学（华东）	19537.3
104	暨南国际大学（台湾）*	24953.0	138	河北工业大学	19304.0
105	中南财经政法大学	24856.0	139	西南石油大学	19138.9
106	中国政法大学	24778.5	140	中国地质大学（武汉）	18679.9
107	暨南大学	24666.4	141	西南财经大学	18628.5
108	华南师范大学	24168.5	142	中国传媒大学	18543.4
109	西南交通大学	23941.7	143	南京中医药大学	18291.2
110	北京工业大学	23562.7	144	天津医科大学	18191.1
111	南昌大学	23504.8	145	天津工业大学	17845.2
112	新疆大学	23424.3	146	华北电力大学（北京）	17824.7
113	哈尔滨工程大学	23379.3	147	安徽大学	17717.0
114	台湾科技大学*	22938.4	148	中国矿业大学（北京）	17564.1
115	高雄医学大学*	22813.5	149	西南大学	17417.6
116	江南大学	22792.1	150	太原理工大学	17175.4
117	辽宁大学	22280.2	151	中国地质大学（北京）	16923.0
118	西安电子科技大学	22204.6	152	首都师范大学	16906.3
119	海南大学	22038.9	153	华北电力大学（保定）	16538.7
120	西藏大学	21929.4	154	东北林业大学	16478.9
121	成都理工大学	21705.7	155	中央民族大学	16458.1
122	外交学院	21512.0	156	内蒙古大学	16426.8
123	广西大学	21358.9	157	北京林业大学	16370.7
124	长安大学	21234.5	158	南京邮电大学	16317.9
125	中央财经大学	20866.4	159	南京林业大学	15700.5
126	福州大学	20807.6	160	东北农业大学	15515.5
127	成都中医药大学	20716.9	161	陕西师范大学	15355.1
128	中国矿业大学（徐州）	20703.3	162	中国药科大学	15018.5
129	南京农业大学	20666.4	163	东北师范大学	14956.3
130	北京邮电大学	20643.4	164	上海海洋大学	14659.1
131	北京化工大学	20277.2	165	西北农林科技大学	14005.4
132	河海大学	20213.9	166	四川农业大学	13851.4
133	大连海事大学	20006.8	167	南京信息工程大学	13369.5
134	北京科技大学	19990.5	168	石河子大学	12982.9
135	中原大学*	19612.2	169	合肥工业大学	12646.2
136	中央美术学院	19539.9	170	北京中医药大学	12356.3

续表

排名	学校名称	海外传播力综合指数	排名	学校名称	海外传播力综合指数
171	延边大学	11730.5	178	中国音乐学院	7327.8
172	宁夏大学	11578.3	179	青海大学	7077.1
173	彰化师范大学（台湾）*	11531.2	180	中国人民公安大学	6480.0
174	西北大学	11118.4	181	第四军医大学	6071.9
175	上海体育学院	10886.2	182	上海中医药大学	5600.0
176	广州中医药大学	9814.4	183	天津中医药大学	5443.1
177	第二军医大学	7582.2			

（二）中国内地大学海外网络传播力综合指数排名

141 所内地大学海外网络传播力综合指数排名前十的依次是清华大学、北京大学、上海交通大学、浙江大学、南京航空航天大学、天津大学、中国美术学院、复旦大学、华中科技大学和华东师范大学。其中，3 所大学位于华北地区、6 所大学位于江浙沪地区、1 所大学位于华中地区。

表 1－5　内地大学海外传播力综合指数排名

排名	中文名称	传播力综合指数	排名	中文名称	传播力综合指数
1	清华大学	1695005.0	15	中山大学	77406.0
2	北京大学	1260737.0	16	南京大学	75760.3
3	上海交通大学	356402.0	17	四川大学	72548.1
4	浙江大学	278385.0	18	哈尔滨工业大学	71826.5
5	南京航空航天大学	193148.0	19	中国科学技术大学	69575.9
6	天津大学	170696.0	20	北京理工大学	65739.1
7	中国美术学院	133406.0	21	上海大学	64562.3
8	复旦大学	131975.0	22	中国人民大学	62122.8
9	华中科技大学	126227.0	23	电子科技大学	62009.9
10	华东师范大学	124440.0	24	华东理工大学	59909.6
11	武汉大学	119916.0	25	北京航空航天大学	59789.6
12	厦门大学	95458.1	26	同济大学	59398.7
13	北京外国语大学	91179.4	27	北京协和医学院	52822.2
14	北京师范大学	90416.3	28	上海外国语大学	52173.2

续表

排名	中文名称	传播力综合指数	排名	中文名称	传播力综合指数
29	湖南大学	51774.1	63	上海财经大学	26053.9
30	山东大学	50717.5	64	东北大学	25870.3
31	东华大学	44906.2	65	河南大学	25546.3
32	对外经济贸易大学	44627.2	66	中央音乐学院	25072.6
33	南开大学	44268.8	67	中南财经政法大学	24856.0
34	中国科学院大学	43371.1	68	中国政法大学	24778.5
35	中国海洋大学	42799.8	69	暨南大学	24666.4
36	中国农业大学	42570.9	70	华南师范大学	24168.5
37	西安交通大学	42040.9	71	西南交通大学	23941.7
38	华中师范大学	40432.0	72	北京工业大学	23562.7
39	吉林大学	40233.5	73	南昌大学	23504.8
40	郑州大学	39994.7	74	新疆大学	23424.3
41	苏州大学	39875.1	75	哈尔滨工程大学	23379.3
42	中央戏剧学院	36551.6	76	江南大学	22792.1
43	西北工业大学	35833.6	77	辽宁大学	22280.2
44	宁波大学	34941.8	78	西安电子科技大学	22204.6
45	华中农业大学	33356.1	79	海南大学	22038.9
46	南京理工大学	33237.4	80	西藏大学	21929.4
47	武汉理工大学	32992.0	81	成都理工大学	21705.7
48	中南大学	32792.1	82	外交学院	21512.0
49	大连理工大学	32618.5	83	广西大学	21358.9
50	北京交通大学	32223.2	84	长安大学	21234.5
51	重庆大学	30778.7	85	中央财经大学	20866.4
52	兰州大学	30313.6	86	福州大学	20807.6
53	北京体育大学	30036.4	87	成都中医药大学	20716.9
54	华南理工大学	29534.5	88	中国矿业大学（徐州）	20703.3
55	南京师范大学	28906.5	89	南京农业大学	20666.4
56	湖南师范大学	28224.9	90	北京邮电大学	20643.4
57	贵州大学	28001.3	91	北京化工大学	20277.2
58	云南大学	27964.6	92	河海大学	20213.9
59	东南大学	27557.1	93	大连海事大学	20006.8
60	国防科技大学	26965.3	94	北京科技大学	19990.5
61	中国石油大学（北京）	26314.0	95	中央美术学院	19539.9
62	上海音乐学院	26140.8	96	中国石油大学（华东）	19537.3

续表

排名	中文名称	传播力综合指数	排名	中文名称	传播力综合指数
97	河北工业大学	19304.0	120	陕西师范大学	15355.1
98	西南石油大学	19138.9	121	中国药科大学	15018.5
99	中国地质大学（武汉）	18679.9	122	东北师范大学	14956.3
100	西南财经大学	18628.5	123	上海海洋大学	14659.1
101	中国传媒大学	18543.4	124	西北农林科技大学	14005.4
102	南京中医药大学	18291.2	125	四川农业大学	13851.4
103	天津医科大学	18191.1	126	南京信息工程大学	13369.5
104	天津工业大学	17845.2	127	石河子大学	12982.9
105	华北电力大学（北京）	17824.7	128	合肥工业大学	12646.2
106	安徽大学	17717.0	129	北京中医药大学	12356.3
107	中国矿业大学（北京）	17564.1	130	延边大学	11730.5
108	西南大学	17417.6	131	宁夏大学	11578.3
109	太原理工大学	17175.4	132	西北大学	11118.4
110	中国地质大学（北京）	16923.0	133	上海体育学院	10886.2
111	首都师范大学	16906.3	134	广州中医药大学	9814.4
112	华北电力大学（保定）	16538.7	135	第二军医大学	7582.2
113	东北林业大学	16478.9	136	中国音乐学院	7327.8
114	中央民族大学	16458.1	137	青海大学	7077.1
115	内蒙古大学	16426.8	138	中国人民公安大学	6480.0
116	北京林业大学	16370.7	139	第四军医大学	6071.9
117	南京邮电大学	16317.9	140	上海中医药大学	5600.0
118	南京林业大学	15700.5	141	天津中医药大学	5443.1
119	东北农业大学	15515.5			

（三）参照分析

将国内 183 所大学与 8 所参照大学进行对比发现，我国大学海外网络传播力与美国 4 所参照大学之间存在一定差距，但是部分大学略高于日韩 4 所参照大学。国内共有 6 所大学的传播力指数高于 8 所参照大学中的最低传播力指数，但无一所大学高于美国 4 所大学。中国海外网络传播力排名第一的清华大学，传播力指数仅为斯坦福大学的 27.3%，但领先于 4 所日韩参照大学。

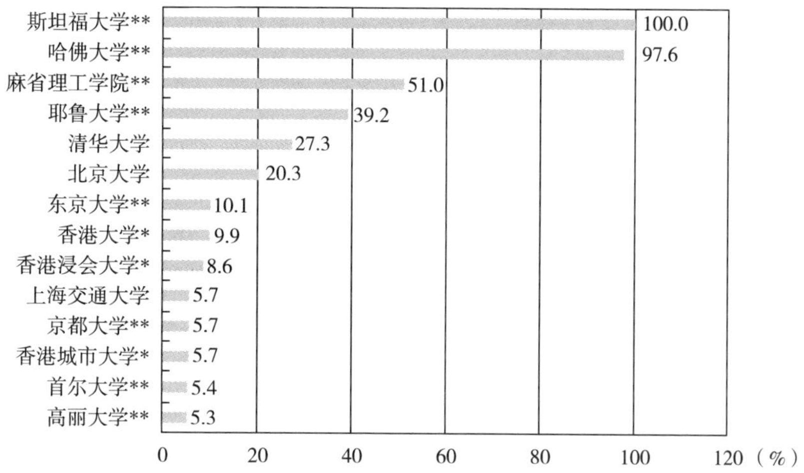

图 1－1　海外传播力综合指数参照分析

注：带＊为我国港澳台地区大学，带＊＊为参照大学。余同。

四、维度一：中国大学Google传播力

本报告通过在 Google 搜索引擎的新闻检索，了解中国大学在国外英文网站上新闻出现的总体数量，并分析 Google Trends 指数，以精确地掌握中国大学在近一年内的搜索热度情况，从而整体把握中国大学在海外的受关注程度。

（一）中国大学 Google 传播力指数排名

Google 传播力采用 Google News 和 Google Trends 两个指标进行评估。在 Google News 的分类栏下，输入各大学官方英文名字（带双引），并限定一年确定时间，检索各大学新闻数量。研究也将新闻的正负性纳入考量标准，共有 4 位编码员两两组合，对新闻内容进行等距抽样的信度分析，两组编码员的编码信度分别为 94. 8%、93. 7%，可信度较好。同时，通过 Google Trends 得出一年内各大学被检索以及报道关注程度。根据算法得出 183 所大学的 Google 传播力指数。

Google 传播力指数排名前十位的中国大学依次为：香港大学、北京大学、清华大学、浙江大学、复旦大学、武汉大学、香港城市大学、南京大学、中山大学和上海交通大学。此次排名前十位中有 8 所内地大学，其中北京大学、清华大学分别位列第二、第三名。香港大学居首位，传播力指数高达 249200. 7。

表 1-6　中国大学 Google 传播力指数排名

排名	中文名称	Google 传播力指数	排名	中文名称	Google 传播力指数
1	香港大学 *	249200.7	35	清华大学（台湾） *	24421.7
2	北京大学	238388.9	36	南开大学	23499.5
3	清华大学	220759.5	37	湖南大学	23413.9
4	浙江大学	99834.7	38	武汉理工大学	23249.2
5	复旦大学	96217.5	39	北京航空航天大学	23207.3
6	武汉大学	95791.7	40	成功大学（台湾） *	22656.0
7	香港城市大学 *	63140.9	41	中国医药大学（台湾） *	22370.3
8	南京大学	58975.4	42	南京理工大学	21404.4
9	中山大学	57143.8	43	台湾大学 *	21100.1
10	上海交通大学	55898.1	44	西安交通大学	21030.0
11	香港理工大学 *	50143.8	45	吉林大学	20801.3
12	华中科技大学	47811.2	46	郑州大学	20134.3
13	上海大学	46276.0	47	中南大学	19956.1
14	中国人民大学	45254.4	48	台北医学大学 *	19579.0
15	四川大学	41782.8	49	贵州大学	19474.1
16	中国科学技术大学	41650.4	50	电子科技大学	19110.3
17	北京协和医学院	38631.4	51	香港中文大学 *	18814.6
18	北京师范大学	37683.5	52	台湾淡江大学 *	18261.5
19	天津大学	36799.2	53	国防科技大学	17782.7
20	厦门大学	34633.5	54	华南理工大学	16518.3
21	香港科技大学 *	34446.0	55	华南师范大学	16211.1
22	中国农业大学	33929.5	56	东吴大学 *	16203.8
23	澳门大学 *	33653.6	57	台北大学（台湾） *	15906.3
24	山东大学	31047.1	58	大连理工大学	15850.4
25	香港浸会大学 *	30967.9	59	辽宁大学	15642.8
26	对外经济贸易大学	30612.6	60	重庆大学	15629.0
27	华中师范大学	30250.4	61	中央大学（台湾） *	15425.2
28	中国科学院大学	29785.9	62	中央音乐学院	15388.3
29	哈尔滨工业大学	29181.9	63	云南大学	15203.0
30	同济大学	28232.7	64	北京工业大学	15190.0
31	中国海洋大学	27341.4	65	兰州大学	14609.4
32	北京理工大学	26586.1	66	西北工业大学	14606.1
33	华东师范大学	25687.2	67	苏州大学	14400.9
34	政治大学（台湾） *	25284.8	68	上海财经大学	14389.1

续表

排名	中文名称	Google 传播力指数	排名	中文名称	Google 传播力指数
69	中国政法大学	14388. 1	103	南京航空航天大学	10714. 6
70	北京外国语大学	14149. 7	104	福州大学	10634. 3
71	交通大学（台湾）*	14062. 7	105	北京化工大学	10621. 1
72	东华大学	14007. 8	106	上海音乐学院	10582. 0
73	外交学院	14005. 5	107	河海大学	10492. 5
74	华东理工大学	13974. 3	108	西南交通大学	10478. 8
75	江南大学	13659. 9	109	华北电力大学（北京）	10421. 0
76	河南大学	13464. 2	110	中山大学（台湾）*	10351. 0
77	哈尔滨工程大学	13409. 3	111	中正大学（台湾）*	10341. 2
78	南京师范大学	13287. 9	112	东南大学	10274. 9
79	南京农业大学	13286. 7	113	北京邮电大学	10217. 0
80	湖南师范大学	13281. 9	114	安徽大学	10140. 3
81	台湾师范大学 *	13232. 4	115	中央美术学院	10037. 7
82	广西大学	13149. 8	116	中国美术学院	9935. 9
83	岭南大学 *	13037. 4	117	逢甲大学 *	9851. 3
84	东海大学 *	12855. 0	118	长庚大学 *	9771. 5
85	海南大学	12748. 5	119	中国地质大学（武汉）	9737. 6
86	宁波大学	12673. 6	120	首都师范大学	9615. 1
87	辅仁大学 *	12609. 0	121	新疆大学	9595. 0
88	成都理工大学	12598. 3	122	天津医科大学	9486. 2
89	华中农业大学	12485. 9	123	西南财经大学	9472. 6
90	西藏大学	12177. 1	124	中国石油大学（华东）	9442. 1
91	西安电子科技大学	12031. 3	125	南京林业大学	9288. 2
92	元智大学 *	11843. 3	126	东北大学	9226. 2
93	河北工业大学	11824. 0	127	华北电力大学（保定）	9139. 8
94	北京交通大学	11794. 9	128	北京体育大学	9066. 2
95	中原大学 *	11698. 0	129	上海海洋大学	9059. 6
96	大连海事大学	11571. 5	130	北京林业大学	8934. 5
97	中央财经大学	11542. 4	131	中国传媒大学	8864. 0
98	台湾海洋大学 *	11516. 0	132	北京科技大学	8825. 9
99	南昌大学	11445. 0	133	中国地质大学（北京）	8729. 4
100	上海外国语大学	11229. 9	134	东北农业大学	8624. 6
101	暨南大学	11124. 9	135	高雄医学大学 *	8468. 4
102	中南财经政法大学	10891. 3	136	太原理工大学	8395. 6

续表

排名	中文名称	Google 传播力指数	排名	中文名称	Google 传播力指数
137	南京中医药大学	8142.7	161	中央戏剧学院	5914.9
138	阳明大学（台湾）*	8026.4	162	中国石油大学（北京）	5765.6
139	陕西师范大学	7942.4	163	天津工业大学	5630.7
140	西南石油大学	7936.9	164	云林科技大学（台湾）*	5506.1
141	西南大学	7827.5	165	南京信息工程大学	5440.2
142	中国矿业大学（徐州）	7788.0	166	暨南国际大学（台湾）*	5366.8
143	高雄科技大学（台湾）*	7653.3	167	大同大学 *	4927.0
144	内蒙古大学	7403.7	168	上海体育学院	4592.1
145	中央民族大学	7267.6	169	上海中医药大学	4574.7
146	四川农业大学	7233.8	170	延边大学	4563.3
147	台北科技大学（台湾）*	7187.3	171	广州中医药大学	3905.9
148	南京邮电大学	7096.5	172	彰化师范大学（台湾）*	3866.8
149	中国药科大学	7019.4	173	宁夏大学	3820.6
150	北京中医药大学	6957.4	174	西北农林科技大学	3061.4
151	中国矿业大学（北京）	6674.8	175	西北大学	2944.8
152	东华大学（台湾）*	6663.1	176	第二军医大学	1974.0
153	中兴大学（台湾）*	6638.0	177	天津中医药大学	1701.4
154	东北师范大学	6561.7	178	中国音乐学院	903.2
155	亚洲大学 *	6482.1	179	长安大学	651.1
156	合肥工业大学	6447.9	180	成都中医药大学	399.1
157	中华大学 *	6428.4	181	中国人民公安大学	357.1
158	石河子大学	6338.2	182	第四军医大学	189.0
159	东北林业大学	6286.6	183	青海大学	84.0
160	台湾科技大学 *	5931.7			

（二）中国内地大学 Google 传播力指数排名

Google 传播力排名前十位的内地大学依次为北京大学、清华大学、浙江大学、复旦大学、武汉大学、南京大学、中山大学、上海交通大学、华中科技大学和上海大学。其中，2 所大学位于北京、5 所大学位于江浙沪地区，华中地区有 2 所大学，广东有 1 所大学。

表 1-7 内地大学 Google 传播力指数排名

排名	中文名称	Google 传播力指数	排名	中文名称	Google 传播力指数
1	北京大学	238389.0	35	郑州大学	20134.3
2	清华大学	220760.0	36	中南大学	19956.1
3	浙江大学	99834.7	37	贵州大学	19474.1
4	复旦大学	96217.5	38	电子科技大学	19110.3
5	武汉大学	95791.7	39	国防科技大学	17782.7
6	南京大学	58975.4	40	华南理工大学	16518.3
7	中山大学	57143.8	41	华南师范大学	16211.1
8	上海交通大学	55898.1	42	大连理工大学	15850.4
9	华中科技大学	47811.2	43	辽宁大学	15642.8
10	上海大学	46276.0	44	重庆大学	15629.0
11	中国人民大学	45254.4	45	中央音乐学院	15388.3
12	四川大学	41782.8	46	云南大学	15203.0
13	中国科学技术大学	41650.4	47	北京工业大学	15190.0
14	北京协和医学院	38631.4	48	兰州大学	14609.4
15	北京师范大学	37683.5	49	西北工业大学	14606.1
16	天津大学	36799.2	50	苏州大学	14400.9
17	厦门大学	34633.5	51	上海财经大学	14389.1
18	中国农业大学	33929.5	52	中国政法大学	14388.1
19	山东大学	31047.1	53	北京外国语大学	14149.7
20	对外经济贸易大学	30612.6	54	东华大学	14007.8
21	华中师范大学	30250.4	55	外交学院	14005.5
22	中国科学院大学	29785.9	56	华东理工大学	13974.3
23	哈尔滨工业大学	29181.9	57	江南大学	13659.9
24	同济大学	28232.7	58	河南大学	13464.2
25	中国海洋大学	27341.4	59	哈尔滨工程大学	13409.3
26	北京理工大学	26586.1	60	南京师范大学	13287.9
27	华东师范大学	25687.2	61	南京农业大学	13286.7
28	南开大学	23499.5	62	湖南师范大学	13281.9
29	湖南大学	23413.9	63	广西大学	13149.8
30	武汉理工大学	23249.2	64	海南大学	12748.5
31	北京航空航天大学	23207.3	65	宁波大学	12673.6
32	南京理工大学	21404.4	66	成都理工大学	12598.3
33	西安交通大学	21030.0	67	华中农业大学	12485.9
34	吉林大学	20801.3	68	西藏大学	12177.1

续表

排名	中文名称	Google 传播力指数	排名	中文名称	Google 传播力指数
69	西安电子科技大学	12031. 3	106	太原理工大学	8395. 6
70	河北工业大学	11824. 0	107	南京中医药大学	8142. 7
71	北京交通大学	11794. 9	108	陕西师范大学	7942. 4
72	大连海事大学	11571. 5	109	西南石油大学	7936. 9
73	中央财经大学	11542. 4	110	西南大学	7827. 5
74	南昌大学	11445. 0	111	中国矿业大学（徐州）	7788. 0
75	上海外国语大学	11229. 9	112	内蒙古大学	7403. 7
76	暨南大学	11124. 9	113	中央民族大学	7267. 6
77	中南财经政法大学	10891. 3	114	四川农业大学	7233. 8
78	南京航空航天大学	10714. 6	115	南京邮电大学	7096. 5
79	福州大学	10634. 3	116	中国药科大学	7019. 4
80	北京化工大学	10621. 1	117	北京中医药大学	6957. 4
81	上海音乐学院	10582. 0	118	中国矿业大学（北京）	6674. 8
82	河海大学	10492. 5	119	东北师范大学	6561. 7
83	西南交通大学	10478. 8	120	合肥工业大学	6447. 9
84	华北电力大学（北京）	10421. 0	121	石河子大学	6338. 2
85	东南大学	10274. 9	122	东北林业大学	6286. 6
86	北京邮电大学	10217. 0	123	中央戏剧学院	5914. 9
87	安徽大学	10140. 3	124	中国石油大学（北京）	5765. 6
88	中央美术学院	10037. 7	125	天津工业大学	5630. 7
89	中国美术学院	9936. 0	126	南京信息工程大学	5440. 2
90	中国地质大学（武汉）	9737. 7	127	上海体育学院	4592. 1
91	首都师范大学	9615. 2	128	上海中医药大学	4574. 7
92	新疆大学	9595. 0	129	延边大学	4563. 3
93	天津医科大学	9486. 2	130	广州中医药大学	3905. 9
94	西南财经大学	9472. 6	131	宁夏大学	3820. 6
95	中国石油大学（华东）	9442. 1	132	西北农林科技大学	3061. 4
96	南京林业大学	9288. 2	133	西北大学	2944. 8
97	东北大学	9226. 2	134	第二军医大学	1974. 0
98	华北电力大学（保定）	9139. 8	135	天津中医药大学	1701. 4
99	北京体育大学	9066. 2	136	中国音乐学院	903. 2
100	上海海洋大学	9059. 6	137	长安大学	651. 1
101	北京林业大学	8934. 5	138	成都中医药大学	399. 1
102	中国传媒大学	8864. 0	139	中国人民公安大学	357. 1
103	北京科技大学	8826. 0	140	第四军医大学	189. 0
104	中国地质大学（北京）	8729. 4	141	青海大学	84. 0
105	东北农业大学	8624. 6			

中国传媒大学、新疆大学、中国地质大学（北京）和延边大学排名上升最为显著，均上升超过 60 个名次。

（三）Google 传播力具体指标分析

Google 传播力维度分为 Google News 和 Google Trends 两个指标，权重分别为 25% 和 5%。Google News 根据 Google 搜索引擎进行新闻搜索，并对新闻进行区分，减去负面新闻，得出新闻总数。Google Trends 通过学校英文名称检索，得出学校一年内的搜索及关注指数折线，并取平均值。

对于 Google News，主要有以下发现：

第一，港澳台地区大学新闻平均条数略高于内地大学，港澳台地区大学新闻平均数量为 590 条，内地大学新闻平均数量为 565 条。

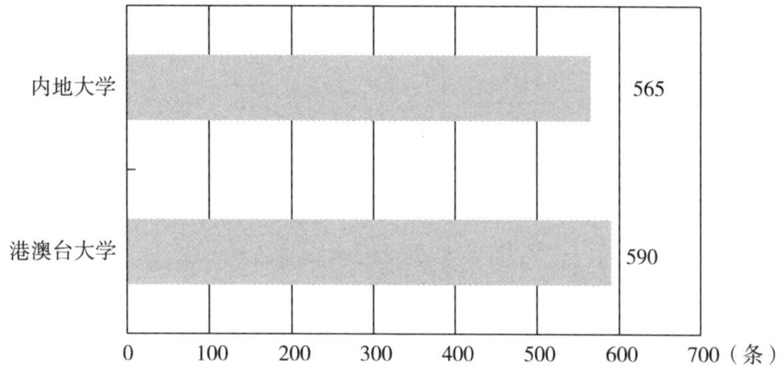

图 1－2 中国大学 Google News 搜索平均数量对比

第二，从排名来看，内地以及港澳台地区大学新闻搜索排名前十与 Google 传播力指数排名有一定的吻合。在新闻数量排名前十位大学中，港澳台地区 3 所，其余 7 所均为内地大学，北京大学、清华大学分别位居第一、第三。

第三，从内地大学来看，排名前十位的大学均为国家“世界一流大学建设高校”，北京大学、清华大学和武汉大学新闻条数依次排名前三位。同时，排名前十位的内地大学新闻数量均高于 1500 条，其中，北京大学、清华大学均高于 5000 条。

第四，内地大学 Google News 排名前十位依次为北京大学、清华大学、武汉大学、浙江大学、复旦大学、南京大学、中山大学、上海交通大学、中国人民大学和华中科技大学。

对于 Google Trends，主要有以下发现：

第一，内地大学 Google Trends 平均分（31.5）略低于港澳台大学平均分（35.8）。

第二，Google Trends 排名前十位的大学中，有 6 所为内地大学，3 所为台湾地区大学，1 所为澳门地区大学。在 6 所内地大学中，北方地区有 2 所，其余 4 所均位于南方地区。该排名下前十位的大学 Trends 一年内平均值均高于 50。

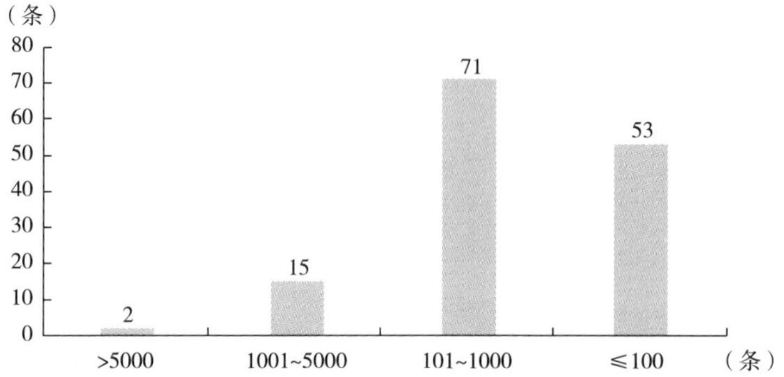

图 1-3 内地大学 Google News 搜索数量的分布统计

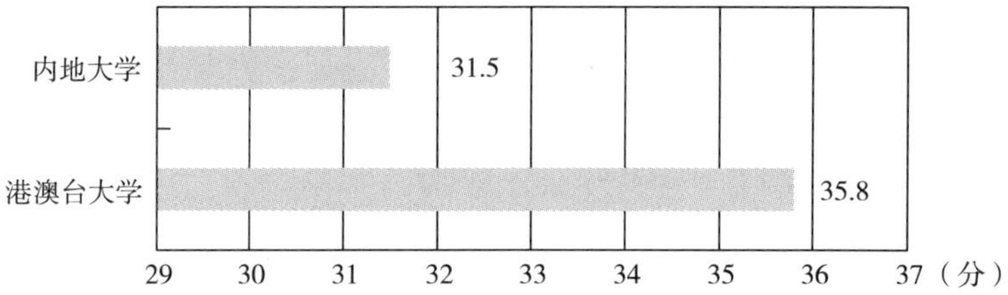

图 1-4 中国大学 Google Trends 平均分对比

（四）参照分析

与海外参照大学相比，国内传播力指数排名前三位的大学 Google 传播力指数高于 4 所日韩参照大学，低于 4 所美国参照大学，且差距较大。参照大学中，美国斯坦福大学

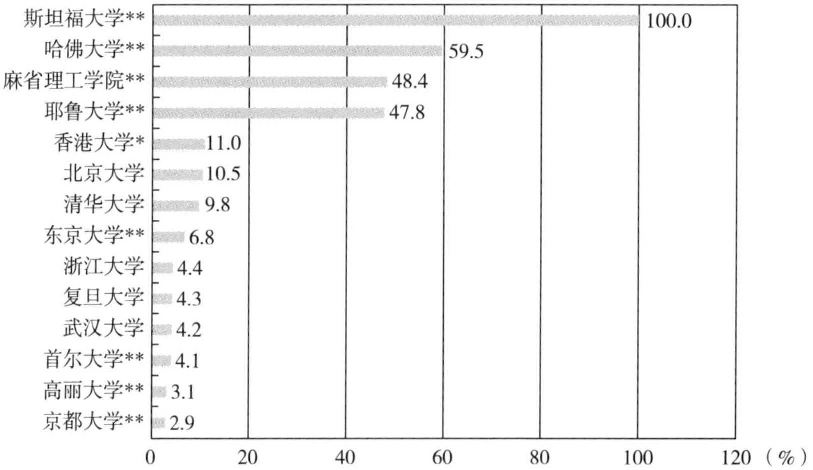

图 1-5 Google 传播力指数参照分析

Google 传播力指数是香港大学 Google 传播力指数的 9.1 倍，是北京大学 Google 传播力指数的9.5 倍。而在4 所日韩参照大学中，东京大学 Google 传播力指数最高，但低于香港大学、北京大学和清华大学。

五、维度二：中国大学Wikipedia传播力

Wikipedia 是一个全球任何用户都可以参与编辑、基于多语言写成的网络百科全书，也是一个动态的、可自由访问的全球知识体。Wikipedia 英文词条完整性在一定程度上反映中国大学面向全球范围编辑和完善媒体资料的主动性和积极性，编辑频率和链接数量体现大学与用户之间沟通交流的互动程度。

（一）中国大学 Wikipedia 传播力指数排名

本报告将 Wikipedia 分为词条的完整性、词条编辑和词条链接三个部分，分别进行统计，并对各项赋予权重，通过计算得出国内 183 所大学的 Wikipedia 传播力指数。

我国 Wikipedia 传播力指数排名前十位的大学依次为上海交通大学、清华大学、北京大学、香港城市大学、香港大学、哈尔滨工业大学、香港理工大学、香港中文大学、复旦大学、中央戏剧学院。其中，中国内地大学 6 所、中国香港大学 4 所。我国港澳台地区大学 Wikipedia 传播力指数平均分高于内地大学。

表 1－8　中国大学 Wikipedia 传播力指数排名

排名	中文名称	Wikipedia 传播力指数	排名	中文名称	Wikipedia 传播力指数
1	上海交通大学	71470.0	11	东华大学（台湾）＊	30246.4
2	清华大学	63673.1	12	北京师范大学	28579.1
3	北京大学	53115.0	13	台湾大学＊	26210.9
4	香港城市大学＊	47265.6	14	湖南大学	24618.4
5	香港大学＊	43349.8	15	辅仁大学＊	23651.7
6	哈尔滨工业大学	42600.3	16	武汉大学	23119.3
7	香港理工大学＊	40415.2	17	中山大学（台湾）＊	22755.0
8	香港中文大学＊	36500.3	18	香港科技大学＊	22671.0
9	复旦大学	34442.5	19	浙江大学	21255.9
10	中央戏剧学院	30371.6	20	中国科学技术大学	20794.0

续表

排名	中文名称	Wikipedia 传播力指数	排名	中文名称	Wikipedia 传播力指数
21	中山大学	19908.9	51	大连理工大学	14309.1
22	台北科技大学（台湾）*	18682.6	52	吉林大学	14280.9
23	厦门大学	18595.9	53	上海外国语大学	14236.9
24	南开大学	18575.8	54	北京协和医学院	14134.6
25	四川大学	17997.9	55	电子科技大学	14078.3
26	台湾师范大学 *	17826.7	56	天津大学	14069.0
27	香港浸会大学 *	17825.4	57	对外经济贸易大学	13753.9
28	澳门大学 *	17818.0	58	华东师范大学	13748.6
29	华中科技大学	17803.3	59	逢甲大学 *	13407.1
30	成功大学（台湾）*	17660.0	60	东华大学	13306.2
31	政治大学（台湾）*	17142.8	61	湖南师范大学	13188.8
32	中国人民大学	16747.4	62	暨南大学	13080.0
33	东南大学	16454.6	63	中国科学院大学	13056.2
34	东北大学	16308.2	64	郑州大学	12890.3
35	中央大学（台湾）*	16097.2	65	华南理工大学	12878.8
36	北京外国语大学	16012.3	66	天津工业大学	12206.6
37	同济大学	16005.7	67	中南大学	12204.1
38	岭南大学 *	15758.4	68	中正大学（台湾）*	11761.8
39	南京大学	15705.5	69	山东大学	11740.4
40	南京师范大学	15565.6	70	阳明大学（台湾）*	11672.8
41	上海音乐学院	15342.3	71	北京交通大学	11667.2
42	北京理工大学	15216.8	72	台北大学（台湾）*	11391.8
43	清华大学（台湾）*	15182.4	73	南京航空航天大学	11230.7
44	重庆大学	15054.1	74	中国美术学院	11071.3
45	交通大学（台湾）*	14866.2	75	东海大学 *	11028.6
46	北京航空航天大学	14762.1	76	亚洲大学 *	11006.9
47	上海大学	14632.5	77	大同大学 *	10982.6
48	苏州大学	14625.0	78	西北农林科技大学	10938.1
49	台湾海洋大学 *	14611.4	79	中国矿业大学（徐州）	10770.5
50	台湾科技大学 *	14341.1	80	中国矿业大学（北京）	10770.5

续表

排名	中文名称	Wikipedia 传播力指数	排名	中文名称	Wikipedia 传播力指数
81	华东理工大学	10710.2	111	西南财经大学	9132.1
82	西安交通大学	10680.5	112	内蒙古大学	9021.6
83	东吴大学 *	10678.9	113	江南大学	8978.2
84	西南交通大学	10540.1	114	福州大学	8864.2
85	北京科技大学	10496.4	115	北京体育大学	8837.4
86	北京邮电大学	10406.4	116	云南大学	8822.3
87	中国政法大学	10362.7	117	高雄科技大学（台湾） *	8764.9
88	东北林业大学	10189.9	118	太原理工大学	8758.4
89	华中师范大学	10168.4	119	南京邮电大学	8716.3
90	西安电子科技大学	10126.3	120	河海大学	8672.9
91	上海财经大学	10034.8	121	中国海洋大学	8655.1
92	南京中医药大学	10020.0	122	兰州大学	8640.6
93	华中农业大学	9818.7	123	宁波大学	8599.4
94	中兴大学（台湾） *	9755.9	124	天津医科大学	8596.5
95	西藏大学	9749.9	125	中国地质大学（武汉）	8570.9
96	哈尔滨工程大学	9698.0	126	中国农业大学	8537.3
97	中央音乐学院	9659.5	127	台北医学大学 *	8492.0
98	中国传媒大学	9658.3	128	成都理工大学	8463.0
99	南京理工大学	9612.2	129	西北工业大学	8421.5
100	武汉理工大学	9603.7	130	贵州大学	8360.5
101	西南大学	9583.4	131	北京工业大学	8312.6
102	中国石油大学（华东）	9574.1	132	大连海事大学	8261.7
103	南昌大学	9373.4	133	北京化工大学	8235.4
104	中央财经大学	9315.5	134	中南财经政法大学	8161.2
105	海南大学	9270.1	135	中国地质大学（北京）	8161.2
106	中央美术学院	9232.6	136	西北大学	8132.1
107	新疆大学	9217.5	137	东北师范大学	8125.6
108	长庚大学 *	9203.3	138	中国医药大学（台湾） *	8087.6
109	国防科技大学	9182.6	139	中国药科大学	7979.5
110	中央民族大学	9181.9	140	广西大学	7937.4

续表

排名	中文名称	Wikipedia 传播力指数	排名	中文名称	Wikipedia 传播力指数
141	南京信息工程大学	7919.6	163	暨南国际大学（台湾）*	6866.6
142	华南师范大学	7915.9	164	中国石油大学（北京）	6858.2
143	中原大学*	7910.6	165	高雄医学大学*	6694.9
144	西南石油大学	7884.4	166	元智大学*	6678.8
145	宁夏大学	7757.7	167	石河子大学	6589.3
146	彰化师范大学（台湾）*	7662.1	168	四川农业大学	6562.5
147	台湾淡江大学*	7585.8	169	中国音乐学院	6399.9
148	河南大学	7513.1	170	成都中医药大学	6397.4
149	外交学院	7448.5	171	辽宁大学	6396.6
150	河北工业大学	7444.7	172	南京林业大学	6383.6
151	安徽大学	7443.5	173	合肥工业大学	6186.1
152	华北电力大学（北京）	7392.0	174	中国人民公安大学	6123.0
153	华北电力大学（保定）	7392.0	175	上海体育学院	6115.7
154	陕西师范大学	7382.0	176	广州中医药大学	5901.9
155	首都师范大学	7279.1	177	第四军医大学	5882.8
156	北京林业大学	7271.0	178	第二军医大学	5582.9
157	南京农业大学	7199.8	179	上海海洋大学	5564.6
158	延边大学	7139.4	180	北京中医药大学	5332.7
159	中华大学*	7118.4	181	长安大学	5207.7
160	云林科技大学（台湾）*	7030.2	182	天津中医药大学	3732.1
161	青海大学	6992.1	183	上海中医药大学	937.6
162	东北农业大学	6883.5			

（二）中国内地大学 Wikipedia 传播力指数排名

我国内地大学 Wikipedia 传播力指数排名前十位依次为上海交通大学、清华大学、北京大学、哈尔滨工业大学、复旦大学、中央戏剧学院、北京师范大学、湖南大学、武汉大学、浙江大学。其中，1 所位于东北地区、2 所位于中部地区、3 所位于江浙沪地区、4 所位于北京。

表 1－9　内地大学 Wikipedia 传播力指数排名

排名	中文名称	Wikipedia 传播力指数	排名	中文名称	Wikipedia 传播力指数
1	上海交通大学	71470.0	31	吉林大学	14280.9
2	清华大学	63673.1	32	上海外国语大学	14236.9
3	北京大学	53115.0	33	北京协和医学院	14134.6
4	哈尔滨工业大学	42600.3	34	电子科技大学	14078.3
5	复旦大学	34442.5	35	天津大学	14069.0
6	中央戏剧学院	30371.6	36	对外经济贸易大学	13753.9
7	北京师范大学	28579.1	37	华东师范大学	13748.6
8	湖南大学	24618.4	38	东华大学	13306.2
9	武汉大学	23119.3	39	湖南师范大学	13188.8
10	浙江大学	21255.9	40	暨南大学	13080.0
11	中国科学技术大学	20794.0	41	中国科学院大学	13056.2
12	中山大学	19908.9	42	郑州大学	12890.3
13	厦门大学	18595.9	43	华南理工大学	12878.8
14	南开大学	18575.8	44	天津工业大学	12206.6
15	四川大学	17997.9	45	中南大学	12204.1
16	华中科技大学	17803.3	46	山东大学	11740.4
17	中国人民大学	16747.4	47	北京交通大学	11667.2
18	东南大学	16454.6	48	南京航空航天大学	11230.7
19	东北大学	16308.2	49	中国美术学院	11071.3
20	北京外国语大学	16012.3	50	西北农林科技大学	10938.1
21	同济大学	16005.7	51	中国矿业大学（徐州）	10770.5
22	南京大学	15705.5	52	中国矿业大学（北京）	10770.5
23	南京师范大学	15565.6	53	华东理工大学	10710.2
24	上海音乐学院	15342.3	54	西安交通大学	10680.5
25	北京理工大学	15216.8	55	西南交通大学	10540.1
26	重庆大学	15054.1	56	北京科技大学	10496.4
27	北京航空航天大学	14762.1	57	北京邮电大学	10406.4
28	上海大学	14632.5	58	中国政法大学	10362.7
29	苏州大学	14625.0	59	东北林业大学	10189.9
30	大连理工大学	14309.1	60	华中师范大学	10168.4

续表

排名	中文名称	Wikipedia 传播力指数	排名	中文名称	Wikipedia 传播力指数
61	西安电子科技大学	10126. 3	91	宁波大学	8599. 4
62	上海财经大学	10034. 8	92	天津医科大学	8596. 5
63	南京中医药大学	10020. 0	93	中国地质大学（武汉）	8570. 9
64	华中农业大学	9818. 7	94	中国农业大学	8537. 3
65	西藏大学	9749. 9	95	成都理工大学	8463. 0
66	哈尔滨工程大学	9698. 0	96	西北工业大学	8421. 5
67	中央音乐学院	9659. 5	97	贵州大学	8360. 5
68	中国传媒大学	9658. 3	98	北京工业大学	8312. 6
69	南京理工大学	9612. 2	99	大连海事大学	8261. 7
70	武汉理工大学	9603. 7	100	北京化工大学	8235. 4
71	西南大学	9583. 4	101	中南财经政法大学	8161. 2
72	中国石油大学（华东）	9574. 1	102	中国地质大学（北京）	8161. 2
73	南昌大学	9373. 4	103	西北大学	8132. 1
74	中央财经大学	9315. 5	104	东北师范大学	8125. 6
75	海南大学	9270. 1	105	中国药科大学	7979. 5
76	中央美术学院	9232. 6	106	广西大学	7937. 4
77	新疆大学	9217. 5	107	南京信息工程大学	7919. 6
78	国防科技大学	9182. 6	108	华南师范大学	7915. 9
79	中央民族大学	9181. 9	109	西南石油大学	7884. 4
80	西南财经大学	9132. 1	110	宁夏大学	7757. 7
81	内蒙古大学	9021. 6	111	河南大学	7513. 1
82	江南大学	8978. 2	112	外交学院	7448. 5
83	福州大学	8864. 2	113	河北工业大学	7444. 7
84	北京体育大学	8837. 4	114	安徽大学	7443. 5
85	云南大学	8822. 3	115	华北电力大学（北京）	7392. 0
86	太原理工大学	8758. 4	116	华北电力大学（保定）	7392. 0
87	南京邮电大学	8716. 3	117	陕西师范大学	7382. 0
88	河海大学	8672. 9	118	首都师范大学	7279. 1
89	中国海洋大学	8655. 1	119	北京林业大学	7271. 0
90	兰州大学	8640. 6	120	南京农业大学	7199. 8

续表

排名	中文名称	Wikipedia 传播力指数	排名	中文名称	Wikipedia 传播力指数
121	延边大学	7139.4	132	中国人民公安大学	6123.0
122	青海大学	6992.1	133	上海体育学院	6115.7
123	东北农业大学	6883.5	134	广州中医药大学	5901.9
124	中国石油大学（北京）	6858.2	135	第四军医大学	5882.8
125	石河子大学	6589.3	136	第二军医大学	5582.9
126	四川农业大学	6562.5	137	上海海洋大学	5564.6
127	中国音乐学院	6399.9	138	北京中医药大学	5332.7
128	成都中医药大学	6397.4	139	长安大学	5207.7
129	辽宁大学	6396.6	140	天津中医药大学	3732.1
130	南京林业大学	6383.6	141	上海中医药大学	937.6
131	合肥工业大学	6186.1			

（三）Wikipedia 传播力具体指标分析

Wikipedia 传播力维度包括词条完整性、一年内词条被编辑的次数、一年内参与词条编辑的用户数、链接情况 4 个指标。其中，词条完整性包括是否有词条、官方定义、历史发展、地址、部门结构、外部链接 6 个方面。4 个指标权重均为 2.5%，在总传播力指数中占 10%。

对于词条完整性，据统计，152 所大学拥有完整的 6 项词条信息，其中内地大学占比 74.3%。余下 31 所词条信息不完整的大学中仅 4 所港澳台地区大学。词条信息中，部门结构维度缺失最为明显，在 23 所大学信息中缺失。其余依次为历史发展、地址、官方定义、外部链接。

对于词条编辑，我国大学一年内词条被平均编辑次数为 20 次，平均参与编辑用户 10 人，1 所大学未更新信息。词条编辑排名前三位的依次为哈尔滨工业大学、清华大学、北京大学；从一年内参与词条编辑的用户数来看，排名前三位的依次为清华大学、香港城市大学、香港理工大学，其中清华大学一年内参与词条编辑的用户数达 62 人次，是唯一一所年编辑用户数量超过 50 人次的大学。

对于词条链接，平均每所大学有 352 个词条链接。港澳台地区大学链接平均为 457 条，高于内地（平均 329 条）。北京大学拥有最多词条链接，为 2467 条，其次为香港大学，为 2355 条。词条链接数量排名前十位中有 4 所香港地区大学、1 所台湾地区大学、5 所内地大学。词条链接数量排名前十位的依次为北京大学、香港大学、清华大学、香港中文大学、台湾大学、复旦大学、浙江大学、南京大学、香港城市大学、香港科技大学。其中，前 8 所大学词条链接均超过 1000 条。

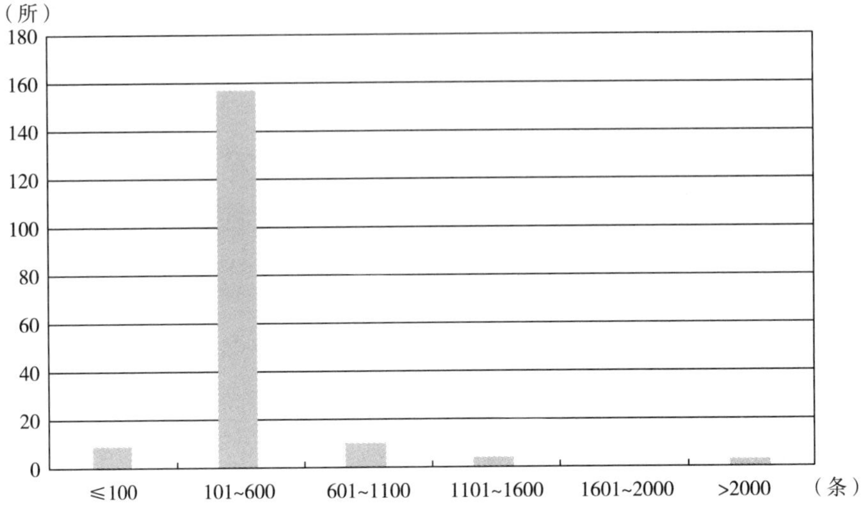

图 1-6　中国大学 Wikipedia 词条链接情况统计分布

（四）参照分析

将我国大学与海外 8 所参照大学进行对比分析，我国大学 Wikipedia 传播力指数远低于美国大学，但高于日韩 4 所大学。美国参照大学中排名第一的哈佛大学 Wikipedia 传播力指数是国内排名第一的上海交通大学的 4.5 倍，是日韩 4 所大学中排名第一的东京大学的 7.4 倍。从港澳台地区大学来看，整体上其 Wikipedia 传播力指数低于国内大学，但高于日韩 4 所大学。

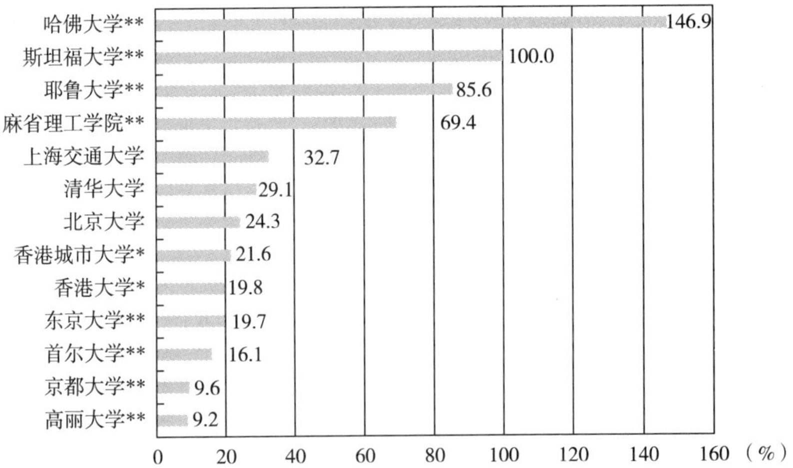

图 1-7　Wikipedia 传播力指数参照分析

从 Wikipedia 各项指标来看，国内大学与美国 4 所大学之间的差异主要在链接数量上，日韩大学与国内大学主要在编辑情况上存在区别。哈佛大学、耶鲁大学、麻省理工学院以及斯坦福大学链接数量均超过 15000 条，而国内大学链接数量最多的为北京大学，有 2467 条，哈佛大学的外部链接数量是北京大学的 14 倍。而对于日韩大学，其一年内词条被编辑的次数和一年内参与词条编辑的用户数也较少，两个指标最高均不超过 60 条，相比之下国内大学一年内词条被编辑的次数最高达 249 次，一年内参与词条编辑的用户数最高达到 65 人次。

六、维度三：中国大学Twitter传播力

Twitter 是一个开放的社交媒体平台，在多个国家和地区被网民广泛使用，是全球互联网平台访问量最大的 10 个网站之一。对 Twitter 中各大学的测量可评估大学在全球社交网络中的传播影响力度。

（一）中国大学 Twitter 传播力指数排名

Twitter 传播力指数由官方认证账号、粉丝数量以及发布内容三个指标组成。针对发布内容，统计近一年内发布的内容数量、一年内最高转发量、一年内最多评论数三个因素。搜索方式是在 Twitter 官方页面内输入各大学英文名及简称，筛选官方账号，统计是否有官方认证，粉丝总数量一年内发文情况，得出 183 所大学 Twitter 传播力指数。

我国大学 Twitter 传播力指数排名前十位依次为清华大学、北京大学、香港理工大学、华中科技大学、北京外国语大学、中国美术学院、上海交通大学、香港中文大学、浙江大学、香港大学。其中，7 所内地大学，其余均为港澳地区大学。排名最高为清华大学，传播力指数达 581108.9。

表 1－10　中国大学 Twitter 传播力指数排名

排名	中文名称	Twitter 传播力指数	排名	中文名称	Twitter 传播力指数
1	清华大学	581108.9	6	中国美术学院	54603.3
2	北京大学	228927.0	7	上海交通大学	46621.4
3	香港理工大学 *	83019.8	8	香港中文大学 *	43886.8
4	华中科技大学	59651.2	9	浙江大学	34661.6
5	北京外国语大学	57304.7	10	香港大学 *	20838.7

续表

排名	中文名称	Twitter 传播力指数	排名	中文名称	Twitter 传播力指数
11	华东师范大学	18015.2	34	湖南师范大学	127.6
12	岭南大学 *	15759.0	35	复旦大学	74.6
13	澳门大学 *	14227.6	36	南京大学	59.6
14	成功大学（台湾） *	14170.4	37	台北医学大学 *	51.9
15	北京航空航天大学	14163.5	38	华中农业大学	40.7
16	香港浸会大学 *	9942.3	39	武汉理工大学	40.7
17	香港城市大学 *	9727.8	40	中国人民大学	39.1
18	山东大学	6991.6	41	西安电子科技大学	37.7
19	上海外国语大学	6963.2	42	中国海洋大学	23.2
20	南京航空航天大学	5102.6	43	云林科技大学（台湾） *	19.1
21	西北工业大学	3305.3	44	长安大学	16.4
22	福州大学	1297.5	45	陕西师范大学	14.2
23	湖南大学	821.0	46	河南大学	13.1
24	四川大学	646.9	47	太原理工大学	12.3
25	政治大学（台湾） *	544.5	48	上海大学	11.2
26	天津大学	479.1	49	河海大学	11.2
27	西南交通大学	433.7	50	华中师范大学	9.0
28	北京师范大学	275.3	51	石河子大学	6.6
29	宁波大学	248.8	52	哈尔滨工程大学	5.2
30	西安交通大学	213.9	53	对外经济贸易大学	4.1
31	东北师范大学	192.5	54	贵州大学	3.3
32	大连理工大学	157.6	55	东南大学	1.6
33	武汉大学	138.8			

注：未列出学校指数为0。余同。

（二）中国内地大学 Twitter 传播力指数排名

我国内地大学 Twitter 传播力指数排名前十位大学依次为清华大学、北京大学、华中科技大学、北京外国语大学、中国美术学院、上海交通大学、浙江大学、华东师范大学、北京航空航天大学、山东大学。其中，5 所位于北京、3 所位于江浙沪地区、2 所位于中部地区。

表 1 - 11 内地大学 Twitter 传播力指数排名

排名	中文名称	Twitter 传播力指数	排名	中文名称	Twitter 传播力指数
1	清华大学	581108.9	23	大连理工大学	157.6
2	北京大学	228927.0	24	武汉大学	138.8
3	华中科技大学	59651.2	25	湖南师范大学	127.6
4	北京外国语大学	57304.7	26	复旦大学	74.6
5	中国美术学院	54603.3	27	南京大学	59.6
6	上海交通大学	46621.4	28	华中农业大学	40.7
7	浙江大学	34661.6	29	武汉理工大学	40.7
8	华东师范大学	18015.2	30	中国人民大学	39.1
9	北京航空航天大学	14163.5	31	西安电子科技大学	37.7
10	山东大学	6991.6	32	中国海洋大学	23.2
11	上海外国语大学	6963.2	33	长安大学	16.4
12	南京航空航天大学	5102.6	34	陕西师范大学	14.2
13	西北工业大学	3305.3	35	河南大学	13.1
14	福州大学	1297.5	36	太原理工大学	12.3
15	湖南大学	821.0	37	上海大学	11.2
16	四川大学	646.9	38	河海大学	11.2
17	天津大学	479.1	39	华中师范大学	9.0
18	西南交通大学	433.7	40	石河子大学	6.6
19	北京师范大学	275.3	41	哈尔滨工程大学	5.2
20	宁波大学	248.8	42	对外经济贸易大学	4.1
21	西安交通大学	213.9	43	贵州大学	3.3
22	东北师范大学	192.5	44	东南大学	1.6

（三）Twitter 传播力具体指标分析

Twitter 传播力包括官方认证账号、粉丝数量以及发布内容三个指标，权重占总体传播力的 15%。官方认证账号统计各大学主页是否获得 Twitter 官方认证，权重为 1%。粉丝数量是关注该大学 Twitter 账号的粉丝人数，权重为 3.5%。发布内容统计一年内发布的内容数量、一年内最高转发量、一年内最多评论数，每项权重分别为 3.5%。

从官方认证账号来看，国内仅有清华大学、北京大学、香港理工大学、中国美术学院、香港中文大学 5 所大学有官方认证账号，50 所大学拥有非官方认证账号，其中 82% 为内地大学，128 所大学没有 Twitter 账号。由此可见，国内大学整体 Twitter 建设水平均较低。

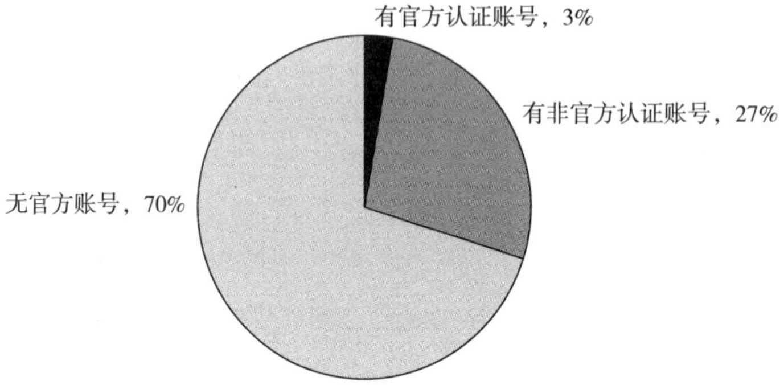

图 1－8　183 所中国大学 Twitter 是否有官方认证账号情况的比例

从粉丝数量来看，各大学之间差异较大。最高为清华大学，共有 302159 位关注者。港澳台地区大学粉丝数量最多的为香港理工大学，共有 17163 位关注者。大学账号粉丝数量越多，大学之间差距越大，粉丝数量低于 1000 的各大学之间差距小。

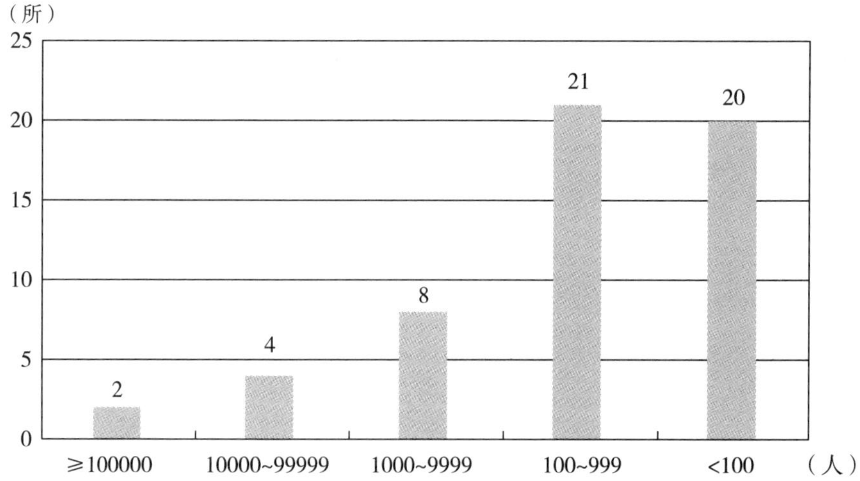

图 1－9　有 Twitter 官方认证账号的大学粉丝数量分布统计

从发布内容来看，国内大学 Twitter 内容运营最活跃的是清华大学和北京大学。清华大学一年内发布的内容数量最多并获得最高转发量。15 所大学一年内发布的内容数量高于 100 条，其中，8 所内地大学，分别是清华大学、北京大学、华中科技大学、北京外国语大学、上海交通大学、浙江大学、中国美术学院、华东师范大学，其余均为港澳台地区大学，分别是香港理工大学、香港大学、岭南大学、澳门大学、成功大学（台湾）、香港中文大学、香港浸会大学。

从内容转发数量来看，清华大学一骑绝尘，是第二名的 10 倍多。清华大学、北京大学、香港理工大学 3 所大学一年内发布内容最高被转发次数超过 100 次，分别为 4398 次、412 次、180 次；仅有 8 所大学一年内最高转发量在两位数，分别是香港城市大学、上海交通大学、香港中文大学、中国美术学院、北京外国语大学、上海外国语大学、香港大学、华东师范大学。

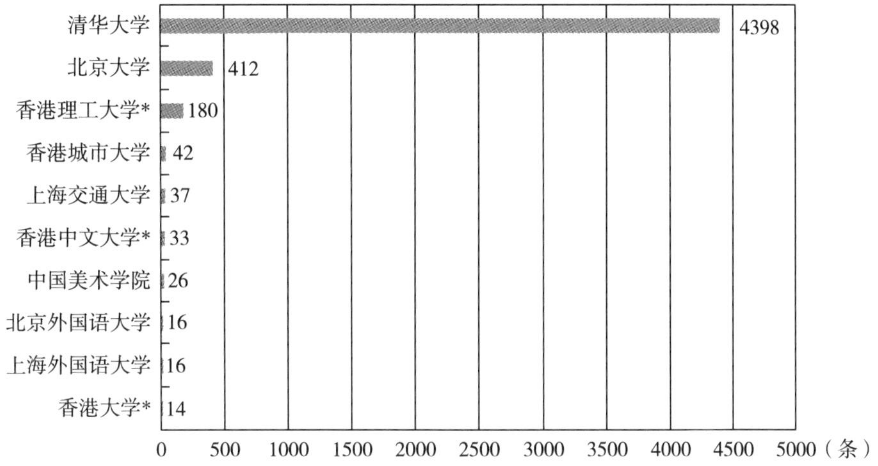

图 1-10 中国大学 Twitter 一年内最高转发量前十位排行榜

从发布内容的最多评论数来看，清华大学发布内容的评论数最多，达 45000 条，排名第一。一年内最多评论数超过 100 条的大学共 7 所，包含 6 所内地大学。一年内最高转发量和一年内最多评论数均超过 100 条的只有清华大学、北京大学、香港理工大学。

（四）参照分析

我国大学 Twitter 传播力维度排名前四位依次为清华大学、北京大学、香港理工大学、华中科技大学，指数远高于日韩 4 所大学，但与美国 4 所大学存在一定差距。

与日韩 4 所大学相比，我国大学 Twitter 建设有一定成效，特别是相较于韩国的大学。韩国 2 所大学均无官方认证账号，且一年内发布的内容数量较低，均为 0。日韩 4 所大学中 Twitter 传播力指数最高的为东京大学，指数为 311503.0，是清华大学传播力指数的 53.6%。

与美国 4 所大学对比，我国大学 Twitter 传播力建设明显不足。美国 4 所大学 Twitter 传播力指数均明显超过我国内地大学。美国 4 所大学均有 Twitter 官方认证账号，粉丝数

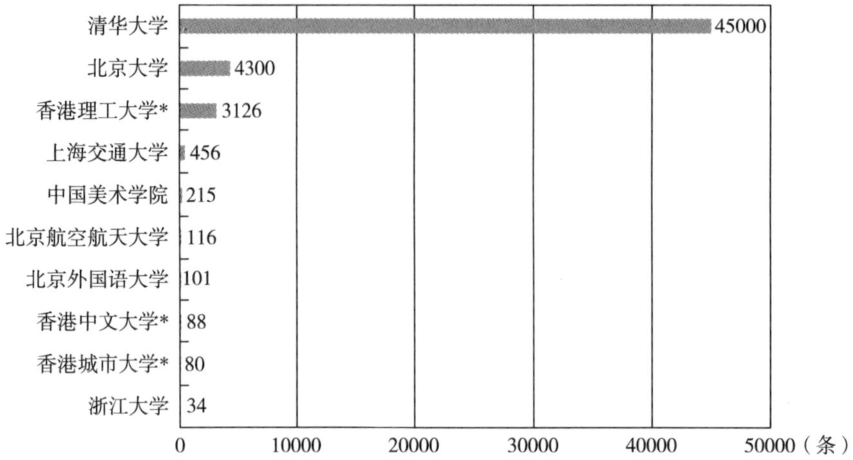

图 1－11　中国大学 Twitter 发布内容最多评论数前十排行榜

量均超过 50 万人，其中哈佛大学和麻省理工学院粉丝数量均超过 100 万人，约是清华大学的 3.7 倍。4 所大学一年内发布的内容数量均超过 500 条，其中哈佛大学最多，为 1669 条，日均发布 4 条；在中国大学中，一年内发布的内容数量最高者为清华大学，日均发布 3 条，与美国大学相对持平，但其他大学的内容发布数量则远低于美国大学。美国 4 所大学在转发量上均超过 100 次，最高为斯坦福大学，有 30000 次；而中国大学转发量最高者为清华大学，有 4398 次。在最多评论数上，美国 4 所大学均超过 1000 条，最高者为斯坦福大学，达 132000 条，是清华大学的 3 倍。

相比于美国大学，中国大学 Twitter 平台传播力建设仍为薄弱项。无论是在粉丝管理，还是在内容运营上，中国大学仍有较大提升空间。

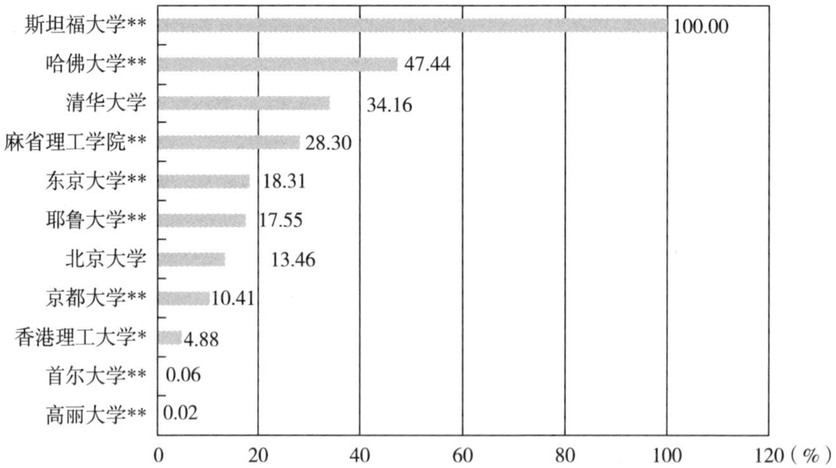

图 1－12　Twitter 传播力参照分析

七、维度四：中国大学Facebook传播力

作为全球用户量最大的社交软件，Facebook 成为大学信息传播的重要战场，是衡量大学海外传播力的必要指标。Facebook2020 财年第二季度财报显示，Facebook 第二季度月活跃用户人数为 27 亿，日活跃用户人数为 17.9 亿，其用户数量仍在持续增长。

（一）中国大学 Facebook 传播力指数排名

通过在 Facebook 官网上精准搜索各大学英文名称和英文简称，筛选确定大学 Facebook 账号。在大学 Facebook 主页中采集四个方面的数据：是否有官方认证账号、好友数量、一年内发布的内容数量、一年内最高赞数。获得 183 所中国大学 Facebook 传播力指数排名。

我国大学 Facebook 传播力指数排名前十位依次为清华大学、北京大学、台湾大学、台湾师范大学、南京航空航天大学、香港中文大学、香港大学、东海大学、香港理工大学、中山大学（台湾），其中，有 3 所内地大学、4 所台湾地区大学以及 3 所香港地区大学。

表 1－12　中国大学 Facebook 传播力指数排名

排名	中文名称	Facebook 传播力指数	排名	中文名称	Facebook 传播力指数
1	清华大学	517855.7	13	澳门大学＊	75113.2
2	北京大学	451193.0	14	浙江大学	69917.0
3	台湾大学＊	221392.2	15	天津大学	68014.9
4	台湾师范大学＊	167289.8	16	阳明大学（台湾）＊	63719.1
5	南京航空航天大学	132102.4	17	成功大学（台湾）＊	63185.0
6	香港中文大学＊	130135.5	18	逢甲大学＊	58156.9
7	香港大学＊	110407.4	19	政治大学（台湾）＊	55777.8
8	东海大学＊	100912.8	20	香港科技大学＊	52721.7
9	香港理工大学＊	93624.5	21	香港浸会大学＊	45891.2
10	中山大学（台湾）＊	92437.7	22	高雄科技大学（台湾）＊	43808.1
11	亚洲大学＊	91839.9	23	云林科技大学（台湾）＊	43375.1
12	清华大学（台湾）＊	85775.5	24	台北大学（台湾）＊	41816.4

续表

排名	中文名称	Facebook 传播力指数	排名	中文名称	Facebook 传播力指数
25	东华大学（台湾）*	40877.5	55	兰州大学	3777.9
26	中央大学（台湾）*	38346.8	56	宁波大学	3737.9
27	交通大学（台湾）*	38020.8	57	台湾科技大学 *	2617.7
28	香港城市大学 *	37660.2	58	大连理工大学	2275.0
29	厦门大学	37147.2	59	中国矿业大学（徐州）	2144.8
30	中兴大学（台湾）*	36522.7	60	湖南师范大学	1626.7
31	辅仁大学 *	35513.1	61	南昌大学	1610.3
32	华东理工大学	35225.2	62	上海财经大学	1579.3
33	元智大学 *	33266.3	63	北京化工大学	1420.7
34	大同大学 *	28979.0	64	中正大学（台湾）*	1074.2
35	中华大学 *	27330.4	65	西南石油大学	1048.1
36	华东师范大学	26187.2	66	河海大学	1030.6
37	岭南大学 *	19821.5	67	华中科技大学	961.3
38	台北医学大学 *	17351.4	68	南京大学	925.5
39	台北科技大学（台湾）*	16803.6	69	武汉大学	842.5
40	北京师范大学	16123.2	70	东南大学	826.0
41	北京理工大学	15981.3	71	山东大学	757.5
42	长庚大学 *	15496.5	72	南开大学	727.0
43	同济大学	15134.4	73	北京科技大学	668.2
44	成都中医药大学	13641.1	74	成都理工大学	644.4
45	电子科技大学	11890.8	75	云南大学	639.6
46	暨南国际大学（台湾）*	9353.6	76	复旦大学	530.4
47	上海外国语大学	7730.7	77	中国科学院大学	529.0
48	高雄医学大学 *	7650.3	78	南京邮电大学	505.1
49	中国医药大学（台湾）*	6717.4	79	吉林大学	490.3
50	中南财经政法大学	5803.5	80	上海大学	463.1
51	东华大学	5461.8	81	暨南大学	461.5
52	北京交通大学	4743.8	82	中国石油大学（华东）	450.9
53	新疆大学	4571.4	83	华中农业大学	426.4
54	台湾淡江大学 *	4452.8	84	中山大学	353.3

续表

排名	中文名称	Facebook 传播力指数	排名	中文名称	Facebook 传播力指数
85	广西大学	271.7	115	东北师范大学	76.5
86	中央美术学院	269.7	116	中国农业大学	72.7
87	哈尔滨工程大学	266.8	117	南京中医药大学	64.6
88	辽宁大学	240.9	118	河南大学	63.5
89	上海音乐学院	216.4	119	北京中医药大学	60.4
90	中国地质大学（武汉）	215.9	120	外交学院	58.0
91	南京理工大学	199.7	121	北京协和医学院	56.3
92	对外经济贸易大学	191.1	122	四川农业大学	55.1
93	西安交通大学	189.9	123	华南理工大学	51.6
94	东吴大学 *	187.4	124	中南大学	49.4
95	南京农业大学	179.8	125	石河子大学	48.8
96	上海体育学院	178.5	126	中国美术学院	36.6
97	湖南大学	175.0	127	北京工业大学	36.3
98	大连海事大学	172.1	128	河北工业大学	34.9
99	北京林业大学	165.2	129	上海海洋大学	34.8
100	郑州大学	155.4	130	哈尔滨工业大学	33.8
101	江南大学	154.0	131	南京师范大学	32.7
102	西北工业大学	133.4	132	中国地质大学（北京）	32.3
103	安徽大学	133.3	133	华南师范大学	30.1
104	贵州大学	121.5	134	北京外国语大学	29.9
105	中国矿业大学（北京）	118.8	135	南京林业大学	28.8
106	天津医科大学	108.3	136	延边大学	27.7
107	苏州大学	102.5	137	西北大学	26.1
108	武汉理工大学	98.3	138	第二军医大学	25.3
109	中国石油大学（北京）	94.7	139	中国音乐学院	24.7
110	北京体育大学	92.1	140	中央音乐学院	24.7
111	上海中医药大学	87.7	141	西南交通大学	23.1
112	四川大学	83.0	142	中国传媒大学	21.1
113	中国海洋大学	81.3	143	海南大学	20.3
114	东北大学	77.1	144	北京邮电大学	20.1

续表

排名	中文名称	Facebook 传播力指数	排名	中文名称	Facebook 传播力指数
145	中国药科大学	19.7	162	北京航空航天大学	8.1
146	西南财经大学	18.2	163	天津工业大学	7.9
147	陕西师范大学	16.5	164	东北农业大学	7.3
148	中国人民大学	15.7	165	华北电力大学（保定）	6.9
149	中国政法大学	14.2	166	西南大学	6.7
150	上海交通大学	13.5	167	中国科学技术大学	6.7
151	长安大学	13.4	168	广州中医药大学	6.7
152	合肥工业大学	12.2	169	西北农林科技大学	6.0
153	首都师范大学	12.1	170	重庆大学	5.8
154	福州大学	11.7	171	华中师范大学	4.2
155	华北电力大学（北京）	11.6	172	中原大学 *	3.7
156	台湾海洋大学 *	10.8	173	彰化师范大学（台湾） *	2.4
157	南京信息工程大学	9.7	174	西藏大学	2.4
158	天津中医药大学	9.6	175	东北林业大学	2.3
159	太原理工大学	9.0	176	西安电子科技大学	2.2
160	中央民族大学	8.6	177	内蒙古大学	1.5
161	中央财经大学	8.5	178	青海大学	0.9

（二）中国内地大学 Facebook 传播力指数排名

我国内地大学 Facebook 传播力指数排名前十位依次为清华大学、北京大学、南京航空航天大学、浙江大学、天津大学、厦门大学、华东理工大学、华东师范大学、北京师范大学、北京理工大学。

表 1－13　内地大学 Facebook 传播力指数排名

排名	中文名称	Facebook 传播力指数	排名	中文名称	Facebook 传播力指数
1	清华大学	517855.7	5	天津大学	68014.9
2	北京大学	451193.0	6	厦门大学	37147.2
3	南京航空航天大学	132102.4	7	华东理工大学	35225.2
4	浙江大学	69917.0	8	华东师范大学	26187.2

续表

排名	中文名称	Facebook 传播力指数	排名	中文名称	Facebook 传播力指数
9	北京师范大学	16123.2	39	中国科学院大学	529.0
10	北京理工大学	15981.3	40	南京邮电大学	505.1
11	同济大学	15134.4	41	吉林大学	490.3
12	成都中医药大学	13641.1	42	上海大学	463.1
13	电子科技大学	11890.8	43	暨南大学	461.5
14	上海外国语大学	7730.7	44	中国石油大学（华东）	450.9
15	中南财经政法大学	5803.5	45	华中农业大学	426.4
16	东华大学	5461.8	46	中山大学	353.3
17	北京交通大学	4743.8	47	广西大学	271.7
18	新疆大学	4571.4	48	中央美术学院	269.7
19	兰州大学	3777.9	49	哈尔滨工程大学	266.8
20	宁波大学	3737.9	50	辽宁大学	240.9
21	大连理工大学	2275.0	51	上海音乐学院	216.4
22	中国矿业大学（徐州）	2144.8	52	中国地质大学（武汉）	215.9
23	湖南师范大学	1626.7	53	南京理工大学	199.7
24	南昌大学	1610.3	54	对外经济贸易大学	191.1
25	上海财经大学	1579.3	55	西安交通大学	189.9
26	北京化工大学	1420.7	56	南京农业大学	179.8
27	西南石油大学	1048.1	57	上海体育学院	178.5
28	河海大学	1030.6	58	湖南大学	175.0
29	华中科技大学	961.3	59	大连海事大学	172.1
30	南京大学	925.5	60	北京林业大学	165.2
31	武汉大学	842.5	61	郑州大学	155.4
32	东南大学	826.0	62	江南大学	154.0
33	山东大学	757.5	63	西北工业大学	133.4
34	南开大学	727.0	64	安徽大学	133.3
35	北京科技大学	668.2	65	贵州大学	121.5
36	成都理工大学	644.4	66	中国矿业大学（北京）	118.8
37	云南大学	639.6	67	天津医科大学	108.3
38	复旦大学	530.4	68	苏州大学	102.5

续表

排名	中文名称	Facebook 传播力指数	排名	中文名称	Facebook 传播力指数
69	武汉理工大学	98.3	99	第二军医大学	25.3
70	中国石油大学（北京）	94.7	100	中央音乐学院	24.7
71	北京体育大学	92.1	101	中国音乐学院	24.7
72	上海中医药大学	87.7	102	西南交通大学	23.1
73	四川大学	83.0	103	中国传媒大学	21.1
74	中国海洋大学	81.3	104	海南大学	20.3
75	东北大学	77.1	105	北京邮电大学	20.1
76	东北师范大学	76.5	106	中国药科大学	19.7
77	中国农业大学	72.7	107	西南财经大学	18.2
78	南京中医药大学	64.6	108	陕西师范大学	16.5
79	河南大学	63.5	109	中国人民大学	15.7
80	北京中医药大学	60.4	110	中国政法大学	14.2
81	外交学院	58.0	111	上海交通大学	13.5
82	北京协和医学院	56.3	112	长安大学	13.4
83	四川农业大学	55.1	113	合肥工业大学	12.2
84	华南理工大学	51.6	114	首都师范大学	12.1
85	中南大学	49.4	115	福州大学	11.7
86	石河子大学	48.8	116	华北电力大学（北京）	11.6
87	中国美术学院	36.6	117	南京信息工程大学	9.7
88	北京工业大学	36.3	118	天津中医药大学	9.6
89	河北工业大学	34.9	119	太原理工大学	9.0
90	上海海洋大学	34.8	120	中央民族大学	8.6
91	哈尔滨工业大学	33.8	121	中央财经大学	8.5
92	南京师范大学	32.7	122	北京航空航天大学	8.1
93	中国地质大学（北京）	32.3	123	天津工业大学	7.9
94	华南师范大学	30.1	124	东北农业大学	7.3
95	北京外国语大学	29.9	125	华北电力大学（保定）	6.9
96	南京林业大学	28.8	126	中国科学技术大学	6.7
97	延边大学	27.7	127	西南大学	6.7
98	西北大学	26.1	128	广州中医药大学	6.7

续表

排名	中文名称	Facebook 传播力指数	排名	中文名称	Facebook 传播力指数
129	西北农林科技大学	6.0	133	东北林业大学	2.3
130	重庆大学	5.8	134	西安电子科技大学	2.2
131	华中师范大学	4.2	135	内蒙古大学	1.5
132	西藏大学	2.4	136	青海大学	0.9

（三）Facebook 传播力具体指标分析

Facebook 传播力维度衡量大学传播力的指标为：是否有官方认证账号、好友数量、一年内发布的内容数量、一年内最高赞数。4 项指标在传播力测量中共占 15% 比重。

在是否有官方认证账号方面：我国共有 11 所大学获官方认证账号，分别是清华大学、北京大学、浙江大学、澳门大学、东海大学、香港大学、香港城市大学、香港科技大学、香港理工大学、香港中文大学、元智大学。其中，有内地大学 3 所，港澳台地区大学 8 所。

在好友数量方面：内地大学账号平均好友数量为 35701 人次。好友数量超过均值的大学共 16 所，占比约 8.7%。在这 16 所大学中，5 所内地大学，11 所港台地区大学。本项指标排名前十位的中国大学依次为清华大学、北京大学、南京航空航天大学、天津大学、台湾师范大学、浙江大学、香港理工大学、台湾大学、香港科技大学、东海大学。好友数量在 100000 人次以上（包括 100000 人次）的大学共 5 所，约占总体的 2.7%。好友数量在 10000 ~ 100000 人次（包括 10000 人次）的大学共 29 所，约占总体的 15.8%。好友数量在 1000 ~ 10000 人次（包括 1000 人次）的大学共 57 所，约占总体的 31.1%。

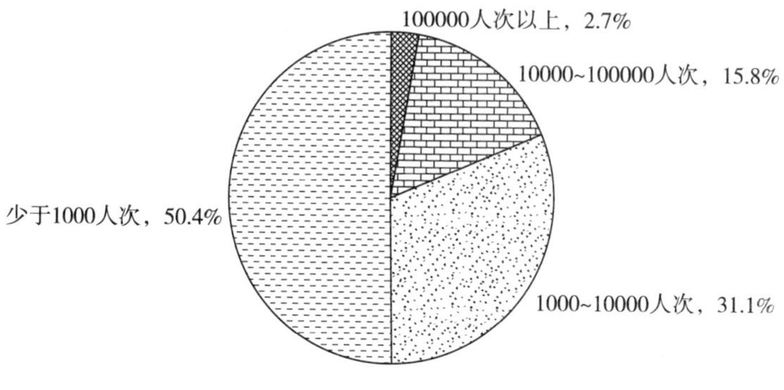

图 1－13　中国大学 Facebook 账号粉丝量分布

在一年内发布的内容数量方面：我国大学年均发布内容 73 条，内容发布数量在平均数以上的大学共 43 所，约占 23.5%。其中，12 所内地大学，31 所港澳台地区大学。本项指标排名前十位大学依次为北京大学、清华大学、亚洲大学、香港大学、澳门大学、台湾师范大学、高雄科技大学（台湾）、浙江大学、天津大学、香港中文大学。其中，有 4 所内地大学、6 所港澳台地区大学。

在一年内最高赞数方面：我国大学最高赞数平均为 1283 次，最高赞数在平均值以上的大学共 24 所，约占 13.1%。其中，5 所内地大学、19 所港台地区大学。本项指标排名前十位大学依次为台湾大学、清华大学、北京大学、台湾师范大学、南京航空航天大学、香港中文大学、中山大学（台湾）、清华大学（台湾）、香港理工大学、东海大学。其中，有 3 所内地大学、7 所港台地区大学。

（四）参照分析

清华大学 Facebook 传播力指数位列我国大学之首（指数为 517855.7），远超日韩参照大学中排名第一的东京大学（指数为 70937.9）。在我国大学中，Facebook 好友数量最多者为清华大学（2445875 人次），相较上年增长 111.97%，远超日韩参照大学中关注人数第一的首尔大学（170329 人次）。我国大学一年内发布的内容数量最多的是北京大学（909 条），次多的是清华大学（905 条），对比美日韩三国参照大学，位列第一、第二。

对比美国参照大学，整体而言，我国大学 Facebook 平台建设上还有一定差距，但头部的清华大学、北京大学传播力指数已经没有差距。其中，清华大学与北京大学的 Facebook 传播力指数超越耶鲁大学、斯坦福大学、麻省理工学院，虽还低于哈佛大学，但对比上年，这一差距正在缩小。

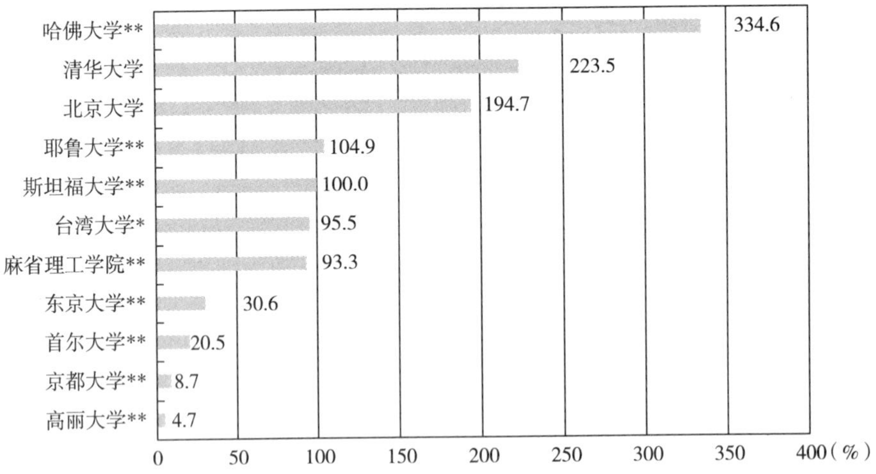

图 1-14　Facebook 传播力参照分析

八、维度五：中国大学Instagram传播力

Instagram 作为一款免费提供在线图片及视频分享的社交应用软件，自 2010 年上线以来受到国外年轻群体的青睐。2018 年 6 月 21 日，Instagram 宣布其月活用户已经突破 10 亿关口，成为内容传播、话题讨论、形象塑造等的重要平台。

（一）中国大学 Instagram 传播力指数排名

对大学在 Instagram 平台上是否有官方认证账号、粉丝数量、一年内发布的内容数量、一年内最多回复数量、一年内图文最高点赞量、一年内视频最高点击量 6 个方面进行统计，按权重计算指标对应数据，得到 183 所中国大学 Instagram 传播力指数排名。

我国大学 Instagram 传播力指数排名前十位依次为清华大学、北京大学、香港浸会大学、上海交通大学、澳门大学、香港中文大学、香港城市大学、天津大学、逢甲大学、亚洲大学。其中，4 所内地大学、3 所香港地区大学、2 所台湾地区大学、1 所澳门地区大学。

表 1－14　中国大学 Instagram 传播力指数排名

排名	中文名称	Instagram 传播力指数	排名	中文名称	Instagram 传播力指数
1	清华大学	221009.7	14	中国美术学院	32218.3
2	北京大学	205880.6	15	南京航空航天大学	30849.3
3	香港浸会大学 *	165030.5	16	浙江大学	24151.3
4	上海交通大学	132381.9	17	阳明大学（台湾） *	24093.8
5	澳门大学 *	67218.5	18	成功大学（台湾） *	23186.7
6	香港中文大学 *	59266.4	19	华东师范大学	22411.2
7	香港城市大学 *	58588.2	20	中华大学 *	22138.0
8	天津大学	47915.8	21	元智大学 *	20404.2
9	逢甲大学 *	46226.1	22	大同大学 *	19616.2
10	亚洲大学 *	45030.8	23	岭南大学 *	19211.4
11	香港科技大学 *	44855.0	24	电子科技大学	16905.4
12	中正大学（台湾） *	38763.4	25	高雄科技大学（台湾） *	16044.0
13	香港大学 *	36889.7	26	长安大学	15345.9

续表

排名	中文名称	Instagram 传播力指数	排名	中文名称	Instagram 传播力指数
27	辅仁大学＊	14903.1	57	西南石油大学	2269.5
28	中国石油大学（北京）	12737.3	58	北京外国语大学	1677.0
29	北京体育大学	12040.7	59	南开大学	1466.5
30	四川大学	12037.5	60	北京师范大学	1389.1
31	东华大学	12011.9	61	台湾大学＊	1213.0
32	东海大学＊	11989.0	62	南昌大学	1076.1
33	苏州大学	10746.7	63	中南大学	582.6
34	华中农业大学	10584.3	64	复旦大学	542.1
35	中央大学（台湾）＊	10009.0	65	成都中医药大学	279.3
36	西安交通大学	9896.0	66	中央戏剧学院	265.1
37	中山大学（台湾）＊	9752.4	67	东北大学	258.8
38	宁波大学	9676.3	68	山东大学	180.9
39	长庚大学＊	9396.9	69	中国地质大学（武汉）	155.4
40	西北工业大学	9353.4	70	中国医药大学（台湾）＊	96.9
41	北京理工大学	7954.8	71	南京大学	94.3
42	北京航空航天大学	7648.7	72	中国石油大学（华东）	70.2
43	中国科学技术大学	7124.7	73	中国人民大学	66.3
44	上海外国语大学	6866.0	74	对外经济贸易大学	65.5
45	郑州大学	6814.8	75	南京中医药大学	63.9
46	中国海洋大学	6698.7	76	台湾科技大学＊	47.8
47	厦门大学	5081.5	77	贵州大学	42.1
48	吉林大学	4661.0	78	中国农业大学	31.4
49	台北医学大学＊	4560.5	79	同济大学	26.0
50	河南大学	4492.4	80	南京师范大学	20.3
51	北京交通大学	4017.3	81	暨南国际大学（台湾）＊	19.2
52	云南大学	3299.6	82	西北大学	15.3
53	兰州大学	3285.8	83	中国政法大学	13.5
54	上海大学	3179.4	84	华南师范大学	11.4
55	湖南大学	2740.6	85	哈尔滨工业大学	10.4
56	西南交通大学	2466.0	86	东吴大学＊	9.6

续表

排名	中文名称	Instagram 传播力指数	排名	中文名称	Instagram 传播力指数
87	西安电子科技大学	7.0	90	台湾淡江大学 *	5.5
88	河海大学	6.8	91	大连海事大学	1.6
89	西南财经大学	5.7			

（二）中国内地大学 Instagram 传播力指数排名

Instagram 传播力指数排名前十位内地大学依次为清华大学、北京大学、上海交通大学、天津大学、中国美术学院、南京航空航天大学、浙江大学、华东师范大学、电子科技大学、长安大学。相比 2019 年，有 4 所为新上榜大学，分别为南京航空航天大学、华东师范大学、电子科技大学、长安大学。

表 1－15　内地大学 Instagram 传播力指数排名

排名	中文名称	Instagram 传播力指数	排名	中文名称	Instagram 传播力指数
1	清华大学	221009.7	17	西安交通大学	9896.0
2	北京大学	205880.6	18	宁波大学	9676.3
3	上海交通大学	132381.9	19	西北工业大学	9353.4
4	天津大学	47915.8	20	北京理工大学	7954.8
5	中国美术学院	32218.3	21	北京航空航天大学	7648.7
6	南京航空航天大学	30849.3	22	中国科学技术大学	7124.7
7	浙江大学	24151.3	23	上海外国语大学	6866.0
8	华东师范大学	22411.2	24	郑州大学	6814.8
9	电子科技大学	16905.4	25	中国海洋大学	6698.7
10	长安大学	15345.9	26	厦门大学	5081.5
11	中国石油大学（北京）	12737.3	27	吉林大学	4661.0
12	北京体育大学	12040.7	28	河南大学	4492.4
13	四川大学	12037.5	29	北京交通大学	4017.3
14	东华大学	12011.9	30	云南大学	3299.6
15	苏州大学	10746.7	31	兰州大学	3285.8
16	华中农业大学	10584.3	32	上海大学	3179.4

续表

排名	中文名称	Instagram 传播力指数	排名	中文名称	Instagram 传播力指数
33	湖南大学	2740.6	49	中国人民大学	66.3
34	西南交通大学	2466.0	50	对外经济贸易大学	65.5
35	西南石油大学	2269.5	51	南京中医药大学	63.9
36	北京外国语大学	1677.0	52	贵州大学	42.1
37	南开大学	1466.5	53	中国农业大学	31.4
38	北京师范大学	1389.1	54	同济大学	26.0
39	南昌大学	1076.1	55	南京师范大学	20.3
40	中南大学	582.6	56	西北大学	15.3
41	复旦大学	542.1	57	中国政法大学	13.5
42	成都中医药大学	279.3	58	华南师范大学	11.4
43	中央戏剧学院	265.1	59	哈尔滨工业大学	10.4
44	东北大学	258.8	60	西安电子科技大学	7.0
45	山东大学	180.9	61	河海大学	6.8
46	中国地质大学（武汉）	155.4	62	西南财经大学	5.7
47	南京大学	94.3	63	大连海事大学	1.6
48	中国石油大学（华东）	70.2			

（三）Instagram 传播力具体指标分析

Instagram 传播力维度包含是否有官方认证账号、粉丝数量、一年内发布的内容数量、一年内最多回复数量、一年内图文最高点赞量、一年内视频最高点击量 6 项衡量指标。是否有官方认证账号权重为 1.0%，其余均为 2.8%，总体指标在传播力测量中占比 15%。

在是否有官方认证账号方面：我国 91 所大学拥有 Instagram 账号，但仅有清华大学、北京大学 2 所经过官方认证（上年为北京大学 1 所），说明我国大学在该平台的传播力建设中缺乏官方认证意识。

在粉丝数量方面：中国大学 Instagram 账号平均粉丝数量为 1416 人次，粉丝数量在平均数以上的大学共 23 所，占比 12.6%。本项指标排名前十位大学依次为清华大学、北京大学、上海交通大学、香港中文大学、香港大学、香港科技大学、香港浸会大学、中正大学（台湾）、香港城市大学、浙江大学。10 所大学粉丝数量平均为 19314 人次，高校间粉丝数量差异较大，极差为 34650 人次。

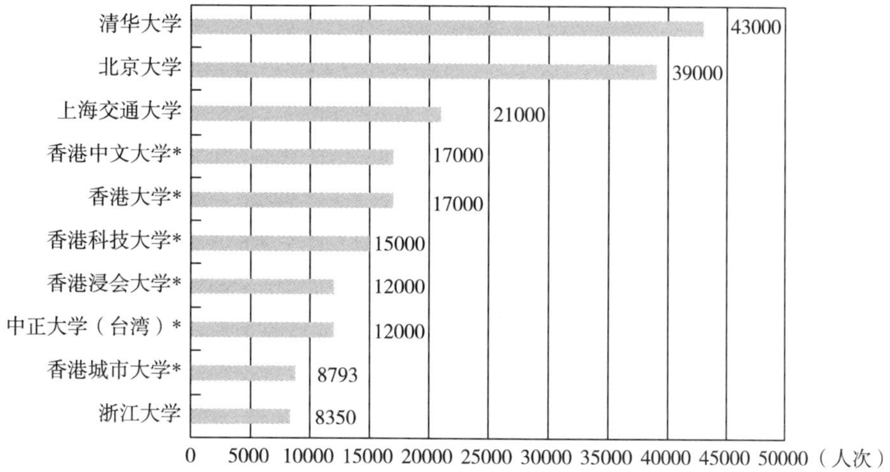

图 1－15　中国大学 Instagram 账号粉丝数量前十排行榜

在一年内发布的内容数量方面：我国大学 Instagram 账号年均内容发布数量为 32 条，达到平均数量的大学 43 所，占比 23.5%。发布数量排名前十位大学依次为上海交通大学、清华大学、澳门大学、北京大学、亚洲大学、天津大学、中国美术学院、香港浸会大学、阳明大学（台湾）、香港中文大学。这 10 所大学发布数量平均为 300 条。

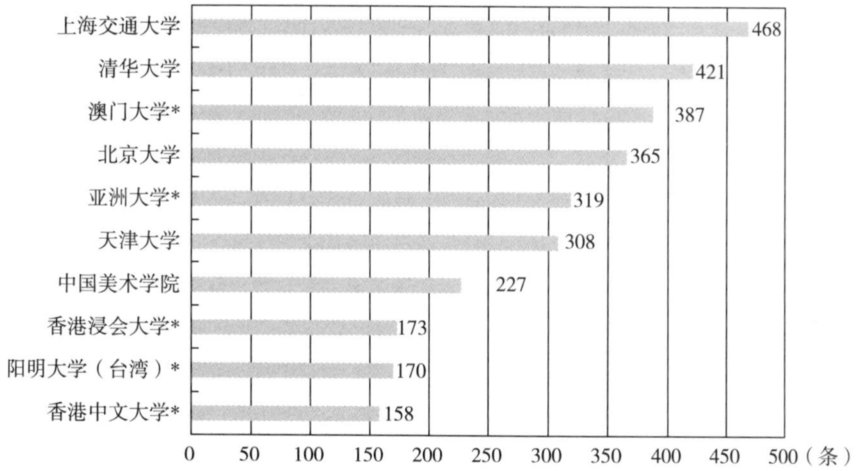

图 1－16　中国大学 Instagram 一年内发布的内容数量前十排行榜

在一年内图文最高点赞量方面：我国大学 Instagram 账号单条内容平均最高点赞量为 300 次，获点赞数高于平均的大学有 18 所，占比约 9.8%。本项指标排名前十位大学依次为清华大学、北京大学、南京航空航天大学、上海交通大学、香港浸会大学、香港中文大学、逢甲大学、香港科技大学、香港大学、浙江大学。这 10 所大学一年内图文最高点赞量平均为 4533 次。

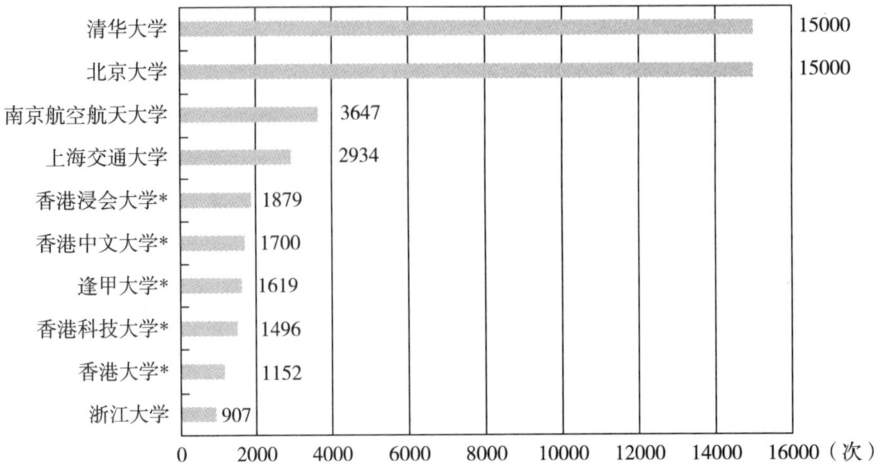

图 1－17　中国大学 Instagram 一年内图文最高点赞量前十排行榜

在一年内视频最高点击量方面：我国大学 Instagram 账号单条视频最高点击量为 1277 次，点击量在平均数之上的大学共 17 所，占比约 9.3%。91 所拥有 Instagram 账号的大学中，共有 50 所大学在 Instagram 账号发布视频。本项指标排名前十位大学依次为香港浸会大学、上海交通大学、清华大学、北京大学、香港中文大学、澳门大学、香港大学、中华大学、香港科技大学、元智大学。这 10 所大学单条视频最高点击量平均为 20271 次。

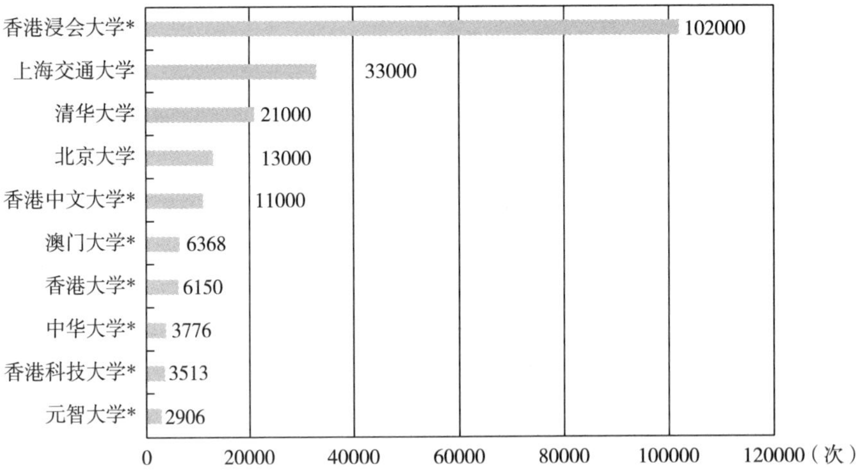

图 1－18　中国大学 Instagram 一年内视频最高点击量前十排行榜

在一年内最多回复数量方面：我国大学 Instagram 账号平均获回复 11 条。本项指标排名前十位大学依次为香港城市大学、逢甲大学、中正大学（台湾）、香港中文大学、香港科技大学、元智大学、上海交通大学、高雄科技大学（台湾）、北京大学、中国石油大学

（北京）。除前 7 所大学外，所有大学单条内容获回复数均低于 100 条。

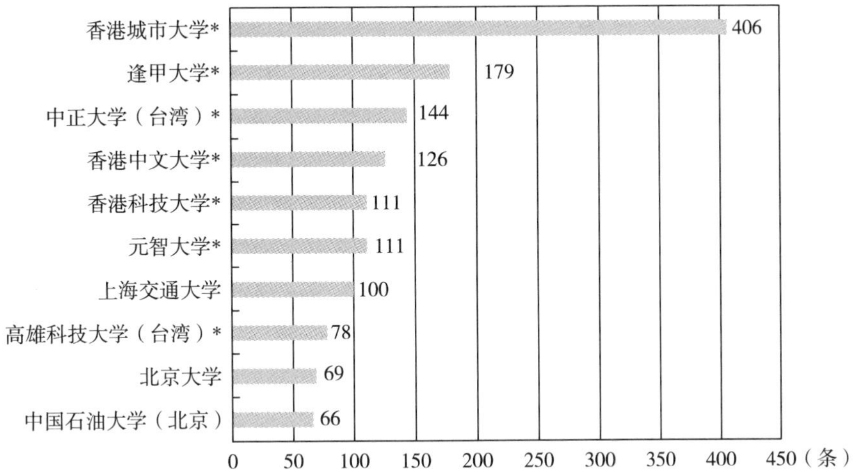

图 1－19　中国大学 Instagram 一年内最多回复数量前十排行榜

（四）参照分析

我国内地大学 Instagram 传播力指数最高为清华大学（221009.7），高于日韩参照大学中排名第一的首尔大学（68580.7）。

在粉丝数量方面，清华大学粉丝数量为 43000 人次，远超日韩参照大学中粉丝数量最多的高丽大学（28000 人次）。在发布内容方面，上海交通大学最多，为 468 条，远超日韩参照大学中发布内容数最多的首尔大学（237 条）。在图文点赞量方面，清华大学与北京大学均为 15000 次，是日韩参照大学中点赞量最高的高丽大学（4008 次）的 3.7 倍。在视频点击量方面，上海交通大学最多，为 33000 次，是日韩参照大学中排名第一的高丽大学（9160 次）的 3.6 倍。在回复数量方面，上海交通大学最多，为 100 条，略低于日韩参照大学中的高丽大学（129 条）和首尔大学（125 条）。

与美国参照大学相比，我国大学 Instagram 平台建设仍存在较大差距。4 所参照大学的 Instagram 传播力指数均高于清华大学，且粉丝数量与回复数量两个指标差距明显。其中，美国参照大学中传播力最高的哈佛大学是清华大学的 7.9 倍。除此之外，哈佛大学粉丝数量 1740000 人次，图文点赞量最高为 82000 次，视频最高点击量为 154000 次，回复数量为 6565 条，均远高于清华大学各项指标。

内地大学与港澳台地区大学 Instagram 平台建设差距正不断缩小。内地大学 Instagram 传播力排名第一的清华大学指数超过港澳台地区大学排名第一的香港浸会大学（165030.5）。香港浸会大学视频点击量最高为 102000 次，高于清华大学的 21000 次。在发布内容数量、粉丝数量、图文最高点赞量和回复数量指标中，清华大学分别为 421 条、

43000 人次、15000 次、33 条，高于香港浸会大学的 173 条、12000 人次、1879 次、8 条。

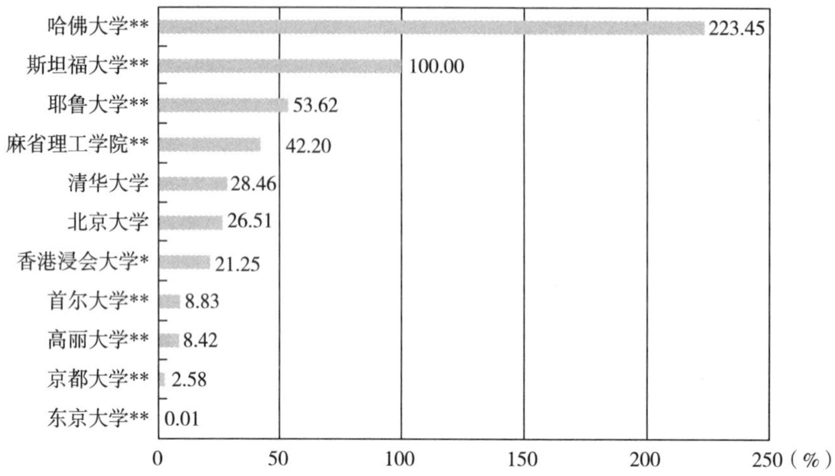

图 1－20　Instagram 传播力参照分析

九、维度六：中国大学YouTube传播力

YouTube 是全球最大视频分享网站。2019 年 5 月，时任 CEO SusanWojcicki 表示，平台月活跃用户数量破 20 亿。YouTube 已经逐渐发展成为一个混合专业新闻报道与用户原创内容的平台。

（一）中国大学 YouTube 传播力指数排名

YouTube 维度有：是否有官方认证账号、订阅数量、一年内发布的内容数量、一年内最高点击量四项指标。按不同权重计算指标对应数据，得到大学 YouTube 传播力指数排名。

我国大学 YouTube 传播力指数排名前十位依次为香港浸会大学、香港大学、中华大学、香港城市大学、清华大学、北京大学、澳门大学、高雄科技大学（台湾）、上海交通大学和香港理工大学。其中，有 3 所内地大学、4 所香港地区大学、2 所台湾地区大学、1 所澳门地区大学。

我国大学对 YouTube 平台的使用整体偏弱。58 所大学拥有 YouTube 账号，仅占比约 31.7%，相较上年增加 2 所。在 YouTube 传播力维度中，我国大学平均指数为 8592.7，超过平均指数的大学共 28 所，占比 15.3%。

表 1－16　中国大学 YouTube 传播力指数排名

排名	大学名称	YouTube 传播力指数	排名	大学名称	YouTube 传播力指数
1	香港浸会大学 *	265143.4	30	北京师范大学	6366.2
2	香港大学 *	157144.8	31	辅仁大学 *	5697.6
3	中华大学 *	145205.9	32	东华大学（台湾）*	5692.1
4	香港城市大学 *	136136.8	33	上海外国语大学	5146.5
5	清华大学	90598.5	34	云林科技大学（台湾）*	5146.4
6	北京大学	83232.8	35	清华大学（台湾）*	4318.5
7	澳门大学 *	75444.4	36	天津大学	3417.7
8	高雄科技大学（台湾）*	59131.2	37	暨南国际大学（台湾）*	3346.8
9	上海交通大学	50017.3	38	南京航空航天大学	3148.5
10	香港理工大学 *	36064.8	39	中央大学（台湾）*	2127.2
11	香港科技大学 *	34902.9	40	南京理工大学	2021.2
12	阳明大学（台湾）*	29664.0	41	北京外国语大学	2005.8
13	香港中文大学 *	28914.2	42	中国石油大学（北京）	858.3
14	政治大学（台湾）*	28625.8	43	复旦大学	168.3
15	浙江大学	28565.0	44	东华大学	118.5
16	中山大学（台湾）*	28503.8	45	重庆大学	89.8
17	东吴大学 *	27869.4	46	华南理工大学	85.7
18	台湾大学 *	26856.9	47	上海财经大学	50.7
19	中国美术学院	25541.0	48	新疆大学	40.4
20	逢甲大学 *	22836.2	49	西安交通大学	30.5
21	台湾师范大学 *	21627.3	50	大连理工大学	26.5
22	亚洲大学 *	18636.9	51	电子科技大学	25.1
23	华东师范大学	18390.8	52	北京工业大学	23.8
24	台北医学大学 *	18234.7	53	武汉大学	23.3
25	交通大学（台湾）*	15012.1	54	西北工业大学	13.9
26	台北大学（台湾）*	14931.2	55	北京中医药大学	5.8
27	成功大学（台湾）*	14460.6	56	宁波大学	5.8
28	岭南大学 *	12701.7	57	湖南大学	5.4
29	长庚大学 *	8061.1	58	河北工业大学	0.4

（二）中国内地大学 YouTube 传播力指数排名

我国内地大学 YouTube 传播力指数排名前十位依次为清华大学、北京大学、上海交通大学、浙江大学、中国美术学院、华东师范大学、北京师范大学、上海外国语大学、天津大学和南京航空航天大学。

表 1－17　内地大学 YouTube 传播力指数排名

排名	中文名称	YouTube 传播力指数	排名	中文名称	YouTube 传播力指数
1	清华大学	90598. 5	16	重庆大学	89. 8
2	北京大学	83232. 8	17	华南理工大学	85. 7
3	上海交通大学	50017. 3	18	上海财经大学	50. 7
4	浙江大学	28565. 0	19	新疆大学	40. 4
5	中国美术学院	25541. 0	20	西安交通大学	30. 5
6	华东师范大学	18390. 8	21	大连理工大学	26. 5
7	北京师范大学	6366. 2	22	电子科技大学	25. 1
8	上海外国语大学	5146. 5	23	北京工业大学	23. 8
9	天津大学	3417. 7	24	武汉大学	23. 3
10	南京航空航天大学	3148. 5	25	西北工业大学	13. 9
11	南京理工大学	2021. 2	26	北京中医药大学	5. 8
12	北京外国语大学	2005. 8	27	宁波大学	5. 8
13	中国石油大学（北京）	858. 3	28	湖南大学	5. 4
14	复旦大学	168. 3	29	河北工业大学	0. 5
15	东华大学	118. 5			

（三）YouTube 传播力具体指标分析

YouTube 传播力维度 4 项指标按照不同权重参与计算，其中，是否有官方认证账号占比 1. 0%、订阅数量占比 4. 6%、一年内发布的内容数量和一年内最高点击量各占 4. 7%。4 项指标在传播力测量中占比 15%。

在是否有官方认证账号方面：58 所大学拥有尚未获得官方认证的 YouTube 账号，125 所大学未注册 YouTube 账号。

在订阅数量方面：58 所大学 YouTube 账号订阅数量平均为 1273 人次。订阅数量排名前十位大学依次为上海交通大学、台湾大学、清华大学、亚洲大学、交通大学（台湾）、香港理工大学、香港浸会大学、逢甲大学、澳门大学和香港科技大学。这 10 所大学中有 8 所位于我国港澳台地区，2 所为内地大学。

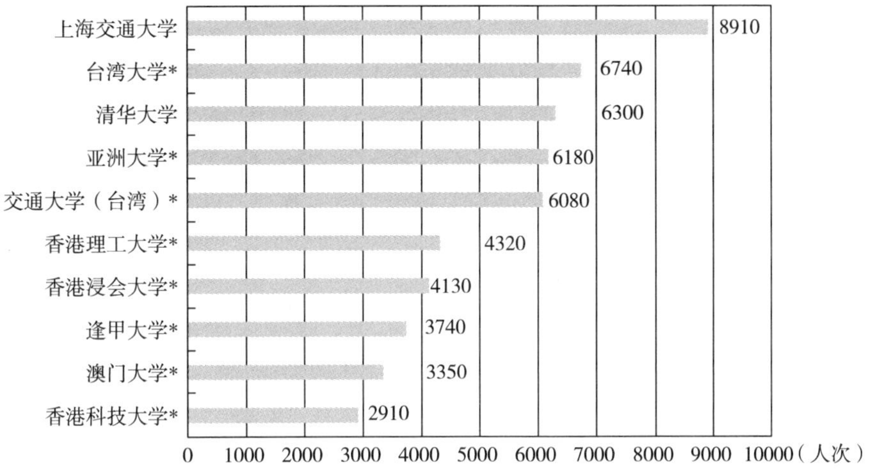

图 1－21　中国大学 YouTube 账号订阅数量前十排行榜

在一年内发布的内容数量方面：42 所大学 YouTube 账号曾发布内容。发布数量排名前十位大学依次为香港大学、清华大学、北京大学、澳门大学、香港浸会大学、上海交通大学、香港科技大学、浙江大学、中山大学（台湾）和香港中文大学。其中，6 所大学位于港澳台地区，4 所位于内地。

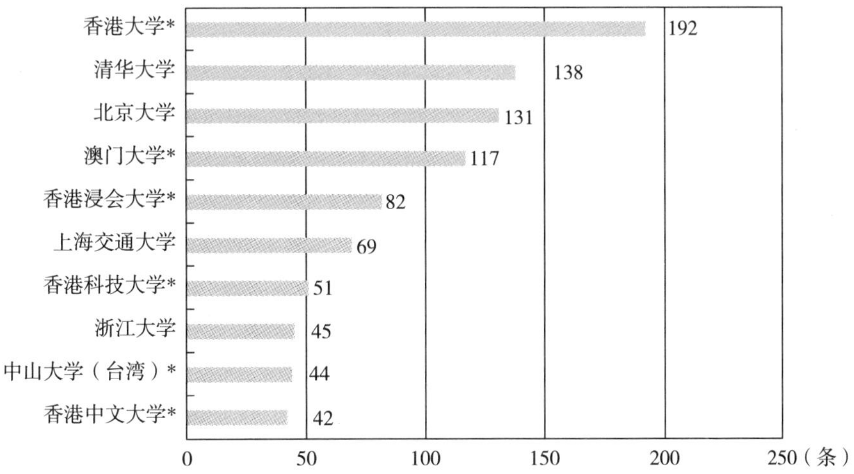

图 1－22　中国大学 YouTube 一年内发布的内容数量前十排行榜

在一年内最高点击量方面：58 所大学 YouTube 账号最高点击量平均为 24154 条。最高点击量排名前十位大学依次为香港浸会大学、中华大学、香港城市大学、高雄科技大学（台湾）、香港大学、香港理工大学、台湾大学、逢甲大学、东吴大学、交通大学（台湾），这 10 所大学均位于港澳台地区。

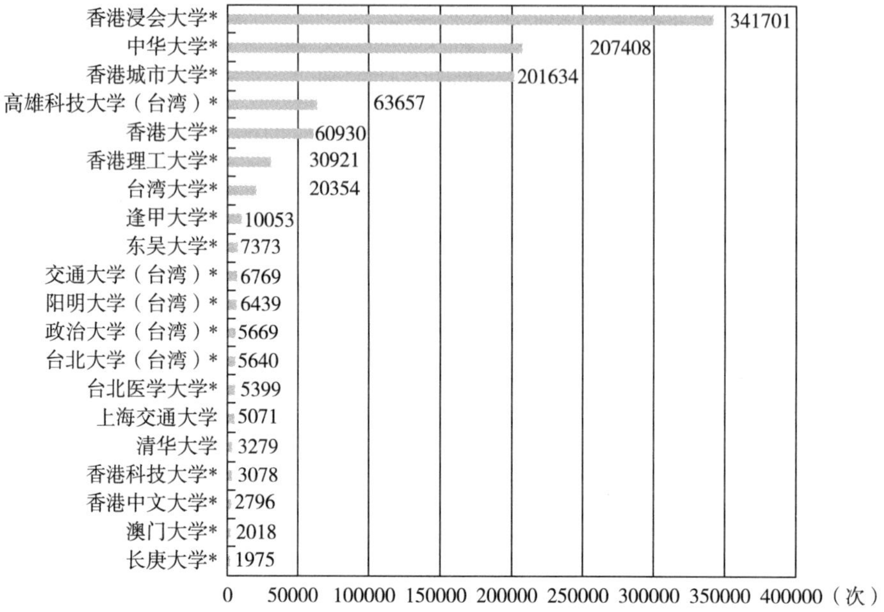

图 1－23　中国大学 YouTube 一年内最高点击量前二十排行榜

（四）参照分析

我国港澳台地区大学中 YouTube 传播力指数排名第一的香港浸会大学指数为 265143.4，各项指标均超过日韩参照大学中排名第一的高丽大学（160560.3）。在内地大学中，清华大学 YouTube 传播力指数排名第一，但低于高丽大学。在一年内发布的内容数量方面，清华大学发布 138 条，低于京都大学的 210 条。在一年内最高点击量方面，清华大学为 3279 次。YouTube 传播力维度下，在包含 8 所参照大学的 191 所大学中，排名前 20 位内有 9 所港澳台地区大学，仅清华大学、北京大学、上海交通大学和浙江大学 4 所内地大学。

我国大学在 YouTube 传播力建设上与美国参照大学差距较大。在美国 4 所参照大学中，YouTube 传播力指数最高为哈佛大学，是香港浸会大学的 4.1 倍、清华大学的 12.0 倍。麻省理工学院和哈佛大学 YouTube 账号得到官方认证，我国大学均不具有官方认证账号。哈佛大学发布内容 334 条，超过清华大学（138 条），远超过香港浸会大学的 82 条。我国大学与美国参照大学 YouTube 传播力指数的对比中，3 所美国参照大学位列前三名。

内地大学 YouTube 平台建设与我国港澳台地区大学差距也较大。香港浸会大学作为港澳台地区大学中 YouTube 传播力指数第一名，单条内容最高点击量达 341701 次，是清华大学的 104 倍，双方还存在很大差距。我国大学 YouTube 维度传播力排名前十位大学中，仅有清华大学、北京大学和上海交通大学 3 所内地大学，其他 7 所均为港澳台地区大学。

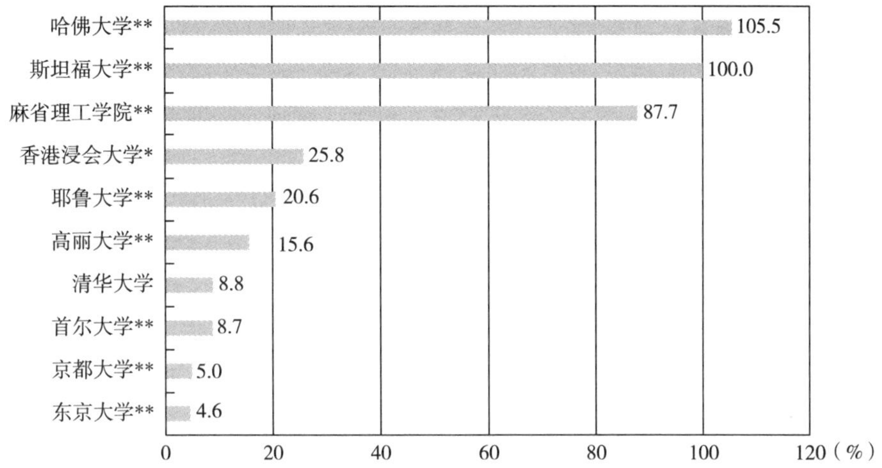

图 1-24　YouTube 传播力参照分析

十、特征分析

（一）清华、北大、浙大和复旦连续 5 年进入排名前十，天津大学、中国美院和南航名次进步较大

对比近 6 年内地大学海外网络传播力排名前十发现：始终稳定在榜单排名前十位大学有清华大学、北京大学、复旦大学。

5 次进入榜单排名前十位大学有浙江大学。

4 次进入榜单排名前十位大学有南京大学、南京航空航天大学。

3 次进入榜单排名前十位大学有上海交通大学、天津大学、中国美术学院。

2 次进入榜单排名前十位大学有北京航空航天大学、北京师范大学、上海大学、中山大学。

曾进入海外传播力榜单排名前十位大学的还有北京外国语大学、东北大学、对外经济贸易大学、华东师范大学、华中科技大学、南开大学、厦门大学、上海财经大学、四川大学、中国科学技术大学、中国人民大学和中国石油大学。

表 1－18　近 6 年中国内地大学海外网络传播力排名前十

排名	2014 年	2015 年	2017 年	2018 年	2019 年	2020 年
1	清华大学	北京大学	清华大学	北京大学	清华大学	清华大学
2	北京大学	清华大学	北京大学	清华大学	北京大学	北京大学
3	中国人民大学	南开大学	南京大学	中国美术学院	中国美术学院	上海交通大学
4	北京师范大学	复旦大学	复旦大学	南京航空航天大学	浙江大学	浙江大学
5	上海财经大学	浙江大学	浙江大学	南京大学	天津大学	南京航空航天大学
6	复旦大学	厦门大学	南京航空航天大学	浙江大学	南京航空航天大学	天津大学
7	中国石油大学	南京大学	上海交通大学	复旦大学	复旦大学	中国美术学院
8	中山大学	上海交通大学	中国科学技术大学	天津大学	北京航空航天大学	复旦大学
9	上海大学	中山大学	对外经济贸易大学	北京航空航天大学	北京师范大学	华中科技大学
10	东北大学	上海大学	北京外国语大学	四川大学	南京大学	华东师范大学

对 2020 年海外传播力综合排名前十位大学进行分析可以发现，过去 5 年里，清华大学、北京大学、浙江大学和复旦大学这 4 所大学排名一直居于前十，变化幅度不大，较为稳定；天津大学、中国美术学院、南京航空航天大学排名上升较为迅速，且在进入排名前十位后保持相对的稳定。

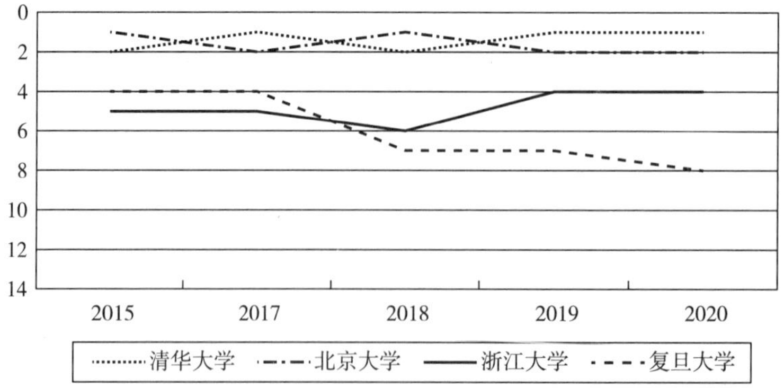

图 1－25　清华大学、北京大学、浙江大学、复旦大学近 5 年海外传播力综合排名变化情况

但是，一些大学的海外传播力建设仍然是不稳定的，波动较大，有些在榜单排名前十位中仅“昙花一现”。

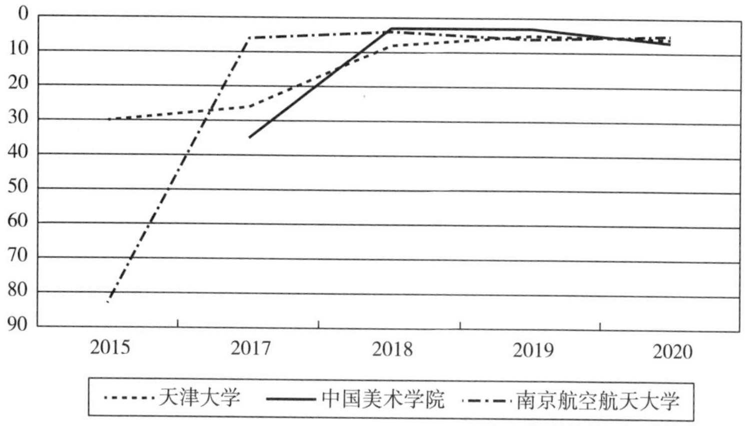

图1-26 天津大学、中国美术学院、南京航空航天大学近5年海外传播力综合排名变化情况

（二）清华、北大6个维度均表现突出，头部效应显著，中国美院在海外社交平台表现突出

对比不同维度下我国内地大学榜单排名前十位发现：

出现在6个维度榜单排名前十位大学有清华大学、北京大学、浙江大学。

出现在5个维度榜单排名前十位大学有上海交通大学。

出现在4个维度榜单排名前十位大学有华东师范大学。

出现在3个维度榜单排名前十位大学有北京师范大学、南京航空航天大学、天津大学、中国美术学院。

出现在2个维度榜单排名前十位大学有复旦大学、华中科技大学、武汉大学。

曾出现在1个维度榜单排名前十位内地大学有北京航空航天大学、北京理工大学、北京外国语大学、电子科技大学、哈尔滨工业大学、湖南大学、华东理工大学、南京大学、厦门大学、山东大学、上海大学、上海外国语大学、长安大学、中山大学和中央戏剧学院。

整体来看，清华大学、北京大学两所大学的全部维度排名均在前两名，两校在6个维度均表现突出。与上年相比，清华大学表现更加出色，在4个维度榜单中均位列第一名。北京大学在除Wikipedia以外的5个维度榜单中均位于前两名。

此外，中国美术学院和南京航空航天大学在海外社交平台表现较为突出。中国美术学院作为一所“双非”大学，在Twitter、Instagram和YouTube 3个海外社交平台的传播力均排名前五，表现突出；南京航空航天大学在Facebook的排名居该维度第三，另在Instagram、YouTube中的排名也进入维度前十，该校在海外社交平台上的传播力表现较好。

表 1 – 19　内地大学具体维度排名前十位对比

排名	Google	Wikipedia	Twitter	Facebook	Instagram	YouTube	综合排名
1	北京大学	上海交通大学	清华大学	清华大学	清华大学	清华大学	清华大学
2	清华大学	清华大学	北京大学	北京大学	北京大学	北京大学	北京大学
3	浙江大学	北京大学	华中科技大学	南京航空航天大学	上海交通大学	上海交通大学	上海交通大学
4	复旦大学	哈尔滨工业大学	北京外国语大学	浙江大学	天津大学	浙江大学	浙江大学
5	武汉大学	复旦大学	中国美术学院	天津大学	中国美术学院	中国美术学院	南京航空航天大学
6	南京大学	中央戏剧学院	上海交通大学	厦门大学	南京航空航天大学	华东师范大学	天津大学
7	中山大学	北京师范大学	浙江大学	华东理工大学	浙江大学	北京师范大学	中国美术学院
8	上海交通大学	湖南大学	华东师范大学	华东师范大学	华东师范大学	上海外国语大学	复旦大学
9	华中科技大学	武汉大学	北京航空航天大学	北京师范大学	电子科技大学	天津大学	华中科技大学
10	上海大学	浙江大学	山东大学	北京理工大学	长安大学	南京航空航天大学	华东师范大学

（三）海外传播力与 QS 排名有显著相关关系，两方面相辅相成

2020 年 6 月 10 日，英国高等教育咨询和分析数据提供商 QS 发布第 17 届 QS 世界大学排行榜，中国内地进入排名前 500 的大学有 26 所，将本次研究对象包含的 25 所大学的海外网络传播力排名与 QS 世界大学排名做相关性分析，发现 QS 世界大学排名与中国大学海外网络传播力呈显著相关，皮尔逊相关系数为 0.615。

表 1 – 20　QS 世界排名前 500 的内地大学海外传播力排名

序号	学校名称	海外传播力排名	QS 排名	序号	学校名称	海外传播力排名	QS 排名
1	清华大学	1	15	6	复旦大学	8	34
2	北京大学	2	23	7	华中科技大学	9	396
3	上海交通大学	3	47	8	武汉大学	11	246
4	浙江大学	4	53	9	厦门大学	12	432
5	天津大学	6	387	10	北京师范大学	14	279

续表

序号	学校名称	海外传播力排名	QS 排名	序号	学校名称	海外传播力排名	QS 排名
11	中山大学	15	263	19	山东大学	30	485
12	南京大学	16	124	20	南开大学	33	377
13	哈尔滨工业大学	18	260	21	西安交通大学	37	303
14	中国科学技术大学	19	93	22	吉林大学	39	493
15	北京理工大学	20	392	23	华南理工大学	54	462
16	上海大学	21	387	24	东南大学	59	493
17	北京航空航天大学	25	449	25	北京科技大学	94	446
18	同济大学	26	256				

（四）因为疫情，武汉高校海外传播力排名相较上年名次上升，部分医学类高校 Google News 搜索数增长明显

由于疫情的影响，武汉大学、华中科技大学、华中师范大学等位于武汉的高校和以北京协和医学院、南京中医药大学、北京中医药大学等为代表的医学类专业高校在 Google News 数量上相对于上年有较多的增长。

武汉因疫情最早大规模的暴发获得的关注更多。中国地质大学（武汉）、华中师范大学、华中农业大学和华中科技大学 Google 传播力排名进步超过 20 个名次。对比近两年内地大学海外传播力综合排名，武汉大学、华中科技大学 2020 年均进入排名前 15，且华中科大进入排名前十；华中师范大学、华中农业大学和中南财经政法大学相较于上年排名进步超过 15 个名次，3 所高校名次上升幅度较大。

表 1－21 Google News 搜索数量增长最多的前 5 所医学类高校统计 单位：条

大学名称	搜索增长数量
北京协和医学院	530
南京中医药大学	172
北京中医药大学	158
天津医科大学	96
第二军医大学	86

表 1-22 武汉 5 所高校近两年海外传播力排名名次上升数和 Google News 搜索数增长情况

大学名称	名次上升数	搜索增长数量（条）
华中科技大学	4	1314
武汉大学	7	2990
华中师范大学	17	771
华中农业大学	28	121
中南财经政法大学	43	81

（五）内地高校海外网络传播力排名第一大学与美国大学差距呈现缩小趋势，开始超出日韩大学、港澳台大学并逐步扩大优势

将 2015 年、2018～2020 年 4 年的内地大学海外网络传播力排名第一位的高校传播力指数与同年美国参照大学排名第一位进行对比，发现内地排名第一的高校海外传播力整体处于提升态势，相较于上年的差距有较大幅度的拉近。

将内地排名第一的高校海外网络传播力与日韩参照大学排名第一位、港澳台地区大学排名第一位的高校传播力相比，发现内地排名第一的高校传播力明显超过港澳台地区大学与日韩参照大学，且与港澳台地区大学的差距逐年拉大。

表 1-23 2015 年、2018 年、2019 年、2020 年内地大学第一名与各参照大学传播力指数比较

单位:%

传播力指数相比	2015 年	2018 年	2019 年	2020 年
内地大学本年第一/内地大学本年第一	100	100	100	100
内地大学本年第一/美国参照大学本年第一	9.0	17.4	16.9	27.3
内地大学本年第一/日韩参照大学本年第一	146.1	265.6	245.4	270.3
内地大学本年第一/港澳台地区大学本年第一	108.7	183.0	236.1	274.3

（六）内地大学海外社交平台建设普遍有待加强，关注度与活跃度普遍偏低

我国内地大学在 Twitter、Facebook、Instagram 三大海外社交、视频平台上传播力建设整体上意识相对薄弱，运营较少，与我国港澳台地区大学和日韩参照大学有一定差距。从

平均分上看，我国内地大学在三大社交平台上平均分均低于港澳台地区大学各平台平均分，与美国参照大学各平台平均分差距更大。

我国内地大学普遍缺乏海外社交平台建设。内地大学仅北京大学、清华大学在 3 个社交平台上拥有官方认证账号。内地大学中仅 44 所大学有 Twitter 官方认证账号、136 所大学有 Facebook 官方认证账号、63 所大学有 Instagram 官方认证账号。而美国 4 所参照大学均已完成官方认证，更易于海外内容传播。

我国内地大学较为忽视粉丝运营，关注度较低。内地大学三大社交平台账号平均粉丝数量均低于美国参照大学平均粉丝数量。其中 Twitter 粉丝数量高于 100000 人次的仅清华大学和北京大学两所，而美国 4 所参照大学中最低为耶鲁大学，粉丝数量达到 540825 人次。Facebook 上，中国大学中仅清华大学、北京大学粉丝数量高于 1000000 人次，而美国 4 所参照大学粉丝数量均超过 1000000 人次。Instagram 粉丝数量高于 10000 人次的内地大学仅北京大学、清华大学和上海交通大学，远低于美国 4 所参照大学。

我国内地大学社交平台活跃度普遍较低。内地大学 Facebook 账号一年内平均发布内容 31 条，是美国 4 所参照大学平均发布内容数量的 7.3%。内地大学在 Twitter 平台一年内发布内容数量平均为 38 条，美国 4 所参照大学平均发布内容数量均超过 500 条。38 所拥有 Instagram 账号的内地大学中，仅 7 所大学一年内发布内容数量高于 100 条，美国 4 所参照大学平均发布内容数量均高于 100 条，图文点赞量、回复数量远超内地大学。

我国内地大学在 YouTube 平台的传播力建设严重缺失，与上年相比，排名第一的清华大学在 183 所高校排名中仍然未进前三。58 所中国大学拥有 YouTube 账号，其中内地大学有 29 所，但无内地大学拥有官方认证账号。清华大学 YouTube 指数仅为我国港澳台传播力指数排名第一的香港浸会大学的 34.2%。港澳台地区大学 YouTube 平台建设超过日韩 4 所参照大学，其中排名第一的香港浸会大学 YouTube 传播力超过美国参照大学中的耶鲁大学，不失为一亮点。但整体上，中国大学的 YouTube 传播力建设与美国参照大学存在较大差距。

总体来说，在海外社交与视频平台中，清华大学、北京大学和香港浸会大学在个别维度上取得不错的成绩，但内地高校的海外社交和视频平台建设相对美国参照大学仍有较大差距，平台建设不完善，平台运营不活跃，未来需加以重视、继续发力。

十一、政策建议

（一）高校应树立全球范围内的品牌形象塑造意识

高校要有策略、有重点地打造自身品牌，向国际社会展示综合实力和我国大学文化。

善于运用故事化叙事，精准把握海外受众的接受心理、接受习惯，转换语境，用生动形象的故事代替平铺直叙的宣传，以平等的姿态进行对话与交流沟通，用生动的故事和人物形象，加强自身形象的塑造。

（二）高校要增加配备复合型、专门化的海外传播人才

专门团队、专业运营能够使高校在海外宣传时统一发声、集体发声，有助于提高宣传话语音量，增强在场感。引入专业第三方、海外校友力量，充分发挥自媒体从业者和海外社区传播圈的力量。积极借助国家目前已经构建的全方位、多媒体的海外传播新格局，借助“国家队”力量，开展大学海外传播工作。

（三）高校要整合校内外资源，构建境内与海外传播的融媒体生态

注重与其他高校、媒体、企业的海外账号进行互动，丰富运营内容，创新传播方式和形式。同时也要注重社交媒体的运营技巧，加强中国大学海外品牌塑造的“交互性”，提升海外网络传播力。

（四）建立专业高效的境外舆情监测系统

结合大数据技术，建立中国大学海外传播案例数据库，重视中国高校的海外形象建设的危机公关及舆情监测处置工作，化解质疑和矛盾，引导海外舆论，维护好学校声誉。

（五）善用情感传播，激发更广泛受众的情感共振

高校应顺应互联网时代的新媒介传播环境的变革趋势，善于运用情感传播，借助视频等媒介形式中的非理性因素，激发广大受众的情感共振，依托圈层化群体的关系广泛传播，用敏锐的视角及时把握、有效策划、巧妙展现传播内容，充分发挥新媒体时代的社会特性带来的优势。

十二、案例分析

（一）清华大学海外传播力案例分析

在 2020 年中国大学海外网络传播力的排名中，清华大学传播力指数为 1695005.5，居于榜首。其中 Google 传播力指数为 220759.5，列中国大学第三位，内地大学第二位。Wikipedia 传播力指数为 63673.1，列中国大学第二位，内地大学第二位。Twitter 传播力指

数为 581108. 9，列中国大学第一位。Facebook 传播力指数为 517855. 7，列中国大学第一位。Instagram 传播力指数为 221009. 7，列中国大学第一位。YouTube 传播力指数为 90598. 5，列中国大学第五位、内地大学第一位。其中 4 项指标排名均为内地大学第一位，海外传播力居于内地大学顶尖水平。

清华大学 Google 传播力指数高于日韩参照大学，在中国大学中，仅落后于香港大学与北京大学。在 Google 英文搜索引擎的新闻分类下检索一年内清华大学相关新闻数量，搜索结果为 9970 条，仅次于北京大学、香港大学；Trends 指数为 58. 8，低于北京大学、台湾大学、湖南大学与浙江大学，较之上年有所退步；新闻搜索负面比例 2%，整体呈现较强的正面形象。

Wikipedia 方面，清华大学相较上年有所进步。在该项 2019 年中国大学排名中，清华大学位列第七，而 2020 年则位列第二。清华大学的 Wikipedia 词条中官方定义、历史发展、地址、部门结构、外部链接等要素内容信息齐全，词条链接高达 2097 条，中国大学中位列第三；年编辑次数 171 次，中国大学中位列第三；一年内参与编辑用户数量 62 位，中国大学中位列第二。清华大学 Wikipedia 词条信息完善，受众可以通过 Wikipedia 全方位获取清华大学的相关信息。

YouTube 方面，清华大学在中国大学中排名第五，内地大学中排名第一。截至 2020 年 10 月 14 日，订阅数量 6300 人，年视频发布量 138 条，最高点击数量 3279 次，但尚未进行官方认证。发布内容多为清华大学风景记录、学生活动与会议演讲。其中，点击量最高的视频主题为“参观清华校园”，内容为 3 位留学生介绍清华大学标志性建筑、校园风景以及学生活动，充分展示了丰富多彩的校园文化与学生风貌。

图 1－27　清华大学 YouTube 最高点击量视频

清华大学的海外社交网络平台运营成效显著。三大社交平台账号均获得官方认证，且定期发布内容，关注人数众多，传播力指数均在中国大学中排名第一位。

清华大学 Twitter 传播力指数为 581108.9，超越日韩参照大学及港澳台大学，且在与美国高校对比中超过麻省理工学院与耶鲁大学。截至 2020 年 10 月 14 日，其 Twitter 账号拥有 302159 名粉丝，是 Twitter 平台拥有最多粉丝的中国大学，粉丝数量也多于日韩参照大学。清华大学一年内发布 Twitter 信息 1369 条，同比增长 477.64%，发布数量在中国大学中最多，发布内容以校园新闻为主，推文均配有图片或视频。同时，清华大学发送内容中也包含多条转发其他账号的推文，所转发推文多为与清华大学相关的新闻信息。

清华大学 Twitter 账号创建于 2015 年 11 月，是内地最早创建 Twitter 账号的学校之一，Twitter 账号的主页简介内容包括清华大学的学校性质、地址与历史，下方附清华大学官方网站链接。

图 1－28　清华大学 Twitter 账号主页

一年中清华大学 Twitter 账号单条信息获最高转发量 4398 次，最高点赞量 45000 次。点赞量最高的信息内容是 2020 届学生的毕业典礼视频直播，共有 13.7 万名观众观看，得到了广泛点赞与转发，体现了清华大学校友和社会公众对其的关注度。

清华大学 Facebook 官方账号传播力指数超过日韩参照大学。在与 4 所美国参照大学的对比中，清华大学 Facebook 的传播力建设优于耶鲁大学、麻省理工学院、斯坦福大学，仅次于哈佛大学。

图 1－29　清华大学 Twitter 账号最高点赞内容

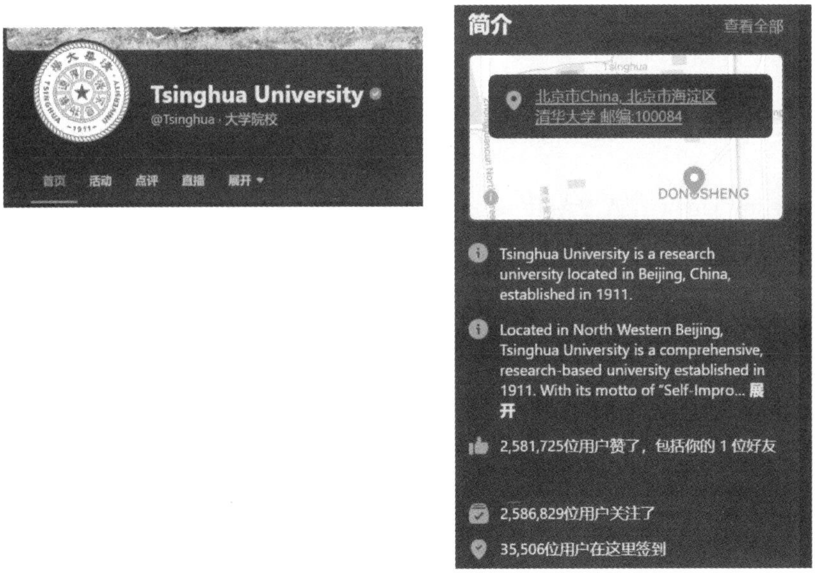

图 1－30　清华大学 Facebook 官方账号及简介

清华大学 Facebook 账号获官方认证，为内地大学账号获官方认证的 3 所大学之一。粉丝数量为 2445875 人次，相较上年（1153893 人次）增长了 111.97%，远超日韩参照大学。一年内账号发布信息 905 条，账号活跃度极高。单条图文最高获赞 31000 次，在所有中国高校与参照高校中，仅次于台湾大学（最高点赞量 32000 次）。最高点赞图文内容是介绍清华大学食堂美食，为一种传统的中国甜点——炒牛奶。

图 1－31　清华大学 Facebook 最高点赞图文

清华大学 Instagram 官方账号传播力指数超过日韩参照大学，但与美国参照大学仍有差距。清华大学 Instagram 账号获官方认证，为内地大学账号获官方认证的 2 所大学之一。粉丝数量为 43000 人次，相较上年（19436 人次）增长了 121.2%，超过日韩参照大学。一年内账号发布信息 421 条，账号活跃度高。单条图文最高获赞 15000 次，视频最高点击数量为 21000 次，回复数量最高为 33 条。

图 1－32　清华大学 Instagram 官方账号及简介

（二）上海交通大学海外传播力案例分析

上海交通大学在 2020 年中国大学海外网络传播力中位列内地大学第三，与上年排名第十一相比进度极为明显，表现较好。在各维度传播力指数中，在 Wikipedia、Instagram 和 YouTube 的传播力建设尤为突出。Wikipedia 平台传播力指数为 71470，位列该维度内地大学第一；Instagram 平台传播力指数为 132382，YouTube 平台传播力指数为 50017.3，均列内地大学第三。

上海交通大学的 Wikipedia 词条中官方定义、历史发展、地址、部门结构、外部链接等要素内容信息齐全，词条链接高达 1062 条，且年编辑次数及参与编辑用户数量均在内地大学中排名第一。可以说，Wikipedia 词条信息完善，受众可以通过 Wikipedia 全方位获取上海交通大学的相关信息。

图 1-33　上海交通大学 Wikipedia 首页

在 Instagram 平台上，上海交通大学的表现较好，在内地大学中排名第三，Instagram 的传播力指数为 132381.9，一年内发布 468 条图文动态，发布图文的单个最高点赞数近 3000 次，点击量最高为 33000 次，互动回复数量达 100 条。

2020 年，上海交通大学在 YouTube 平台的传播表现也不错，在内地大学中排名第三，YouTube 传播力指数为 50017.3，一年内发布的视频数量为 69 条，单个视频最高点击量超过 5000 次。

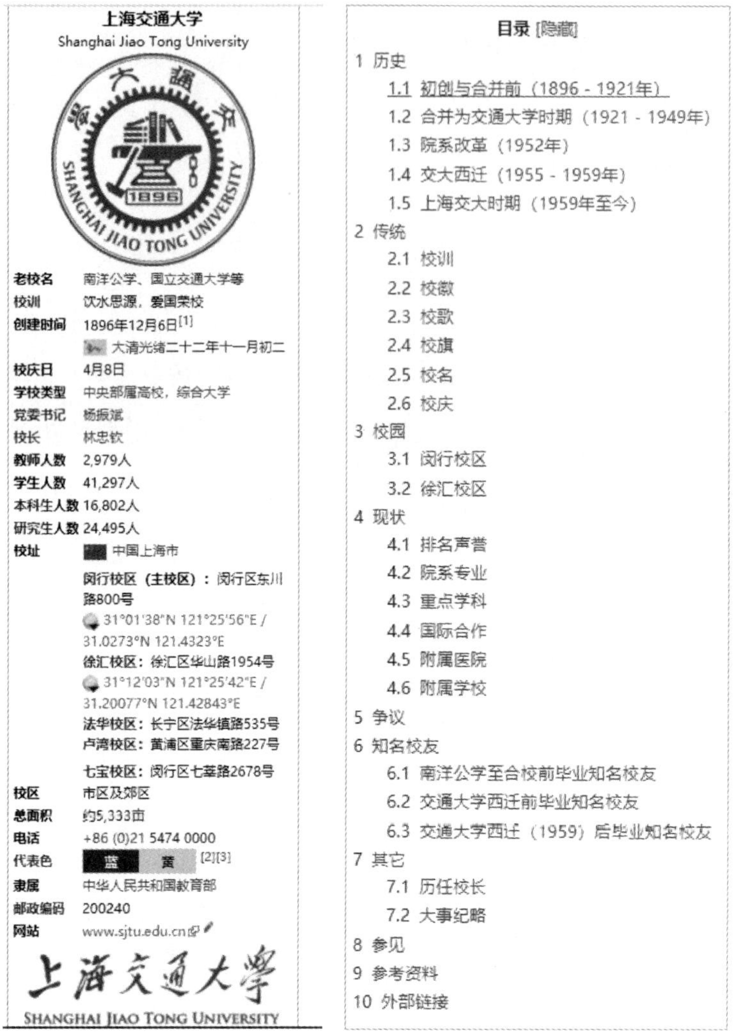

图 1-34　上海交通大学 Wikipedia 介绍和词条目录

图 1-35　上海交通大学 Instagram 账号信息

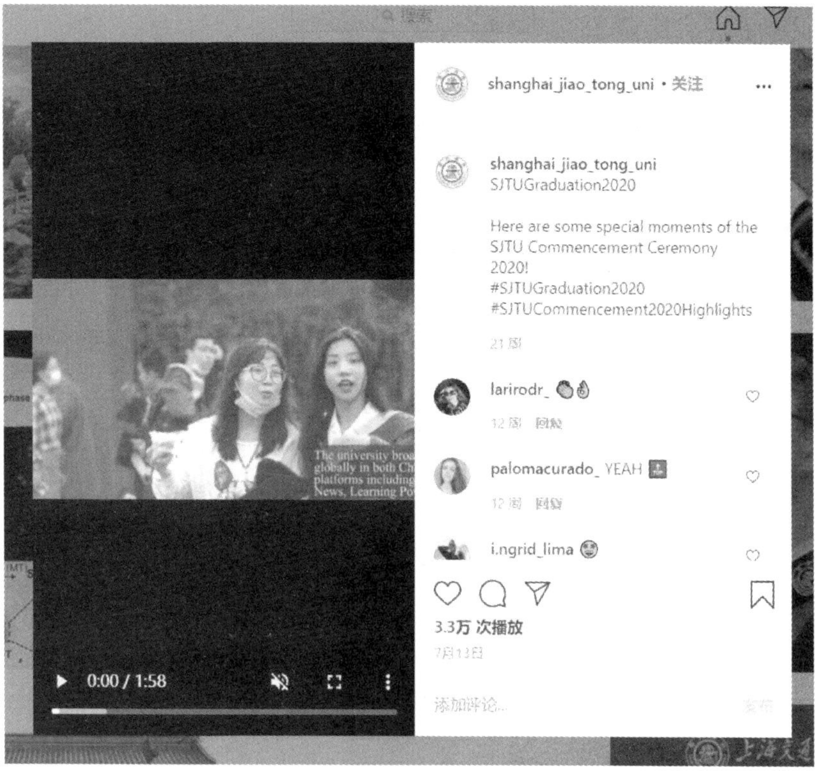

图 1－36　上海交通大学 Instagram 发布点击量最高的图文

图 1－37　上海交通大学在 Instagram 发布的点赞数最高的图文

图 1－38　上海交通大学在 YouTube 上发布的观看次数最多的视频

附　录

附表 1－1　中国大学 Google 传播力具体指标数据（按 Google 传播力指数排名）

排名	中文名称	Google News	Google Trends	Google 传播力指数
1	香港大学 *	11600	44.0	249200.7
2	北京大学	11700	69.8	238388.9
3	清华大学	9970	58.8	220759.5
4	浙江大学	4090	59.2	99834.7
5	复旦大学	3960	54.1	96217.5
6	武汉大学	4350	16.7	95791.7
7	香港城市大学 *	2560	39.5	63140.9
8	南京大学	2140	54.8	58975.4
9	中山大学	2090	50.9	57143.8
10	上海交通大学	1990	53.3	55898.1

续表

排名	中文名称	Google News	Google Trends	Google 传播力指数
11	香港理工大学 *	2120	23.8	50143.8
12	华中科技大学	1650	49.8	47811.2
13	上海大学	1570	50.9	46276.0
14	中国人民大学	1740	32.9	45254.4
15	四川大学	1310	54.0	41782.8
16	中国科学技术大学	1370	48.7	41650.4
17	北京协和医学院	1370	37.3	38631.4
18	北京师范大学	1223	45.4	37683.5
19	天津大学	1270	40.8	36799.2
20	厦门大学	939	56.8	34633.5
21	香港科技大学 *	1100	45.1	34446.0
22	中国农业大学	1080	43.4	33929.5
23	澳门大学 *	925	54.9	33653.6
24	山东大学	862	49.3	31047.1
25	香港浸会大学 *	939	44.0	30967.9
26	对外经济贸易大学	807	51.7	30612.6
27	华中师范大学	918	41.5	30250.4
28	中国科学院大学	935	39.1	29785.9
29	哈尔滨工业大学	755	50.7	29181.9
30	同济大学	790	44.0	28232.7
31	中国海洋大学	825	37.9	27341.4
32	北京理工大学	691	46.5	26586.1
33	华东师范大学	707	41.8	25687.2
34	政治大学（台湾）*	601	49.6	25284.8
35	清华大学（台湾）*	482	54.3	24421.7
36	南开大学	622	41.2	23499.5
37	湖南大学	352	60.6	23413.9
38	武汉理工大学	832	27.1	23249.2
39	北京航空航天大学	649	37.5	23207.3
40	成功大学（台湾）*	532	43.7	22656.0
41	中国医药大学（台湾） *	327	58.7	22370.3

续表

排名	中文名称	Google News	Google Trends	Google 传播力指数
42	南京理工大学	598	33.5	21404.4
43	台湾大学 *	220	62.8	21100.1
44	西安交通大学	632	30.1	21030.0
45	吉林大学	397	47.2	20801.3
46	郑州大学	361	47.6	20134.3
47	中南大学	539	32.9	19956.1
48	台北医学大学 *	431	39.8	19579.0
49	贵州大学	396	42.2	19474.1
50	电子科技大学	350	44.8	19110.3
51	香港中文大学 *	469	37.3	18814.6
52	台湾淡江大学 *	241	49.9	18261.5
53	国防科技大学	401	36.2	17782.7
54	华南理工大学	482	24.4	16518.3
55	华南师范大学	366	32.3	16211.1
56	东吴大学 *	423	27.7	16203.8
57	台北大学（台湾）*	192	45.6	15906.3
58	大连理工大学	169	46.6	15850.4
59	辽宁大学	111	50.4	15642.8
60	重庆大学	232	41.3	15629.0
61	中央大学（台湾）*	135	47.6	15425.2
62	中央音乐学院	201	42.3	15388.3
63	云南大学	190	42.4	15203.0
64	北京工业大学	195	43.3	15190.0
65	兰州大学	294	32.8	14609.4
66	西北工业大学	149	43.4	14606.1
67	苏州大学	33	51.9	14400.9
68	上海财经大学	243	35.9	14389.1
69	中国政法大学	391	23.4	14388.1
70	北京外国语大学	328	27.7	14149.7
71	交通大学（台湾）*	204	37.1	14062.7
72	东华大学	121	43.4	14007.8

续表

排名	中文名称	Google News	Google Trends	Google 传播力指数
73	外交学院	404	20.9	14005.5
74	华东理工大学	222	35.2	13974.3
75	江南大学	110	42.9	13659.9
76	河南大学	215	34.1	13464.2
77	哈尔滨工程大学	208	34.3	13409.3
78	南京师范大学	199	34.5	13287.9
79	南京农业大学	137	39.4	13286.7
80	湖南师范大学	77	44.1	13281.9
81	台湾师范大学 *	156	38.5	13232.4
82	广西大学	130	40.5	13149.8
83	岭南大学 *	16	48.1	13037.4
84	东海大学 *	62	43.7	12855.0
85	海南大学	198	32.5	12748.5
86	宁波大学	102	39.8	12673.6
87	辅仁大学 *	157	35.2	12609.0
88	成都理工大学	14	46.6	12598.3
89	华中农业大学	169	33.8	12485.9
90	西藏大学	233	28.2	12177.1
91	西安电子科技大学	68	40.5	12031.3
92	元智大学 *	24	42.9	11843.3
93	河北工业大学	229	26.5	11824.0
94	北京交通大学	118	35.3	11794.9
95	中原大学 *	35	41.8	11698.0
96	大连海事大学	75	38.9	11571.5
97	中央财经大学	241	24.5	11542.4
98	台湾海洋大学 *	36	40.7	11516.0
99	南昌大学	172	29.6	11445.0
100	上海外国语大学	177	28.4	11229.9
101	暨南大学	44	38.6	11124.9
102	中南财经政法大学	158	28.9	10891.3
103	南京航空航天大学	98	32.9	10714.6

续表

排名	中文名称	Google News	Google Trends	Google 传播力指数
104	福州大学	97	33. 6	10634. 3
105	北京化工大学	141	29. 0	10621. 1
106	上海音乐学院	166	26. 8	10582. 0
107	河海大学	101	31. 7	10492. 5
108	西南交通大学	43	36. 2	10478. 8
109	华北电力大学（北京）	78	33. 2	10421. 0
110	中山大学（台湾）*	166	26. 6	10351. 0
111	中正大学（台湾）*	50	35. 2	10341. 2
112	东南大学	12	37. 9	10274. 9
113	北京邮电大学	82	32. 3	10217. 0
114	安徽大学	166	25. 7	10140. 3
115	中央美术学院	285	15. 4	10037. 7
116	中国美术学院	248	18. 7	9935. 9
117	逢甲大学*	32	34. 7	9851. 3
118	长庚大学*	87	30. 1	9771. 5
119	中国地质大学（武汉）	67	31. 5	9737. 6
120	首都师范大学	119	26. 9	9615. 1
121	新疆大学	148	25. 4	9595. 0
122	天津医科大学	169	22. 5	9486. 2
123	西南财经大学	96	28. 2	9472. 6
124	中国石油大学（华东）	96	28. 1	9442. 1
125	南京林业大学	124	25. 3	9288. 2
126	东北大学	2	34. 8	9226. 2
127	华北电力大学（保定）	17	33. 2	9139. 8
128	北京体育大学	134	23. 7	9066. 2
129	上海海洋大学	64	29. 2	9059. 6
130	北京林业大学	97	26. 1	8934. 5
131	中国传媒大学	200	18. 0	8864. 0
132	北京科技大学	132	22. 9	8825. 9
133	中国地质大学（北京）	19	31. 5	8729. 4
134	东北农业大学	52	28. 5	8624. 6

续表

排名	中文名称	Google News	Google Trends	Google 传播力指数
135	高雄医学大学 *	69	26.6	8468.4
136	太原理工大学	29	29.5	8395.6
137	南京中医药大学	189	15.8	8142.7
138	阳明大学（台湾）*	92	23.1	8026.4
139	陕西师范大学	103	21.9	7942.4
140	西南石油大学	12	29.1	7936.9
141	西南大学	8	29.0	7827.5
142	中国矿业大学（徐州）	55	25.1	7788.0
143	高雄科技大学（台湾）*	6	28.5	7653.3
144	内蒙古大学	73	22.2	7403.7
145	中央民族大学	39	24.6	7267.6
146	四川农业大学	32	24.8	7233.8
147	台北科技大学（台湾）*	46	23.5	7187.3
148	南京邮电大学	70	21.5	7096.5
149	中国药科大学	70	21.3	7019.4
150	北京中医药大学	195	10.8	6957.4
151	中国矿业大学（北京）	2	25.1	6674.8
152	东华大学（台湾）*	45	21.6	6663.1
153	中兴大学（台湾）*	68	19.7	6638.0
154	东北师范大学	83	18.2	6561.7
155	亚洲大学 *	63	19.5	6482.1
156	合肥工业大学	55	20.4	6447.9
157	中华大学 *	6	23.8	6428.4
158	石河子大学	38	21.0	6338.2
159	东北林业大学	52	19.7	6286.6
160	台湾科技大学 *	6	22.0	5931.7
161	中央戏剧学院	59	17.9	5914.9
162	中国石油大学（北京）	33	19.2	5765.6
163	天津工业大学	29	19.0	5630.7
164	云林科技大学（台湾）*	10	20.0	5506.1
165	南京信息工程大学	259	0	5440.2

续表

排名	中文名称	Google News	Google Trends	Google 传播力指数
166	暨南国际大学（台湾）*	9	19.8	5366.8
167	大同大学 *	3	18.4	4927.0
168	上海体育学院	64	12.3	4592.1
169	上海中医药大学	76	11.3	4574.7
170	延边大学	44	13.8	4563.3
171	广州中医药大学	79	8.5	3905.9
172	彰化师范大学（台湾）*	21	13.0	3866.8
173	宁夏大学	43	11.0	3820.6
174	西北农林科技大学	10	10.8	3061.4
175	西北大学	3	10.9	2944.8
176	第二军医大学	95	0	1974.0
177	天津中医药大学	81	0	1701.4
178	中国音乐学院	43	0	903.2
179	长安大学	31	0	651.1
180	成都中医药大学	19	0	399.1
181	中国人民公安大学	17	0	357.1
182	第四军医大学	21	0	189.0
183	青海大学	4	0	84.0

附表 1-2　中国大学 Wikipedia 传播力具体指标数据（按 Wikipedia 传播力指数排名）

排名	大学名称	词条完整性						一年内词条被编辑的次数	一年内参与词条编辑的用户数	What link here	Wikipedia 传播力指数
		是否有词条	官方定义	历史发展	地址	部门结构	外部链接				
1	上海交通大学	1	1	1	1	1	1	249	65	1062	71470.0
2	清华大学	1	1	1	1	1	1	171	62	2097	63673.1
3	北京大学	1	1	1	1	1	1	150	35	2467	53115.0
4	香港城市大学 *	1	1	1	1	1	1	140	48	810	47265.6
5	香港大学 *	1	1	1	1	1	1	74	43	2355	43349.8
6	哈尔滨工业大学	1	1	1	1	1	1	187	18	470	42600.3
7	香港理工大学 *	1	1	1	1	1	1	111	44	631	40415.2

续表

排名	大学名称	词条完整性						一年内词条被编辑的次数	一年内参与词条编辑的用户数	What link here	Wikipedia 传播力指数
		是否有词条	官方定义	历史发展	地址	部门结构	外部链接				
8	香港中文大学 *	1	1	1	1	1	1	71	38	1467	36500. 3
9	复旦大学	1	1	1	1	1	1	60	42	1144	34442. 5
10	中央戏剧学院	1	1	1	1	1	1	106	21	363	30371. 6
11	东华大学（台湾）*	1	1	1	1	1	1	97	27	218	30246. 4
12	北京师范大学	1	1	1	1	1	1	59	31	773	28579. 1
13	台湾大学 *	1	1	1	1	1	1	38	23	1467	26210. 9
14	湖南大学	1	1	1	1	1	1	73	20	317	24618. 4
15	辅仁大学 *	1	1	1	1	1	1	58	21	515	23651. 7
16	武汉大学	1	1	1	1	1	1	37	28	585	23119. 3
17	中山大学（台湾）*	1	1	1	1	1	1	61	19	385	22755. 0
18	香港科技大学 *	1	1	1	1	1	1	36	24	789	22671. 0
19	浙江大学	1	1	1	1	1	1	25	20	1107	21255. 9
20	中国科学技术大学	1	1	1	1	1	1	42	19	578	20794. 0
21	中山大学	1	1	1	1	1	1	28	22	632	19908. 9
22	台北科技大学（台湾）*	1	1	1	1	1	1	38	20	231	18682. 6
23	厦门大学	1	1	1	1	1	1	32	19	458	18595. 9
24	南开大学	1	1	1	1	1	1	25	22	468	18575. 8
25	四川大学	1	1	1	1	1	1	36	17	355	17997. 9
26	台湾师范大学 *	1	1	1	1	1	1	29	18	466	17826. 7
27	香港浸会大学 *	1	1	1	1	1	1	27	16	655	17825. 4
28	澳门大学 *	1	1	1	1	1	1	30	21	240	17818. 0
29	华中科技大学	1	1	1	1	1	1	31	18	402	17803. 3
30	成功大学（台湾）*	1	1	1	1	1	1	27	19	429	17660. 0
31	政治大学（台湾）*	1	1	1	1	1	1	22	15	739	17142. 8
32	中国人民大学	1	1	1	1	1	1	22	16	599	16747. 4
33	东南大学	1	1	1	1	1	1	31	13	470	16454. 6
34	东北大学	1	1	1	1	1	1	29	15	372	16308. 2
35	中央大学（台湾）*	1	1	1	1	1	1	25	15	451	16097. 2

续表

排名	大学名称	词条完整性						一年内词条被编辑的次数	一年内参与词条编辑的用户数	What link here	Wikipedia传播力指数
		是否有词条	官方定义	历史发展	地址	部门结构	外部链接				
36	北京外国语大学	1	1	1	1	1	1	25	16	370	16012. 3
37	同济大学	1	1	1	1	1	1	23	14	558	16005. 7
38	岭南大学 *	1	1	1	1	1	1	23	14	511	15758. 4
39	南京大学	1	1	1	1	1	1	12	11	1023	15705. 5
40	南京师范大学	1	1	1	1	1	1	22	13	569	15565. 6
41	上海音乐学院	1	1	1	1	1	1	27	15	248	15342. 3
42	北京理工大学	1	1	1	1	1	1	22	15	373	15216. 8
43	清华大学（台湾）*	1	1	1	1	1	1	20	15	426	15182. 4
44	重庆大学	1	1	1	1	1	1	21	16	307	15054. 1
45	交通大学（台湾）*	1	1	1	1	1	1	21	14	401	14866. 2
46	北京航空航天大学	1	1	1	1	1	1	20	14	411	14762. 1
47	上海大学	1	1	1	1	1	1	19	13	481	14632. 5
48	苏州大学	1	1	1	1	1	1	37	8	268	14625. 0
49	台湾海洋大学 *	1	1	1	1	1	1	34	10	225	14611. 4
50	台湾科技大学 *	1	1	1	1	1	1	25	13	247	14341. 1
51	大连理工大学	1	1	1	1	1	1	26	12	276	14309. 1
52	吉林大学	1	1	1	1	1	1	12	16	428	14280. 9
53	上海外国语大学	1	1	1	1	1	1	26	10	392	14236. 9
54	北京协和医学院	1	1	1	1	0	1	26	12	421	14134. 6
55	电子科技大学	1	1	1	1	1	1	21	12	381	14078. 3
56	天津大学	1	1	1	1	1	1	25	11	325	14069. 0
57	对外经济贸易大学	1	1	1	1	1	1	30	9	246	13753. 9
58	华东师范大学	1	1	1	1	1	1	12	10	716	13748. 6
59	逢甲大学 *	1	1	1	1	1	1	24	11	229	13407. 1
60	东华大学	1	1	1	1	0	1	34	9	220	13306. 2
61	湖南师范大学	1	1	1	1	1	1	28	8	263	13188. 8
62	暨南大学	1	1	1	1	1	1	16	11	405	13080. 0
63	中国科学院大学	1	1	1	1	1	1	22	12	157	13056. 2

续表

排名	大学名称	词条完整性						一年内词条被编辑的次数	一年内参与词条编辑的用户数	What link here	Wikipedia 传播力指数
		是否有词条	官方定义	历史发展	地址	部门结构	外部链接				
64	郑州大学	1	1	1	1	1	1	15	13	269	12890. 3
65	华南理工大学	1	1	1	1	1	1	17	11	337	12878. 8
66	天津工业大学	1	1	0	1	1	1	22	14	44	12206. 6
67	中南大学	1	1	1	1	1	1	13	12	263	12204. 1
68	中正大学（台湾）*	1	1	1	1	1	1	20	8	230	11761. 8
69	山东大学	1	1	1	1	1	1	11	9	429	11740. 4
70	阳明大学（台湾）*	1	1	1	1	1	1	14	10	262	11672. 8
71	北京交通大学	1	1	1	1	1	1	10	10	380	11667. 2
72	台北大学（台湾）*	1	1	1	1	1	1	17	8	249	11391. 8
73	南京航空航天大学	1	1	1	1	1	1	11	8	397	11230. 7
74	中国美术学院	1	1	1	1	1	1	11	10	237	11071. 3
75	东海大学 *	1	1	1	1	1	1	14	6	399	11028. 6
76	亚洲大学 *	1	1	1	1	1	1	12	10	195	11006. 9
77	大同大学 *	1	1	1	1	1	1	16	8	201	10982. 6
78	西北农林科技大学	1	1	1	1	1	1	13	9	217	10938. 1
79	中国矿业大学（北京）	1	1	1	1	0	1	16	9	274	10770. 5
80	中国矿业大学（徐州）	1	1	1	1	0	1	16	9	274	10770. 5
81	华东理工大学	1	1	1	1	1	1	10	9	263	10710. 2
82	西安交通大学	1	1	1	1	1	1	9	8	352	10680. 5
83	东吴大学 *	1	1	1	1	1	1	11	7	357	10678. 9
84	西南交通大学	1	1	1	1	1	1	12	8	236	10540. 1
85	北京科技大学	1	1	1	1	1	1	9	8	317	10496. 4
86	北京邮电大学	1	1	1	1	1	1	15	6	251	10406. 4
87	中国政法大学	1	1	1	1	1	1	12	6	332	10362. 7
88	东北林业大学	1	1	1	1	1	1	10	8	229	10189. 9
89	华中师范大学	1	1	1	1	1	1	11	7	260	10168. 4
90	西安电子科技大学	1	1	1	1	1	1	11	7	252	10126. 3
91	上海财经大学	1	1	1	1	1	1	9	6	359	10034. 8

续表

排名	大学名称	词条完整性						一年内词条被编辑的次数	一年内参与词条编辑的用户数	What link here	Wikipedia 传播力指数
		是否有词条	官方定义	历史发展	地址	部门结构	外部链接				
92	南京中医药大学	1	1	1	1	1	1	10	10	67	10020. 0
93	华中农业大学	1	1	1	1	1	1	8	8	218	9818. 7
94	中兴大学（台湾）*	1	1	1	1	1	1	9	6	306	9755. 9
95	西藏大学	1	1	1	1	1	1	9	7	240	9749. 8
96	哈尔滨工程大学	1	1	1	1	1	1	9	6	295	9698. 0
97	中央音乐学院	1	1	0	1	1	1	9	7	401	9659. 5
98	中国传媒大学	1	1	1	1	1	1	7	6	347	9658. 3
99	南京理工大学	1	1	1	1	1	1	6	6	368	9612. 1
100	武汉理工大学	1	1	1	1	1	1	8	7	242	9603. 7
101	西南大学	1	1	1	1	1	1	8	6	303	9583. 4
102	中国石油大学（华东）	1	1	1	1	0	1	10	7	355	9574. 1
103	南昌大学	1	1	1	1	1	1	7	7	228	9373. 4
104	中央财经大学	1	1	1	1	1	1	7	7	217	9315. 5
105	海南大学	1	1	1	1	0	1	9	7	327	9270. 1
106	中央美术学院	1	1	0	1	0	1	12	9	279	9232. 6
107	新疆大学	1	1	1	1	1	1	6	6	293	9217. 5
108	长庚大学 *	1	1	1	1	1	1	9	6	201	9203. 3
109	国防科技大学	1	1	1	1	1	1	5	5	381	9182. 6
110	中央民族大学	1	1	1	1	0	1	8	7	340	9181. 9
111	西南财经大学	1	1	1	1	1	1	7	6	247	9132. 1
112	内蒙古大学	1	1	1	1	1	1	7	6	226	9021. 5
113	江南大学	1	1	1	1	1	1	8	6	188	8978. 2
114	福州大学	1	1	0	1	1	1	9	8	185	8864. 2
115	北京体育大学	1	1	1	1	1	1	7	6	191	8837. 4
116	云南大学	1	1	1	1	1	1	7	5	253	8822. 3
117	高雄科技大学（台湾）*	1	1	1	1	0	1	9	7	231	8764. 9
118	太原理工大学	1	1	1	1	1	1	7	6	176	8758. 4
119	南京邮电大学	1	1	1	1	1	1	7	6	168	8716. 3

续表

排名	大学名称	词条完整性						一年内词条被编辑的次数	一年内参与词条编辑的用户数	What link here	Wikipedia 传播力指数
		是否有词条	官方定义	历史发展	地址	部门结构	外部链接				
120	河海大学	1	1	1	1	1	1	5	4	349	8672.9
121	中国海洋大学	1	1	1	1	1	1	6	5	251	8655.1
122	兰州大学	1	1	1	1	1	1	5	5	278	8640.6
123	宁波大学	1	1	1	1	1	1	8	6	116	8599.3
124	天津医科大学	1	1	1	1	1	1	6	6	175	8596.5
125	中国地质大学（武汉）	1	1	1	1	1	1	6	5	235	8570.9
126	中国农业大学	1	1	1	1	1	1	4	4	353	8537.3
127	台北医学大学＊	1	1	1	1	1	1	6	5	220	8492.0
128	成都理工大学	1	1	1	1	1	1	7	7	55	8463.0
129	西北工业大学	1	1	1	1	1	1	4	4	331	8421.5
130	贵州大学	1	1	1	1	1	1	6	5	195	8360.4
131	北京工业大学	1	1	1	1	1	1	7	4	221	8312.6
132	大连海事大学	1	1	1	1	1	1	5	5	206	8261.7
133	北京化工大学	1	1	1	1	1	1	5	5	201	8235.4
134	中国地质大学（北京）	1	1	1	1	1	1	6	4	222	8161.2
135	中南财经政法大学	1	1	1	1	1	1	6	4	222	8161.2
136	西北大学	1	1	1	1	1	1	4	4	276	8132.1
137	东北师范大学	1	1	1	1	1	1	5	4	245	8125.6
138	中国医药大学（台湾）＊	1	1	1	1	1	1	6	4	208	8087.6
139	中国药科大学	1	1	1	1	1	1	4	4	247	7979.5
140	广西大学	1	1	1	1	1	1	4	4	239	7937.4
141	南京信息工程大学	1	1	1	1	1	1	5	5	141	7919.6
142	华南师范大学	1	1	1	1	1	1	5	3	270	7915.9
143	中原大学＊	1	1	1	1	1	1	5	3	269	7910.6
144	西南石油大学	1	1	1	1	1	1	8	5	45	7884.4
145	宁夏大学	1	1	1	1	0	1	7	6	164	7757.7
146	彰化师范大学（台湾）＊	1	1	1	1	1	1	6	3	192	7662.0
147	台湾淡江大学＊	1	1	1	1	1	1	5	1	337	7585.8

续表

排名	大学名称	词条完整性						一年内词条被编辑的次数	一年内参与词条编辑的用户数	What link here	Wikipedia 传播力指数
		是否有词条	官方定义	历史发展	地址	部门结构	外部链接				
148	河南大学	1	1	1	1	1	1	3	3	253	7513. 1
149	外交学院	1	1	1	1	0	1	6	6	135	7448. 5
150	河北工业大学	1	1	1	1	1	1	3	3	240	7444. 7
151	安徽大学	1	1	1	1	1	1	4	3	210	7443. 4
152	华北电力大学（保定）	1	1	1	1	1	1	3	3	230	7392. 0
153	华北电力大学（北京）	1	1	1	1	1	1	3	3	230	7392. 0
154	陕西师范大学	1	1	0	0	1	1	8	6	241	7382. 0
155	首都师范大学	1	1	1	1	1	1	5	3	149	7279. 1
156	北京林业大学	1	1	1	1	1	1	3	3	207	7271. 0
157	南京农业大学	1	1	0	1	1	1	4	4	277	7199. 8
158	延边大学	1	1	1	1	1	1	3	3	182	7139. 4
159	中华大学 *	1	1	0	1	1	1	6	4	202	7118. 4
160	云林科技大学（台湾）*	1	1	0	1	1	1	5	4	215	7030. 2
161	青海大学	1	1	1	1	1	1	3	3	154	6992. 1
162	东北农业大学	1	1	1	1	1	1	2	2	228	6883. 5
163	暨南国际大学（台湾）*	1	1	1	1	1	1	3	2	195	6866. 5
164	中国石油大学（北京）	1	1	0	1	0	1	6	6	201	6858. 2
165	高雄医学大学 *	1	1	1	1	1	1	2	1	257	6694. 8
166	元智大学 *	1	1	0	1	0	1	7	5	202	6678. 8
167	石河子大学	1	1	0	1	1	1	4	4	161	6589. 3
168	四川农业大学	1	1	1	1	1	1	2	2	167	6562. 5
169	中国音乐学院	1	1	1	1	0	1	4	4	125	6399. 9
170	成都中医药大学	1	1	1	1	1	1	3	3	41	6397. 4
171	辽宁大学	1	1	0	1	1	1	3	3	219	6396. 6
172	南京林业大学	1	1	1	1	1	1	2	2	133	6383. 6
173	合肥工业大学	1	1	0	1	1	1	3	3	179	6186. 1
174	中国人民公安大学	1	1	1	1	0	1	3	3	167	6122. 9
175	上海体育学院	1	1	1	1	0	1	4	4	71	6115. 7

续表

排名	大学名称	词条完整性						一年内词条被编辑的次数	一年内参与词条编辑的用户数	What link here	Wikipedia 传播力指数
		是否有词条	官方定义	历史发展	地址	部门结构	外部链接				
176	广州中医药大学	1	1	1	1	0	1	3	3	125	5901.9
177	第四军医大学	1	1	1	1	0	1	2	2	216	5882.8
178	第二军医大学	1	1	0	1	0	1	5	3	183	5582.9
179	上海海洋大学	1	1	1	1	1	1	1	1	72	5564.6
180	北京中医药大学	1	1	1	0	0	1	3	3	195	5332.7
181	长安大学	1	0	0	1	0	1	5	4	225	5207.7
182	天津中医药大学	1	1	0	0	0	1	3	3	69	3732.1
183	上海中医药大学	0	0	0	0	0	1	0	0	0	937.6

附表 1-3 中国大学 Twitter 传播力具体指标数据（按 Twitter 传播力指数排名）

排名	中文名称	是否有官方认证账号	粉丝数量	一年内发布的内容数量	一年内最高转发量	一年内最多评论数	Twitter 传播力指数
1	清华大学	1	302159	1369	4398	45000	581108.9
2	北京大学	1	254651	1073	412	4300	228927.0
3	香港理工大学 *	1	17163	294	180	3126	83019.8
4	华中科技大学	0	521	668	1	3	59651.2
5	北京外国语大学	0	4042	621	16	101	57304.7
6	中国美术学院	1	13169	205	26	215	54603.3
7	上海交通大学	0	6928	465	37	456	46621.4
8	香港中文大学 *	1	7511	108	33	88	43886.8
9	浙江大学	0	2843	377	6	34	34661.6
10	香港大学 *	0	12540	190	14	33	20838.7
11	华东师范大学	0	881	195	12	26	18015.2
12	岭南大学 *	0	447	173	7	14	15759.0
13	澳门大学 *	0	653	155	5	25	14227.6
14	成功大学（台湾）*	0	2050	149	8	30	14170.4
15	北京航空航天大学	0	19532	90	8	116	14163.5

续表

排名	中文名称	是否有官方认证账号	粉丝数量	一年内发布的内容数量	一年内最高转发量	一年内最多评论数	Twitter 传播力指数
16	香港浸会大学 *	0	1275	106	5	8	9942. 3
17	香港城市大学 *	0	3798	82	42	80	9727. 8
18	山东大学	0	51	78	1	2	6991. 6
19	上海外国语大学	0	1360	68	16	32	6963. 2
20	南京航空航天大学	0	691	53	5	15	5102. 6
21	西北工业大学	0	41	36	2	8	3305. 3
22	福州大学	0	107	14	0	4	1297. 5
23	湖南大学	0	235	8	1	4	821. 0
24	四川大学	0	140	4	8	13	646. 9
25	政治大学（台湾）*	0	137	3	6	19	544. 5
26	天津大学	0	181	3	5	9	479. 1
27	西南交通大学	0	41	4	1	8	433. 7
28	北京师范大学	0	316	2	0	2	275. 3
29	宁波大学	0	139	2	0	6	248. 8
30	西安交通大学	0	783	0	0	0	213. 9
31	东北师范大学	0	13	2	0	2	192. 5
32	大连理工大学	0	48	1	1	6	157. 6
33	武汉大学	0	508	0	0	0	138. 8
34	湖南师范大学	0	18	1	1	2	127. 6
35	复旦大学	0	273	0	0	0	74. 6
36	南京大学	0	218	0	0	0	59. 6
37	台北医学大学 *	0	190	0	0	0	51. 9
38	华中农业大学	0	149	0	0	0	40. 7
39	武汉理工大学	0	149	0	0	0	40. 7
40	中国人民大学	0	143	0	0	0	39. 1
41	西安电子科技大学	0	138	0	0	0	37. 7
42	中国海洋大学	0	85	0	0	0	23. 2
43	云林科技大学（台湾）*	0	70	0	0	0	19. 1
44	长安大学	0	60	0	0	0	16. 4

续表

排名	中文名称	是否有官方认证账号	粉丝数量	一年内发布的内容数量	一年内最高转发量	一年内最多评论数	Twitter 传播力指数
45	陕西师范大学	0	52	0	0	0	14.2
46	河南大学	0	48	0	0	0	13.1
47	太原理工大学	0	45	0	0	0	12.3
48	河海大学	0	41	0	0	0	11.2
49	上海大学	0	41	0	0	0	11.2
50	华中师范大学	0	33	0	0	0	9.0
51	石河子大学	0	24	0	0	0	6.6
52	哈尔滨工程大学	0	19	0	0	0	5.2
53	对外经济贸易大学	0	15	0	0	0	4.1
54	贵州大学	0	12	0	0	0	3.3
55	东南大学	0	6	0	0	0	1.6

附表 1－4 中国大学 Facebook 传播力具体指标数据（按 Facebook 传播力指数排名）

排名	高校名称	是否有官方认证账号	好友数量	一年内发布的内容数量	一年内最高赞数	Facebook 传播力指数
1	清华大学	1	2445875	905	31000	517855.7
2	北京大学	1	2393777	909	20000	451193.0
3	台湾大学 *	0	86780	318	32000	221392.2
4	台湾师范大学 *	0	110704	431	20000	167289.8
5	南京航空航天大学	0	215200	100	18000	132102.4
6	香港中文大学 *	1	52001	355	12000	130135.5
7	香港大学 *	1	42278	661	3165	110407.4
8	东海大学 *	1	74047	260	8175	100912.8
9	香港理工大学 *	1	91428	116	9189	93624.5
10	中山大学（台湾）*	0	12788	230	12000	92437.7
11	亚洲大学 *	0	16912	678	3764	91839.9
12	清华大学（台湾）*	0	33531	300	9218	85775.5
13	澳门大学 *	1	19306	492	344	75113.2
14	浙江大学	1	99854	370	285	69917.0

续表

排名	高校名称	是否有官方认证账号	好友数量	一年内发布的内容数量	一年内最高赞数	Facebook 传播力指数
15	天津大学	0	124600	365	3397	68014.9
16	阳明大学（台湾）*	0	4315	328	5297	63719.1
17	成功大学（台湾）*	0	38718	281	5478	63185.0
18	逢甲大学 *	0	45151	293	4266	58156.9
19	政治大学（台湾）*	0	41846	299	3792	55777.8
20	香港科技大学 *	1	78830	176	1083	52721.7
21	香港浸会大学 *	0	51181	203	3616	45891.2
22	高雄科技大学（台湾）*	0	18993	388	452	43808.1
23	云林科技大学（台湾）*	0	19852	353	991	43375.1
24	台北大学（台湾）*	0	30358	328	991	41816.4
25	东华大学（台湾）*	0	18415	347	681	40877.5
26	中央大学（台湾）*	0	12672	228	2470	38346.8
27	交通大学（台湾）*	0	16070	227	2374	38020.8
28	香港城市大学 *	1	31571	114	318	37660.2
29	厦门大学	0	8766	321	649	37147.2
30	中兴大学（台湾）*	0	23413	169	3031	36522.7
31	辅仁大学 *	0	11147	220	2138	35513.1
32	华东理工大学	0	2420	62	5075	35225.2
33	元智大学 *	1	14663	99	91	33266.3
34	大同大学 *	0	8754	245	572	28979.0
35	中华大学 *	0	11009	243	279	27330.4
36	华东师范大学	0	3395	241	239	26187.2
37	岭南大学 *	0	7114	168	365	19821.5
38	台北医学大学 *	0	2817	102	1187	17351.4
39	台北科技大学（台湾）*	0	5941	38	2190	16803.6
40	北京师范大学	0	2452	147	166	16123.2
41	北京理工大学	0	3409	138	287	15981.3
42	长庚大学 *	0	1855	137	245	15496.5
43	同济大学	0	2515	136	188	15134.4

续表

排名	高校名称	是否有官方认证账号	好友数量	一年内发布的内容数量	一年内最高赞数	Facebook 传播力指数
44	成都中医药大学	0	877	133	5	13641.1
45	电子科技大学	0	10301	97	187	11890.8
46	暨南国际大学（台湾）*	0	3538	28	1092	9353.6
47	上海外国语大学	0	1977	69	93	7730.7
48	高雄医学大学 *	0	5024	13	1036	7650.3
49	中国医药大学（台湾）*	0	333	65	13	6717.4
50	中南财经政法大学	0	170	55	34	5803.5
51	东华大学	0	7016	43	76	5461.8
52	北京交通大学	0	382	46	5	4743.8
53	新疆大学	0	713	42	41	4571.4
54	台湾淡江大学 *	0	1798	38	74	4452.8
55	兰州大学	0	1411	30	105	3777.9
56	宁波大学	0	805	34	36	3737.9
57	台湾科技大学 *	0	2962	14	162	2617.7
58	大连理工大学	0	6724	11	93	2275.0
59	中国矿业大学（徐州）	0	451	20	12	2144.8
60	湖南师范大学	0	3485	6	122	1626.7
61	南昌大学	0	658	15	4	1610.3
62	上海财经大学	0	11061	3	42	1579.3
63	北京化工大学	0	143	13	15	1420.7
64	中正大学（台湾）*	0	4706	1	94	1074.2
65	西南石油大学	0	750	9	11	1048.1
66	河海大学	0	21	10	2	1030.6
67	华中科技大学	0	10257	0	0	961.3
68	南京大学	0	2757	1	100	925.5
69	武汉大学	0	8990	0	0	842.5
70	东南大学	0	2360	5	17	826.0
71	山东大学	0	4283	1	45	757.5
72	南开大学	0	1183	5	19	727.0

续表

排名	高校名称	是否有官方认证账号	好友数量	一年内发布的内容数量	一年内最高赞数	Facebook 传播力指数
73	北京科技大学	0	7130	0	0	668.2
74	成都理工大学	0	2353	3	21	644.4
75	云南大学	0	1638	2	50	639.6
76	复旦大学	0	5659	0	0	530.4
77	中国科学院大学	0	5644	0	0	529.0
78	南京邮电大学	0	806	4	4	505.1
79	吉林大学	0	5232	0	0	490.3
80	上海大学	0	479	4	2	463.1
81	暨南大学	0	4924	0	0	461.5
82	中国石油大学（华东）	0	4811	0	0	450.9
83	华中农业大学	0	2982	1	8	426.4
84	中山大学	0	3770	0	0	353.3
85	广西大学	0	1150	1	11	271.7
86	中央美术学院	0	827	1	16	269.7
87	哈尔滨工程大学	0	555	2	2	266.8
88	辽宁大学	0	2570	0	0	240.9
89	上海音乐学院	0	78	2	1	216.4
90	中国地质大学（武汉）	0	2304	0	0	215.9
91	南京理工大学	0	2131	0	0	199.7
92	对外经济贸易大学	0	2039	0	0	191.1
93	西安交通大学	0	2026	0	0	189.9
94	东吴大学 *	0	2000	0	0	187.4
95	南京农业大学	0	1919	0	0	179.8
96	上海体育学院	0	517	1	5	178.5
97	湖南大学	0	1867	0	0	175.0
98	大连海事大学	0	1836	0	0	172.1
99	北京林业大学	0	1763	0	0	165.2
100	郑州大学	0	1658	0	0	155.4
101	江南大学	0	1643	0	0	154.0

续表

排名	高校名称	是否有官方认证账号	好友数量	一年内发布的内容数量	一年内最高赞数	Facebook 传播力指数
102	西北工业大学	0	1423	0	0	133. 4
103	安徽大学	0	276	1	1	133. 3
104	贵州大学	0	1296	0	0	121. 5
105	中国矿业大学（北京）	0	1268	0	0	118. 8
106	天津医科大学	0	1156	0	0	108. 3
107	苏州大学	0	1094	0	0	102. 5
108	武汉理工大学	0	1049	0	0	98. 3
109	中国石油大学（北京）	0	1010	0	0	94. 7
110	北京体育大学	0	983	0	0	92. 1
111	上海中医药大学	0	936	0	0	87. 7
112	四川大学	0	886	0	0	83. 0
113	中国海洋大学	0	868	0	0	81. 3
114	东北大学	0	823	0	0	77. 1
115	东北师范大学	0	816	0	0	76. 5
116	中国农业大学	0	776	0	0	72. 7
117	南京中医药大学	0	689	0	0	64. 6
118	河南大学	0	678	0	0	63. 5
119	北京中医药大学	0	644	0	0	60. 4
120	外交学院	0	619	0	0	58. 0
121	北京协和医学院	0	601	0	0	56. 3
122	四川农业大学	0	588	0	0	55. 1
123	华南理工大学	0	551	0	0	51. 6
124	中南大学	0	527	0	0	49. 4
125	石河子大学	0	521	0	0	48. 8
126	中国美术学院	0	391	0	0	36. 6
127	北京工业大学	0	387	0	0	36. 3
128	河北工业大学	0	372	0	0	34. 9
129	上海海洋大学	0	371	0	0	34. 8
130	哈尔滨工业大学	0	361	0	0	33. 8

续表

排名	高校名称	是否有官方认证账号	好友数量	一年内发布的内容数量	一年内最高赞数	Facebook传播力指数
131	南京师范大学	0	349	0	0	32.7
132	中国地质大学（北京）	0	345	0	0	32.3
133	华南师范大学	0	321	0	0	30.1
134	北京外国语大学	0	319	0	0	29.9
135	南京林业大学	0	307	0	0	28.8
136	延边大学	0	296	0	0	27.7
137	西北大学	0	279	0	0	26.1
138	第二军医大学	0	270	0	0	25.3
139	中国音乐学院	0	264	0	0	24.7
140	中央音乐学院	0	264	0	0	24.7
141	西南交通大学	0	247	0	0	23.1
142	中国传媒大学	0	225	0	0	21.1
143	海南大学	0	217	0	0	20.3
144	北京邮电大学	0	214	0	0	20.1
145	中国药科大学	0	210	0	0	19.7
146	西南财经大学	0	194	0	0	18.2
147	陕西师范大学	0	176	0	0	16.5
148	中国人民大学	0	167	0	0	15.7
149	中国政法大学	0	152	0	0	14.2
150	上海交通大学	0	144	0	0	13.5
151	长安大学	0	143	0	0	13.4
152	合肥工业大学	0	130	0	0	12.2
153	首都师范大学	0	129	0	0	12.1
154	福州大学	0	125	0	0	11.7
155	华北电力大学（北京）	0	124	0	0	11.6
156	台湾海洋大学 *	0	115	0	0	10.8
157	南京信息工程大学	0	103	0	0	9.7
158	天津中医药大学	0	102	0	0	9.6
159	太原理工大学	0	96	0	0	9.0

续表

排名	高校名称	是否有官方认证账号	好友数量	一年内发布的内容数量	一年内最高赞数	Facebook 传播力指数
160	中央民族大学	0	92	0	0	8.6
161	中央财经大学	0	91	0	0	8.5
162	北京航空航天大学	0	86	0	0	8.1
163	天津工业大学	0	84	0	0	7.9
164	东北农业大学	0	78	0	0	7.3
165	华北电力大学（保定）	0	74	0	0	6.9
166	西南大学	0	72	0	0	6.7
167	中国科学技术大学	0	72	0	0	6.7
168	广州中医药大学	0	71	0	0	6.7
169	西北农林科技大学	0	64	0	0	6.0
170	重庆大学	0	62	0	0	5.8
171	华中师范大学	0	45	0	0	4.2
172	中原大学 *	0	39	0	0	3.7
173	西藏大学	0	26	0	0	2.4
174	彰化师范大学（台湾）*	0	26	0	0	2.4
175	东北林业大学	0	25	0	0	2.3
176	西安电子科技大学	0	24	0	0	2.2
177	内蒙古大学	0	16	0	0	1.5
178	青海大学	0	10	0	0	0.9

附表 1－5　中国大学 Instagram 传播力具体指标数据（按 Instagram 传播力指数排名）

排名	中文名称	是否有官方认证账号	粉丝数量	一年内发布的内容数量	一年内最多回复数量	一年内图文最高点赞量	一年内视频最高点击量	Instagram 传播力指数
1	清华大学	1	43000	421	33	15000	21000	221009.7
2	北京大学	1	39000	365	69	15000	13000	205880.6
3	香港浸会大学 *	0	12000	173	8	1879	102000	165030.5
4	上海交通大学	0	21000	468	100	2934	33000	132381.9
5	澳门大学 *	0	3947	387	50	429	6368	67218.5

续表

排名	中文名称	是否有官方认证账号	粉丝数量	一年内发布的内容数量	一年内最多回复数量	一年内图文最高点赞量	一年内视频最高点击量	Instagram传播力指数
6	香港中文大学 *	0	17000	158	126	1700	11000	59266.4
7	香港城市大学 *	0	8793	102	406	455	905	58588.2
8	天津大学	0	4875	308	18	602	1079	47915.8
9	逢甲大学 *	0	4417	128	179	1619	2669	46226.1
10	亚洲大学 *	0	886	319	2	65	1600	45030.8
11	香港科技大学 *	0	15000	143	111	1496	3513	44855.0
12	中正大学（台湾）*	0	12000	123	144	714	1649	38763.4
13	香港大学 *	0	17000	133	19	1152	6150	36889.7
14	中国美术学院	0	2380	227	7	97	312	32218.3
15	南京航空航天大学	0	1167	95	8	3647	641	30849.3
16	浙江大学	0	8350	82	36	907	2778	24151.3
17	阳明大学（台湾）*	0	757	170	3	116	435	24093.8
18	成功大学（台湾）*	0	3382	129	12	388	1808	23186.7
19	华东师范大学	0	1565	124	30	281	1088	22411.2
20	中华大学 *	0	657	124	2	119	3776	22138.0
21	元智大学 *	0	1864	30	111	317	2906	20404.2
22	大同大学 *	0	354	142	2	52	217	19616.2
23	岭南大学 *	0	2585	125	4	198	546	19211.4
24	电子科技大学	0	7009	93	9	183	833	16905.4
25	高雄科技大学（台湾）*	0	514	56	78	92	369	16044.0
26	长安大学	0	391	108	4	72	171	15345.9
27	辅仁大学 *	0	898	61	47	326	424	14903.1
28	中国石油大学（北京）	0	1124	26	66	294	978	12737.3
29	北京体育大学	0	424	71	6	187	862	12040.7
30	四川大学	0	1776	54	15	298	1273	12037.5
31	东华大学	0	209	61	17	63	1519	12011.9
32	东海大学 *	0	1582	64	4	218	1358	11989.0
33	苏州大学	0	679	66	10	189	0	10746.7

续表

排名	中文名称	是否有官方认证账号	粉丝数量	一年内发布的内容数量	一年内最多回复数量	一年内图文最高点赞量	一年内视频最高点击量	Instagram 传播力指数
34	华中农业大学	0	203	71	9	30	86	10584. 3
35	中央大学（台湾）*	0	570	39	41	92	221	10009. 0
36	西安交通大学	0	725	60	6	175	303	9896. 0
37	中山大学（台湾）*	0	831	47	6	471	479	9752. 4
38	宁波大学	0	1363	45	10	270	921	9676. 3
39	长庚大学 *	0	509	61	3	81	412	9396. 9
40	西北工业大学	0	489	55	6	157	509	9353. 4
41	北京理工大学	0	695	40	8	193	650	7954. 8
42	北京航空航天大学	0	1274	35	9	243	559	7648. 7
43	中国科学技术大学	0	210	7	48	260	232	7124. 7
44	上海外国语大学	0	791	29	8	192	924	6866. 0
45	郑州大学	0	634	38	6	98	463	6814. 8
46	中国海洋大学	0	514	41	7	100	0	6698. 7
47	厦门大学	0	481	32	2	116	0	5081. 5
48	吉林大学	0	236	31	2	66	0	4661. 0
49	台北医学大学 *	0	525	21	3	224	270	4560. 5
50	河南大学	0	258	24	6	69	275	4492. 4
51	北京交通大学	0	121	29	1	10	0	4017. 3
52	云南大学	0	172	14	4	90	476	3299. 6
53	兰州大学	0	304	11	12	91	134	3285. 8
54	上海大学	0	1576	7	9	215	0	3179. 4
55	湖南大学	0	566	8	7	60	457	2740. 6
56	西南交通大学	0	946	6	9	122	0	2466. 0
57	西南石油大学	0	116	11	6	14	105	2269. 5
58	北京外国语大学	0	1053	3	3	159	0	1677. 0
59	南开大学	0	188	7	3	44	0	1466. 5
60	北京师范大学	0	204	8	2	18	0	1389. 1
61	台湾大学 *	0	26	9	0	3	0	1213. 0

续表

排名	中文名称	是否有官方认证账号	粉丝数量	一年内发布的内容数量	一年内最多回复数量	一年内图文最高点赞量	一年内视频最高点击量	Instagram 传播力指数
62	南昌大学	0	233	4	3	43	0	1076. 1
63	中南大学	0	87	2	1	44	0	582. 6
64	复旦大学	0	2086	0	0	0	0	542. 1
65	成都中医药大学	0	3	2	0	3	0	279. 3
66	中央戏剧学院	0	0	2	0	0	0	265. 1
67	东北大学	0	996	0	0	0	0	258. 8
68	山东大学	0	696	0	0	0	0	180. 9
69	中国地质大学（武汉）	0	19	1	0	4	0	155. 4
70	中国医药大学（台湾）*	0	373	0	0	0	0	96. 9
71	南京大学	0	363	0	0	0	0	94. 3
72	中国石油大学（华东）	0	270	0	0	0	0	70. 2
73	中国人民大学	0	255	0	0	0	0	66. 3
74	对外经济贸易大学	0	252	0	0	0	0	65. 5
75	南京中医药大学	0	246	0	0	0	0	63. 9
76	台湾科技大学 *	0	184	0	0	0	0	47. 8
77	贵州大学	0	162	0	0	0	0	42. 1
78	中国农业大学	0	121	0	0	0	0	31. 4
79	同济大学	0	100	0	0	0	0	26. 0
80	南京师范大学	0	78	0	0	0	0	20. 3
81	暨南国际大学（台湾）*	0	74	0	0	0	0	19. 2
82	西北大学	0	59	0	0	0	0	15. 3
83	中国政法大学	0	52	0	0	0	0	13. 5
84	华南师范大学	0	44	0	0	0	0	11. 4
85	哈尔滨工业大学	0	40	0	0	0	0	10. 4
86	东吴大学 *	0	37	0	0	0	0	9. 6
87	西安电子科技大学	0	27	0	0	0	0	7. 0
88	河海大学	0	26	0	0	0	0	6. 8
89	西南财经大学	0	22	0	0	0	0	5. 7
90	台湾淡江大学 *	0	21	0	0	0	0	5. 5
91	大连海事大学	0	6	0	0	0	0	1. 6

附表 1－6　中国大学 YouTube 传播力具体指标数据（按 YouTube 传播力指数排名）

排名	大学名称	是否有官方认证账号	订阅数量	一年内发布的内容数量	一年内最高点击量	YouTube 传播力指数
1	香港浸会大学 *	0	4130	82	341701	265143.4
2	香港大学 *	0	0	192	60930	157144.8
3	中华大学 *	0	360	26	207408	145205.9
4	香港城市大学 *	0	1990	16	201634	136136.8
5	清华大学	0	6300	138	3279	90598.5
6	北京大学	0	1790	131	1682	83232.8
7	澳门大学 *	0	3350	117	2018	75444.4
8	高雄科技大学（台湾）*	0	698	31	63657	59131.2
9	上海交通大学	0	8910	69	5071	50017.3
10	香港理工大学 *	0	4320	24	30921	36064.8
11	香港科技大学 *	0	2910	51	3078	34902.9
12	阳明大学（台湾）*	0	426	41	6439	29664.0
13	香港中文大学 *	0	2415	42	2796	28914.2
14	政治大学（台湾）*	0	563	40	5669	28625.8
15	浙江大学	0	474	45	637	28565.0
16	中山大学（台湾）*	0	228	44	1716	28503.8
17	东吴大学 *	0	671	37	7373	27869.4
18	台湾大学 *	0	6740	18	20354	26856.9
19	中国美术学院	0	90	41	47	25540.9
20	逢甲大学 *	0	3740	24	10053	22836.2
21	台湾师范大学 *	0	1650	33	620	21627.3
22	亚洲大学 *	0	6180	24	1533	18636.9
23	华东师范大学	0	178	29	474	18390.8
24	台北医学大学 *	0	2700	22	5399	18234.7
25	交通大学（台湾）*	0	6080	13	6769	15012.1
26	台北大学（台湾）*	0	543	18	5640	14931.2
27	成功大学（台湾）*	0	57	22	1235	14460.6
28	岭南大学 *	0	472	19	1104	12701.7
29	长庚大学 *	0	0	11	1975	8061.1
30	北京师范大学	0	168	10	126	6366.2

续表

排名	大学名称	是否有官方认证账号	订阅数量	一年内发布的内容数量	一年内最高点击量	YouTube传播力指数
31	辅仁大学 *	0	249	8	991	5697.6
32	东华大学（台湾）*	0	218	3	6003	5692.1
33	上海外国语大学	0	682	7	791	5146.5
34	云林科技大学（台湾）*	0	443	5	2963	5146.4
35	清华大学（台湾）*	0	1550	5	831	4318.5
36	天津大学	0	320	5	270	3417.7
37	暨南国际大学（台湾）*	0	162	5	270	3346.8
38	南京航空航天大学	0	11	5	60	3148.5
39	中央大学（中国台湾）*	0	76	3	369	2127.2
40	南京理工大学	0	17	3	241	2021.2
41	北京外国语大学	0	214	3	74	2005.8
42	中国石油大学（北京）	0	157	1	268	858.3
43	复旦大学	0	375	0	0	168.3
44	东华大学	0	264	0	0	118.5
45	重庆大学	0	200	0	0	89.8
46	华南理工大学	0	191	0	0	85.7
47	上海财经大学	0	113	0	0	50.7
48	新疆大学	0	90	0	0	40.4
49	西安交通大学	0	68	0	0	30.5
50	大连理工大学	0	59	0	0	26.5
51	电子科技大学	0	56	0	0	25.1
52	北京工业大学	0	53	0	0	23.8
53	武汉大学	0	52	0	0	23.3
54	西北工业大学	0	31	0	0	13.9
55	北京中医药大学	0	13	0	0	5.8
56	宁波大学	0	13	0	0	5.8
57	湖南大学	0	12	0	0	5.4
58	河北工业大学	0	1	0	0	0.4

第二章　2020 中央企业海外网络传播力建设报告

摘　要

中央企业是我国国民经济的重要组成部分，是国家经济、文化和公共外交“走出去”的重要载体，应充分利用全球网络优势和资源优势，在国际传播场域上发出更加响亮的“中国声音”，加强我国国际传播能力建设。

本报告选取了国务院国有资产监督管理委员会下属的 97 家中央企业作为研究对象，从集团层面开展研究，并选择中国民营企业 500 强中的第一名华为技术有限公司与世界第一大石油公司荷兰皇家壳牌集团作为对比参照。挖掘 Google、Wikipedia、Facebook、Twitter、Instagram、YouTube6 个平台数据开展分析。

研究发现：2020 年我国中央企业海外网络传播力具有以下特征：

（1）海外传播力综合指数排名前十位中央企业依次为中国移动通信集团有限公司、中国电力建设集团有限公司、中国东方航空集团有限公司、中国中车集团有限公司、中国南方航空集团有限公司、中国建筑集团有限公司、中国石油化工集团有限公司、中国医药集团有限公司、中国铁路工程集团有限公司和中国航空集团有限公司。

（2）中国移动、东航、南航和中国石化连续 5 年进入排名前十，中国电力、中国医药、中铁和中车连续 5 年进步明显。中国移动自 2018 年后海外传播力综合排名逐年攀升，在“5G 元年”2020 年位居榜首。

（3）航空和通信类中央企业多个维度表现亮眼。中国南方航空在 Google、Wikipedia、Twitter、Facebook、Instagram、YouTube 6 个维度排名中均位于前十，中国东方航空、中国移动在 5 个维度排名中进入前十。

（4）中国一汽位于 Instagram 榜首，老牌中央企业也可以“玩转”新兴平台。作为“共和国长子”的中国第一汽车集团有限公司在备受年轻人欢迎的 Instagram 平台传播效果较好，位居 Instagram 维度传播力指数排名第一。综合分析有三点值得借鉴：一是注重图片质量；二是大量使用相关标签；三是善于与用户交流互动。

（5）在疫情全球化背景下，中国医药类中央企业加速发展得到关注，航空类中央企业传播力名次相对小幅下降。中国医药集团有限公司首次挺进综合指数排名前十（位居第八）；尽管 3 家航空类中央企业依然位居前十，取得了较好排名，但是其中两家航空类中央企业排名都有小幅下降。

（6）融入传统文化元素，推动中央企业文化更好地“走出去”。中交建发布关于成祥古镇中古建筑的帖子，既展现古建筑和慢生活，也展示了中国交建团队在建筑修复和翻新领域的技术成就。东航多次发布中国传统节日和二十四节气相关帖子，获得较高点赞量。

（7）中央企业的视频传播意识有待提高，YouTube 平台入驻率较低。97 家中央企业中有 20 家企业拥有 YouTube 账号，无一家中央企业进行官方认证，年平均发布数量为 4.7 条。在短视频时代，中央企业应提高短视频传播意识，通过视频构造或还原场景进行生动、直观和丰富的对外传播。

（8）中央企业入驻 Twitter、Facebook、Instagram 三大国外社交媒体比率逐年攀升，但是在官方认证和用户互动方面有待提高。其中，Twitter 和 Instagram 平台近三年入驻数量增长比率最多，皆为 18.4%。Twitter、Facebook 进行官方认证的中央企业仅占总数的 6.2%，Instagram 平台进行官方认证的中央企业仅占总数的 2.1%。

一、背景

2020 年 4 月召开的中央企业宣传思想工作会议指出：“中央企业宣传思想工作要着力加强新闻舆论工作，着力提升国际传播能力，为中央企业改革发展党建提供坚强思想保证和强大精神力量。”中央企业是我国国民经济的重要组成部分，在关系国家安全和国民经济命脉的主要行业和关键领域占据支配地位，是国民经济的重要支柱之一。随着经济全球化、对外开放、中央企业国际化程度不断加大，国际社会对中央企业的关注度不断提高。在国际舆论“聚光灯”下的中央企业如何塑造良好的国际形象，如何更好地传播中国声音，这既是企业自身品牌文化建设问题，也是我国国际传播能力的建设问题。

自 2020 年上半年以来，新冠肺炎疫情席卷全球，不仅打乱了人们的生活节奏，也扰乱了社会经济的正常秩序。在党中央、国务院的坚强领导下，全国人民众志成城、戮力同心、共克时艰，经过艰苦奋战，国内疫情防控取得阶段性成效并进一步巩固。然而，新冠肺炎疫情在全球多点暴发，迅速蔓延，形势不容乐观。此次新冠肺炎疫情延续时间长、影响范围广，给全国各行各业的经济活动带来前所未有的冲击。虽然我国政府迅速出台诸多政策支持中央企业复工复产，各中央企业也积极开展自救，但仍然面临诸多困难和挑战。如何在疫情背景下恢复和加强中央企业的海外传播，是关乎中央企业国际市场拓展以及海外形象构建的重要问题。

为了更科学、准确地评价中央企业海外传播力建设的状况，为中央企业国际化经营以及国家“走出去”战略提供更具针对性的参考，本报告选取 Google、Wikipedia、Twitter、Facebook、Instagram、YouTube 6 个平台作为中央企业海外网络传播力的考察维度，从侧面研究中国中央企业的海外传播力现状。

Google 是全球最大的搜索引擎，提供 30 余种语言服务，在全球搜索引擎平台上占据主导地位。因此以 Google News 为平台分析中央企业的新闻内容和报道数量具有较高的研究价值和可信度。Google Trends 是基于用户搜索行为的数据平台，可以反映中央企业某一时间段内在该平台上的搜索热度，从而整体把握中央企业在海外的受关注程度。

Wikipedia 是全球任何用户都可以编辑、基于多种语言写成的网络百科全书，也是一个动态的、可自由访问的全球知识体。Wikipedia 是世界最大百科类网站，有着强大的访问量，对受众来说，它是一个较受信赖的寻找答案、发现事实的平台。Wikipedia 上英文词条完整性能够在一定程度上反映我国中央企业面向全球编辑和完善英文媒体资料的主动性和积极性。

Twitter 在全世界都非常流行，截至 2020 年第三季度，Twitter 的可货币化日活跃用户达 1.87 亿，受众广泛。Twitter 为受众提供了一个公共讨论平台，所有信息都可以及时检索。Twitter 在自媒体平台上有着很强的国际影响力，在国际网站 Alexa. com 排名中，Twitter 影响力名列前茅。

Facebook 是全球最大的社交网络平台，用户可以利用该平台发布各种内容，与拥有共同兴趣的好友交流讨论和分享网络信息。Facebook 已覆盖 200 多个国家和地区，是全球影响力最高的社交媒体平台，也是全球市值最高的社交网络公司。Facebook 的官方主页是企业宣传和吸引粉丝的重要阵地，Facebook 平台的数据统计在一定程度上可以反映中央企业海外传播的触达范围及触达深度。

Instagram 于 2010 年 10 月推出，不同于传统社交媒体，它更专注于图片分享，主推图片社交，深受年轻人欢迎。自问世以来一直保持高速增长，2018 年 6 月，月活跃用户量已经突破 10 亿关口，超过 400 亿的照片在这里被分享，它的快速发展表明以图片及视频分享服务为主的社交媒体正在蓬勃发展，以图会友的新型社交媒体平台逐渐成为主流。

YouTube 是世界上规模最大和最有影响力的视频网站，用户可在该平台内自主上传和浏览全球范围的视频内容，YouTube 影片内容包罗万象，深受中年和青少年人群青睐。在 YouTube 平台上进行影像视觉传播可以做到快速、大范围传播，吸引用户成为企业品牌粉丝。YouTube 平台的统计数据在一定程度上可以反映中央企业的跨文化传播和沟通能力。

本报告将传播力分为三个层次。第一个层次是“在场”，衡量标准是一个国家在互联网场域中的出现频率，操作化定义为提及率；第二个层次是“评价”，即“在场”内容是否引起评价，以及评价是正面还是负面；第三个层次是“承认”，即互联网世界对一个传播内容的价值承认程度，虽然不同意但承认，这是国际传播应该努力实现的现实目标。三个层次中，“在场”是基础，只有在“在场”前提下，才可能有后面的层次。而“评价”则是重点，直接影响企业代表的形象。因此，本报告从第一层次的“在场”维度和第二层次的“评价”维度来考察我国中央企业在海外互联网世界中的传播力。

本报告选取 97 家中央企业作为研究样本，通过抓取国际搜索网站和大型社交平台数据，设定具体的维度和指标进行比对分析，以期了解我国企业海外网络传播力现状，提高企业海外传播能力，完善我国海外网络传播体系建设，进而提升中国整体的国际传播实力。

二、方法

（一）指标

本报告采用专家法设立指标和权重。首先，选取 Google、Wikipedia、Twitter、Facebook、Instagram、YouTube 6 个平台作为考察维度。其次，对每个维度设立具体指标，通过赋予各项指标不同权重，计算评估我国中央企业的网络海外传播力综合指数。6 个维度共有二级指标 25 个，逐一赋予权重进行量化统计和分析。最后，得出 97 家中央企业的海外网络传播力综合指数得分。

（二）算法

本报告中企业海外网络传播力综合指数的测量是由各个筛选指标乘以相应系数，加权后相加得到的，具体算法如下：

1. 数据整理

将非定量数据转化成定量数据，非定量数据所在指标分别为：Wikipedia 中的“词条完整性”；Twitter 中的“是否有官方认证账号”；Facebook 中的“是否有官方认证账号”；Instagram 中的“是否有官方认证账号”；YouTube 中的“是否有官方认证账号”。

2. 计算各个指标的校正系数 X_{ij}

由于各项指标之间的数量级不同，为了平衡各项指标的数据差距，以确保各项指标在总体中所占的比重能够达到既定的权重，为此，根据表 2－1 所列的指标权重计算每个指标的校正系数，计算公式如下：

$$X_{ij} = \frac{K_{ij}A}{a_j} \tag{2-1}$$

表 2－1　中央企业海外网络传播力指标体系及权重　　单位：%

维度	指标	权重	
Google	新闻数量（正面新闻）	25	30
	Google Trends	5.0	
Wikipedia	词条完整性	2.5	10
	一年内词条被编辑的次数	2.5	
	一年内参与词条编辑的用户数	2.5	
	链接情况（What links here）	2.5	

续表

维度	指标	权重	
Twitter	是否有官方认证账号	1.0	15
	粉丝数量	3.5	
	一年内发布的内容数量	3.5	
	一年内最高转发量	3.5	
	一年内最多评论数	3.5	
Facebook	是否有官方认证账号	1.0	15
	好友数量	4.6	
	一年内发布的内容数量	4.7	
	一年内最高赞数	4.7	
Instagram	是否有官方认证账号	1.0	15
	粉丝数量	2.8	
	一年内发布的内容数量	2.8	
	一年内最多回复数量	2.8	
	一年内图文最高点赞量	2.8	
	一年内视频最高点击量	2.8	
YouTube	是否有官方认证账号	1.0	15
	订阅数量	4.6	
	一年内发布的内容数量	4.7	
	一年内最高点击量	4.7	

3. 计算每一家企业的海外网络传播力的综合指数和单一指数

计算公式分别如下：

$$Y = \sum_{i=1}^{6} \sum_{j} a_{ij} X_{ij} \tag{2-2}$$

$$Y_i = \sum_{j} a_{ij} X_{ij} \tag{2-3}$$

式中，Y 表示任意企业的海外网络传播力的综合指数。

Y_i 表示任意企业的海外网络传播力的单一指数，例如 $i=1$，Y_i 代表任意企业在 Google 搜索上的海外传播力。

a_{1j}表示 Google 搜索任意指标的数值，$j=1$，2。需要注意的是 a_{1j}代表每个企业 Google News 总数中去掉负面新闻后的数值。

a_{2j}表示 Wikipedia 任意指标的数值，$j=1$，2，3，4。

a_{3j}表示 Twitter 任意指标的数值，$j=1$，2，3，4，5。

a_{4j}表示 Facebook 任意指标的数值，$j=1$，2，3，4。

a_{5j}表示 Instagram 任意指标的数值，$j=1$，2，3，4，5，6。

a_{6j}表示 Youtube 任意指标的数值，$j=1$，2，3，4。

K_{ij}表示任意指标的权重。

a_j 表示任意指标的均值。

A 表示所有指标的均值的和。

（三）指数含义

2020 年中央企业海外传播力排名第一的综合指数值小于上年排名第一的数值，原因在于往年我们将参照企业中国民营企业 500 强中的第一名华为技术有限公司与世界第一大石油公司荷兰皇家壳牌集团纳入了校对系数的算法体系中，而 2020 年则去掉了这两家企业，因此造成各个指标的校对系数远远小于往年，以至于 2020 年所有企业的海外传播力指数的数值低于往年。

（四）数据采集时间

本报告中 Google、Wikipedia、Twitter、Facebook、Instagram、YouTube 6 个维度 25 个二级指标的采集时间均为 2019 年 10 月 15 日至 2020 年 10 月 14 日。

（五）分析对象选择

本报告选取了国务院国有资产监督管理委员会管辖的 97 家中央企业作为研究对象。相较于 2019 年底公布的 95 家中央企业名单，2020 年经国务院批准，上海诺基亚贝尔股份有限公司不再列入中央企业名录，并新增国家石油天然气管网集团有限公司、中国检验认证（集团）有限公司和中国融通资产管理集团有限公司 3 家企业。从集团层面开展研究，只采集集团层面的相关数据，不对集团子公司数据进行采集。

对中央企业的 Google、Wikipedia、Twitter、Facebook、Instagram、YouTube 6 个维度的考察，均使用其英文名称进行搜索，大部分企业的英文名称包含前缀“China”，或使用中文名称的音译，如“China Huaneng Group”（中国华能集团有限公司），因此其英文名称具有唯一性，可以直接对应到该企业；个别企业英文名搜索会存在无关信息混入的情况，则通过人工筛选的方法以确定其准确网址。

表 2-2　97 家中央直属企业名单

中文名称	英文名称	缩写	中文名称	英文名称	缩写
中国核工业集团有限公司	China National Nuclear Corporation	CNNC	中国商用飞机有限责任公司	Commercial Aircraft Corporation of China, Ltd.	COMAC
中国航天科技集团有限公司	China Aerospace Science and Technology Corporation	CASC	中国节能环保集团有限公司	China Energy Conservation and Environmental Protection Group	CECEP
中国航天科工集团有限公司	China Aerospace Science and Industry Corporation	CASIC	中国国际工程咨询有限公司	China International Engineering Consulting Corporation	CIECC

续表

中文名称	英文名称	缩写	中文名称	英文名称	缩写
中国航空工业集团有限公司	Aviation Industry Corporation of China, Ltd.	AVIC	中国诚通控股集团有限公司	China Chengtong Holdings Group Limited	CCT\ CHINA CHENGTONG
中国船舶集团有限公司	China State Shipbuilding Corporation Limited	CSSC	中国中煤能源集团有限公司	China National Coal Group Corporation	China Coal
中国兵器工业集团有限公司	China North Industries Group Corporation Limited	NORINCO GROUP	中国煤炭科工集团有限公司	China Coal Technology & Engineering Group Corp.	CCTEG
中国兵器装备集团有限公司	China South Industries Group Co., Ltd.	CSGC	机械科学研究总院集团有限公司	China Academy of Machinery Science and Technology Group Co., Ltd.	CAM
中国电子科技集团有限公司	China Electronics Technology Group Corporation	CETC	中国中钢集团有限公司	Sinosteel Group Corporation Limited	SINOSTEEL
中国航空发动机集团有限公司	Aero Engine Corporation of China	AECC	中国钢研科技集团有限公司	China Iron & Steel Research Institute Group	CISRI
中国融通资产管理集团有限公司	China Rong Tong Asset Management Group Corporation Limited	CRTC	中国化工集团有限公司	China National Chemical Corporation Limited	CHEMCHINA
中国石油天然气集团有限公司	China National Petroleum Corporation	CNPC	中国化学工程集团有限公司	China National Chemical Engineering Group Corporation Limited	CNCEC
中国石油化工集团有限公司	China Petrochemical Corporation	SINOPEC	中国盐业集团有限公司	China National Salt Industry Group Co., Ltd.	CNSG
中国海洋石油集团有限公司	China National Offshore Oil Corporation	CNOOC	中国建材集团有限公司	China National Building Material Group Co., Ltd.	CNBM
国家石油天然气管网集团有限公司	National Petroleum and natural gas pipe network Group	PipeChina	中国有色矿业集团有限公司	China Nonferrous Metal Mining (Group) Co., Ltd.	CNMC
国家电网有限公司	State Grid Corporation of China	SGCC	有研科技集团有限公司	General Research Institute for Nonferrous Metals	GRINM
中国南方电网有限责任公司	China Southern Power Grid	CSG	矿冶科技集团有限公司	Beijing General Research Institute of Mining & Metallurgy	BGRIMM
中国华能集团有限公司	China Huaneng Group	CHNG	中国国际技术智力合作集团有限公司	China International Intellectech Group Co., Ltd.	CIIC

续表

中文名称	英文名称	缩写	中文名称	英文名称	缩写
中国大唐集团有限公司	China Datang Corporation	CDT	中国建筑科学研究院有限公司	China Academy of Building Research	CABR
中国华电集团有限公司	China Huadian Corporation Ltd.	CHD	中国中车集团有限公司	CRRC Corporation Limited	CRRC
国家电力投资集团有限公司	State Power Investment Corporation Limited	SPIC	中国铁路通信信号集团有限公司	China Railway Signal & Communication Corporation Limited	CRSC
中国长江三峡集团有限公司	China Three Gorges Corporation	CTG	中国铁路工程集团有限公司	China Railway Group Limited	CREC
国家能源投资集团有限责任公司	China Energy Investment Corporation	CHN ENERGY	中国铁道建筑集团有限公司	China Railway Construction Corporation Limited	CRCC
中国电信集团有限公司	China Telecommunications Corporation	CHINA TELECOM	中国交通建设集团有限公司	China Communications Construction Company Limited	CCCC
中国联合网络通信集团有限公司	China United Network Communications Group Co., Ltd.	CHINA UNICOM	中国普天信息产业集团有限公司	China Potevio Company Limited	POTEVIO
中国移动通信集团有限公司	China Mobile Limited	CHINA MOBILE	中国信息通信科技集团有限公司	China Information Communication Technologies Group Corporation	CICT
中国电子信息产业集团有限公司	China Electronics Corporation	CEC	中国农业发展集团有限公司	China National Agricultural Development Group Co., Ltd.	CNADC
中国第一汽车集团有限公司	China FAW Group Corporation	FAW	中国林业集团有限公司	China Forestry Group Corporation	CFGC
东风汽车集团有限公司	Dongfeng Motor Corporation	DFM	中国医药集团有限公司	China National Pharmaceutical Group Corporation	SINOPHARM
中国一重集团有限公司	China First Heavy Industries	CFHI	中国保利集团有限公司	China Poly Group Corporation Limited	Poly Group
中国机械工业集团有限公司	China National Machinery Industry Corporation Ltd.	SINOMACH	中国建设科技有限公司	China Construction Technology Consulting Co., Ltd.	CAG

续表

中文名称	英文名称	缩写	中文名称	英文名称	缩写
哈尔滨电气集团有限公司	Harbin Electric Corporation	HE	中国冶金地质总局	China Metallurgical Geology Bureau	CMGB
中国东方电气集团有限公司	Dongfang Electric Corporation	DEC	中国煤炭地质总局	China National Administration of Coal Geology	CCGC
鞍钢集团有限公司	Ansteel Group Corporation	ANSTEEL	新兴际华集团有限公司	Xinxing Cathay International Group	XXCIG
中国宝武钢铁集团有限公司	China Baowu Steel Group Corporation Limited	CHINA BAOWU	中国民航信息集团有限公司	China TravelSky Holding Company	TravelSky
中国铝业集团有限公司	Aluminum Corporation of China	CHINALCO	中国航空油料集团有限公司	China National Aviation Fuel Group Limited	CNAF
中国远洋海运集团有限公司	China COSCO SHIPPING Corporation Limited	COSCO SHIPPING	中国航空器材集团有限公司	China Aviation Supplies Holding Company	CASC
中国航空集团有限公司	China National Aviation Holding Corporation Limited	CNAH \ AIR CHINA	中国电力建设集团有限公司	Power Construction Corporation of China	POWERCHINA
中国东方航空集团有限公司	China Eastern Air Holding Company	CEAH \ CHINA EASTERN	中国能源建设集团有限公司	China Energy Engineering Group Co., Ltd.	CEEC
中国南方航空集团有限公司	China Southern Air Holding Company	CSAH \ CHINA SOUTHERN	中国安能建设集团有限公司	China Anneng Construction Group Co., Ltd.	CHINA ANNENG GROUP
中国中化集团有限公司	Sinochem Group Co., Ltd.	SINOCHEM GROUP	中国黄金集团有限公司	China National Gold Group Co., Ltd.	China Gold
中粮集团有限公司	China National Cereals, Oils and Foodstuffs Corporation	COFCO	中国广核集团有限公司	China General Nuclear Power Corporation	CGN
中国五矿集团有限公司	China Minmetals Corporation	CHINA MINMETA LS	中国华录集团有限公司	China Hualu Group Co., Ltd.	Hualu
中国通用技术（集团）控股有限责任公司	China General Technology (Group) Holding Co., Ltd.	GENERTEC	华侨城集团有限公司	Overseas Chinese Town Holdings Company	OCT GROUP
中国建筑集团有限公司	China State Construction Engineering Group Co., Ltd.	CSCEC	南光（集团）有限公司［中国南光集团有限公司］	Nam Kwong (Group) Company Limited	Nam Kwong

续表

中文名称	英文名称	缩写	中文名称	英文名称	缩写
中国储备粮管理集团有限公司	China Grain Reserves Group Ltd. Company	SINOGRAIN	中国西电集团有限公司	China XD Group Co. , Ltd.	XD
国家开发投资集团有限公司	State Development Investment Group Co. , Ltd.	SDIC	中国铁路物资集团有限公司	China Railway Materials Group Corporation	CRM
招商局集团有限公司	China Merchants Group	CMHK	中国国新控股有限责任公司	China Reform Holdings Corporation Ltd.	CRHC
华润（集团）有限公司	China Resources（Holdings）Co. , Ltd.	CR \ CHINA RESOURCES GROUP	中国检验认证（集团）有限公司	China Certification & Inspection（Group）Co . , Ltd .	CCIC
中国旅游集团有限公司［香港中旅（集团）有限公司］	China National Travel Service（HK）Group Corporation	CITS/HKCTS			

（六）参考系选择

本报告同时选择了中国民营企业 500 强中的第一名华为技术有限公司（Huawai Technologies Co. , Ltd，HUAWEI）与目前世界第一大石油公司荷兰皇家壳牌集团（Doyal Dutch/Shell Group of Companies，RDS）作为参照分析。因为绝对数值一直处于波动状态，所以在中央企业对比参考企业进行绝对数值的分析时采用百分比的形式，并将华为技术有限公司作为 1 进行比较。

三、中央企业海外网络传播力综合指数

（一）97 家中央企业海外网络传播力综合指数排名

本书整理并汇集我国 97 家中央企业在 Google、Wikipedia、Twitter、Facebook、Instagram 和 YouTube 6 个维度上的 25 个指标数据，通过综合模型计算分析得出海外网络传播力综合指数与排名。

在这 97 家企业中，综合指数得分最高的是中国移动通信集团有限公司

（1311205.3），其后第二名到第五名依次是中国电力建设集团有限公司（984125.2）、中国东方航空集团有限公司（906668.2）、中国中车集团有限公司（759759.9）、中国南方航空集团有限公司（754232.0）。民航和通信类企业在海外网络传播力方面居领先地位。

表 2－3　97 家中央企业海外传播力综合指数排名

排名	中文名称	得分	排名	中文名称	得分
1	中国移动通信集团有限公司	1311205.3	27	中国铁道建筑集团有限公司	84487.7
2	中国电力建设集团有限公司	984125.2	28	中国建材集团有限公司	67294.1
3	中国东方航空集团有限公司	906668.2	29	东风汽车集团有限公司	63469.9
4	中国中车集团有限公司	759759.9	30	中国船舶集团有限公司	63469.9
5	中国南方航空集团有限公司	754232.0	31	中国广核集团有限公司	60461.7
6	中国建筑集团有限公司	529130.6	32	中国华能集团有限公司	54319.5
7	中国石油化工集团有限公司	491944.9	33	中国能源建设集团有限公司	52518.3
8	中国医药集团有限公司	471412.9	34	哈尔滨电气集团有限公司	46861.8
9	中国铁路工程集团有限公司	460397.8	35	中国航天科工集团有限公司	43333.5
10	中国航空集团有限公司	416599.8	36	中国航天科技集团有限公司	38836.2
11	中国第一汽车集团有限公司	402735.8	37	中国宝武钢铁集团有限公司	37315.6
12	中国交通建设集团有限公司	294285.9	38	中国商用飞机有限责任公司	35606.5
13	中国石油天然气集团有限公司	293204.9	39	中国华电集团有限公司	35517.6
14	中国联合网络通信集团有限公司	254481.5	40	中国兵器工业集团有限公司	34485.3
15	中国海洋石油集团有限公司	249322.8	41	中国航空发动机集团有限公司	34131.9
16	中国电信集团有限公司	185628.2	42	中国建筑科学研究院有限公司	31959.0
17	中国远洋海运集团有限公司	183953.5	43	华润（集团）有限公司	31254.4
18	国家电力投资集团有限公司	176461.4	44	中国东方电气集团有限公司	30545.7
19	中粮集团有限公司	146891.0	45	招商局集团有限公司	29512.5
20	中国航空工业集团有限公司	143506.1	46	中国电子科技集团有限公司	28114.0
21	中国铝业集团有限公司	117168.2	47	中国南方电网有限责任公司	27735.6
22	中国有色矿业集团有限公司	115442.5	48	华侨城集团有限公司	27113.1
23	国家电网有限公司	95250.6	49	中国民航信息集团有限公司	25522.7
24	中国长江三峡集团有限公司	93312.5	50	中国中化集团有限公司	24047.5
25	中国核工业集团有限公司	88518.6	51	中国中钢集团有限公司	23493.5
26	中国机械工业集团有限公司	87318.8	52	中国信息通信科技集团有限公司	23186.5

续表

排名	中文名称	得分	排名	中文名称	得分
53	中国保利集团有限公司	22736.1	76	新兴际华集团有限公司	10447.5
54	中国化工集团有限公司	22545.0	77	中国航空油料集团有限公司	10237.9
55	中国旅游集团有限公司［香港中旅（集团）有限公司］	22191.0	78	中国节能环保集团有限公司	9622.6
56	中国大唐集团有限公司	19823.4	79	中国航空器材集团有限公司	9517.4
57	国家开发投资集团有限公司	19732.3	80	中国钢研科技集团有限公司	8953.1
58	中国通用技术（集团）控股有限责任公司	19052.4	81	中国诚通控股集团有限公司	7924.2
59	中国电子信息产业集团有限公司	19033.9	82	中国国际技术智力合作集团有限公司	7627.6
60	鞍钢集团有限公司	18806.7	83	中国西电集团有限公司	7483.6
61	中国五矿集团有限公司	18114.6	84	中国融通资产管理集团有限公司	6261.9
62	中国兵器装备集团有限公司	17952.5	85	中国农业发展集团有限公司	6198.0
63	国家石油天然气管网集团有限公司	15595.8	86	有研科技集团有限公司	5962.0
64	中国盐业集团有限公司	15332.7	87	中国林业集团有限公司	5210.1
65	南光（集团）有限公司［中国南光集团有限公司］	14975.5	88	机械科学研究总院集团有限公司	3594.1
66	中国铁路物资集团有限公司	14215.4	89	中国国际工程咨询有限公司	2347.6
67	中国化学工程集团有限公司	13834.9	90	矿冶科技集团有限公司	1942.2
68	中国铁路通信信号集团有限公司	13582.0	91	中国煤炭地质总局	1342.5
69	中国普天信息产业集团有限公司	13529.1	92	中国国新控股有限责任公司	730.0
70	中国储备粮管理集团有限公司	13114.2	93	中国安能建设集团有限公司	698.1
71	中国中煤能源集团有限公司	13030.6	94	中国冶金地质总局	439.6
72	中国华录集团有限公司	12201.2	95	中国检验认证（集团）有限公司	273.7
73	国家能源投资集团有限责任公司	11946.5	96	中国建设科技有限公司	25.9
74	中国一重集团有限公司	11505.1	97	中国煤炭科工集团有限公司	19.4
75	中国黄金集团有限公司	11146.1			

（二）参照系比较

中央企业排名第一的是中国移动通信集团有限公司（1311205.3），其海外传播力总得分低于参照企业华为公司（347820545.8）以及壳牌集团（5362119.6）。其中，华为公司的传播力综合指数是中国移动通信集团有限公司的265.3倍，壳牌集团的传播力综合指数是中国移动通信集团有限公司的4.1倍。

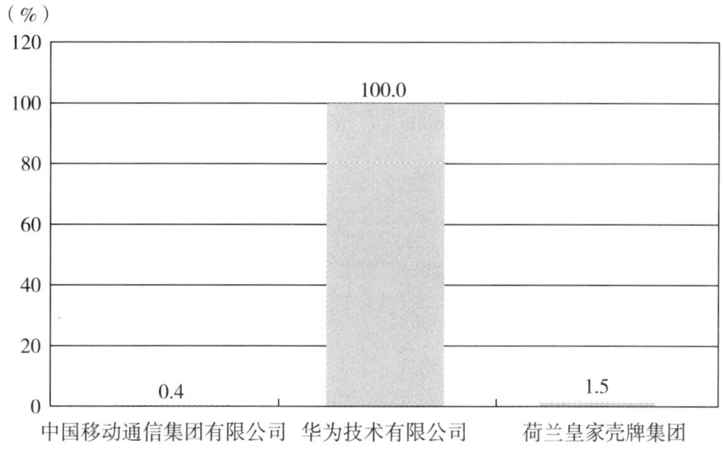

图 2－1　海外传播力综合指数比较

四、维度一：中央企业Google传播力

本报告通过在 Google 搜索引擎的新闻检索，了解中央企业在国外英文网站上新闻出现的总体数量，以及正面新闻与负面新闻的占比，并分析 Google Trends 指数，以精确地掌握中央企业在近一年内的搜索热度情况，从而整体把握中央企业在海外的受关注程度。

（一）Google 传播力得分

在 Google 传播力维度中，各项指标权重如下：新闻搜索数量占 25% 权重，Google Trends 指数占 5.0% 的权重，在影响力测量中共占 30% 的比重。在 Google 新闻数量维度，也将新闻的正负性纳入考量标准，共有 5 位编码员对新闻内容进行分析，5 位编码员的信度为 94.5%，较为可信。

中央企业 Google 新闻搜索的平均新闻量为 2374 条。其中 Google 新闻搜索量最高的是中国医药集团有限公司（36500）。84.5%（82 家）的中央企业有 Google Trends 热度指数，Google Trends 最高的是中国第一汽车集团有限公司（79.7）。

1. Google 传播力得分排名

中央企业 Google 传播力得分排名前五位依次是中国医药集团有限公司、中国铁路工程集团有限公司、中国石油化工集团有限公司、中国海洋石油集团有限公司、中国石油天然气集团有限公司。

表 2－4　97 家中央企业 Google 传播力得分排名

序号	中文名称	得分	序号	中文名称	得分
1	中国医药集团有限公司	462699.6	30	中国宝武钢铁集团有限公司	17999.1
2	中国铁路工程集团有限公司	257286.2	31	中国航天科技集团有限公司	17877.2
3	中国石油化工集团有限公司	225519.0	32	中国信息通信科技集团有限公司	17840.9
4	中国海洋石油集团有限公司	206488.2	33	中国商用飞机有限责任公司	15604.1
5	中国石油天然气集团有限公司	190155.1	34	中国华能集团有限公司	15259.5
6	中国移动通信集团有限公司	175450.5	35	中国南方电网有限责任公司	15099.1
7	中国远洋海运集团有限公司	140425.9	36	招商局集团有限公司	15044.7
8	中国南方航空集团有限公司	129214.7	37	中国长江三峡集团有限公司	14850.1
9	中国东方航空集团有限公司	118975.3	38	中粮集团有限公司	14842.0
10	中国有色矿业集团有限公司	110182.6	39	中国兵器工业集团有限公司	14671.4
11	中国交通建设集团有限公司	108508.4	40	中国电信集团有限公司	14501.5
12	中国航空工业集团有限公司	101072.2	41	中国中化集团有限公司	13989.9
13	中国联合网络通信集团有限公司	89061.4	42	中国五矿集团有限公司	13532.6
14	中国航空集团有限公司	83738.9	43	中国能源建设集团有限公司	13159.0
15	中国中车集团有限公司	80192.0	44	中国东方电气集团有限公司	12963.2
16	中国核工业集团有限公司	53917.1	45	中国大唐集团有限公司	12169.6
17	国家电网有限公司	49316.6	46	国家电力投资集团有限公司	12164.4
18	中国铁道建筑集团有限公司	38043.3	47	中国保利集团有限公司	11866.2
19	中国船舶集团有限公司	36926.6	48	中国建筑集团有限公司	11718.0
20	中国华电集团有限公司	28933.0	49	中国旅游集团有限公司［香港中旅（集团）有限公司］	11633.2
21	中国电力建设集团有限公司	25457.8	50	中国机械工业集团有限公司	11626.5
22	中国建筑科学研究院有限公司	25438.1	51	中国广核集团有限公司	11393.7
23	中国航天科工集团有限公司	24675.2	52	中国化工集团有限公司	10691.0
24	东风汽车集团有限公司	21723.4	53	鞍钢集团有限公司	10545.6
25	中国第一汽车集团有限公司	21024.8	54	国家开发投资集团有限公司	10353.9
26	中国建材集团有限公司	20175.7	55	华侨城集团有限公司	9987.4
27	中国民航信息集团有限公司	19228.3	56	华润（集团）有限公司	9745.0
28	中国铝业集团有限公司	19193.1	57	哈尔滨电气集团有限公司	9376.1
29	中国电子科技集团有限公司	18774.2	58	中国普天信息产业集团有限公司	9264.6

续表

序号	中文名称	得分	序号	中文名称	得分
59	中国电子信息产业集团有限公司	9093.5	79	中国一重集团有限公司	4153.6
60	中国钢研科技集团有限公司	8951.1	80	中国航空油料集团有限公司	3766.1
61	中国通用技术（集团）控股有限责任公司	8234.2	81	中国航空器材集团有限公司	3614.2
62	中国中钢集团有限公司	8223.5	82	机械科学研究总院集团有限公司	3594.0
63	中国化学工程集团有限公司	7756.5	83	中国节能环保集团有限公司	3401.3
64	中国国际技术智力合作集团有限公司	7627.6	84	新兴际华集团有限公司	2961.1
65	中国中煤能源集团有限公司	7589.8	85	中国诚通控股集团有限公司	2885.5
66	中国西电集团有限公司	7481.8	86	中国国际工程咨询有限公司	2347.6
67	中国盐业集团有限公司	7430.9	87	矿冶科技集团有限公司	1942.2
68	国家能源投资集团有限责任公司	7153.8	88	中国煤炭地质总局	1342.5
69	中国航空发动机集团有限公司	6668.6	89	中国农业发展集团有限公司	1107.0
70	中国兵器装备集团有限公司	6268.5	90	有研科技集团有限公司	749.8
71	南光（集团）有限公司［中国南光集团有限公司］	6181.6	91	中国国新控股有限责任公司	730.0
72	中国储备粮管理集团有限公司	5641.5	92	中国安能建设集团有限公司	698.1
73	中国铁路通信信号集团有限公司	5328.1	93	中国冶金地质总局	439.6
74	中国铁路物资集团有限公司	5216.0	94	中国检验认证（集团）有限公司	232.7
75	中国林业集团有限公司	5210.1	95	中国融通资产管理集团有限公司	193.9
76	中国华录集团有限公司	5196.5	96	中国建设科技有限公司	25.9
77	中国黄金集团有限公司	4905.2	97	中国煤炭科工集团有限公司	0
78	国家石油天然气管网集团有限公司	4690.1			

2. 参照系比较

得分排名第一的中国医药集团有限公司（462699.6）低于华为公司（334532972.2）和壳牌集团（566794.7），华为公司的得分是中国医药集团有限公司的 723.0 倍，壳牌集团的得分是中国医药集团有限公司的 1.2 倍。

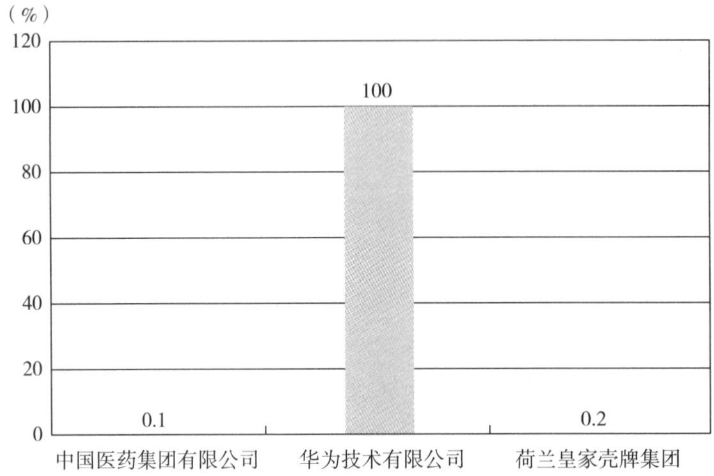

图 2－2　Google 传播力总得分分析

（二）Google 传播力具体指标

在 Google（www. google. com）英文搜索引擎的新闻分类下，采用输入双引号加中央企业英文全称的方法，即“中央企业英文全称”，得到各企业的新闻数量。运用 Google Trends 平台搜索各企业英文全称，获得该企业的搜索热度。

在 Google 新闻搜索量方面：排名前三位依次为中国医药集团有限公司、中国铁路工程集团有限公司、中国石油化工集团有限公司。97 家企业平均 Google 新闻数量为 2374 条。

在 Google Trends 指数方面：排名前三位依次为中国第一汽车集团有限公司（79.7）、东风汽车集团有限公司（77.5）、中国航空工业集团有限公司（76.2）。97 家企业平均 Google Trends 指数为 33.7。

（三）Google 海外传播力案例分析

中国医药集团有限公司（以下简称中国医药），在 Google 传播力维度中排名第一位，较上年上升 34 位，上升速度较快。在 Google 新闻中搜索“SINOPHARM”共得出 36500 条结果，受 2020 年新冠肺炎疫情影响，相关新闻主要关于疫苗研究。

新闻报道大多描述和反映“中国医药”和他国合作，内容关于疫苗实验的研究进程，如“Reuters”称，阿联酋首都政府周四表示，中国国有制药公司国药控股已经在阿布扎比启动了 COVID－19 疫苗的Ⅲ期临床试验，召集了多达 1.5 万名志愿者。

如“Yahoo Finance”中称，巴西合作伙伴周三表示，中国国药和巴拉那州制药公司已同意在巴西启动第四次 COVID－19 疫苗试验，并将在未来两周寻求监管部门的批准。

Reuters

China's Sinopharm begins late stage trial of COVID-19 vaccine in UAE

DUBAI (Reuters) - Chinese state-owned pharmaceutical company Sinopharm has begun Phase III clinical trials of a COVID-19 vaccine in Abu ...

2020年7月16日

图 2－3　中国医药在 Google 新闻中检索的代表性新闻

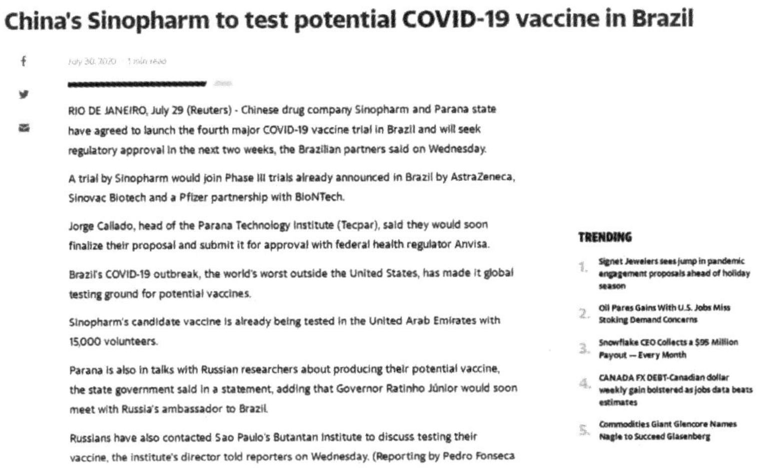
China's Sinopharm to test potential COVID-19 vaccine in Brazil

[redacted]

RIO DE JANEIRO, July 29 (Reuters) - Chinese drug company Sinopharm and Parana state have agreed to launch the fourth major COVID-19 vaccine trial in Brazil and will seek regulatory approval in the next two weeks, the Brazilian partners said on Wednesday.

A trial by Sinopharm would join Phase III trials already announced in Brazil by AstraZeneca, Sinovac Biotech and a Pfizer partnership with BioNTech.

Jorge Callado, head of the Parana Technology Institute (Tecpar), said they would soon finalize their proposal and submit it for approval with federal health regulator Anvisa.

Brazil's COVID-19 outbreak, the world's worst outside the United States, has made it global testing ground for potential vaccines.

Sinopharm's candidate vaccine is already being tested in the United Arab Emirates with 15,000 volunteers.

Parana is also in talks with Russian researchers about producing their potential vaccine, the state government said in a statement, adding that Governor Ratinho Júnior would soon meet with Russia's ambassador to Brazil.

Russians have also contacted Sao Paulo's Butantan Institute to discuss testing their vaccine, the institute's director told reporters on Wednesday. (Reporting by Pedro Fonseca

TRENDING

1. Signet Jewelers sees jump in pandemic engagement proposals ahead of holiday season
2. Oil Pares Gains With U.S. Jobs Miss Stoking Demand Concerns
3. Snowflake CEO Collects a $95 Million Payout — Every Month
4. CANADA FX DEBT-Canadian dollar weekly gain bolstered as jobs data beats estimates
5. Commodities Giant Glencore Names Nagle to Succeed Glasenberg

图 2－4　中国医药在 Google 新闻中检索的代表性新闻

五、维度二：中央企业Wikipedia传播力

Wikipedia 是一个全球任何用户都可以参与编辑、基于多语言写成的网络百科全书，也是一个动态的、可自由访问的全球知识体。Wikipedia 英文词条完整性在一定程度上反映中央企业面向全球范围编辑和完善媒体资料的主动性和积极性，编辑频率和链接数量也体现了企业与用户之间沟通交流的互动性。

（一）Wikipedia 传播力得分

在 Wikipedia 传播力维度中各项指标权重如下：根据各媒体在 Wikipedia 的英文词条建设情况，词条完整性占 2.5%；一年内词条被编辑的次数占 2.5%；一年内参与词条编辑

的用户数占 2.5%，链接情况占 2.5%，4 项指标共在传播力测量中占 10% 的比重。

中央企业 Wikipedia 词条普及率较高，但编辑次数和参编人数较低。有 82 家中央企业有 Wikipedia 词条，词条普及率为 84.5%。而词条一年内平均编辑次数为 12 次，一年内平均参与编辑的用户数量仅为 5 人。平均关联链接数量为 109 条。整体指标数据均较上年有所降低。

1. Wikipedia 传播力得分排名

中央企业 Wikipedia 传播力得分排名前五位依次是中国南方航空集团有限公司、中国联合网络通信集团有限公司、中国东方航空集团有限公司、中国移动通信集团有限公司、中国电信集团有限公司。

表 2-5　97 家中央企业 Wikipedia 传播力得分排名

序号	中文名称	得分	序号	中文名称	得分
1	中国南方航空集团有限公司	79924.6	21	国家电网有限公司	17078.2
2	中国联合网络通信集团有限公司	69977.1	22	东风汽车集团有限公司	15172.4
3	中国东方航空集团有限公司	66020.1	23	招商局集团有限公司	14467.7
4	中国移动通信集团有限公司	61870.5	24	中国铁路工程集团有限公司	13388.2
5	中国电信集团有限公司	52337.3	25	中国南方电网有限责任公司	12636.4
6	中国航空工业集团有限公司	42422.6	26	中国石油化工集团有限公司	12387.1
7	中国航空发动机集团有限公司	27463.3	27	中国建筑集团有限公司	12362.1
8	中国船舶集团有限公司	26543.3	28	中国核工业集团有限公司	12077.0
9	中国铁道建筑集团有限公司	25358.1	29	中国长江三峡集团有限公司	11837.4
10	中国交通建设集团有限公司	22570.9	30	中国海洋石油集团有限公司	11779.1
11	华润（集团）有限公司	21158.3	31	中国兵器装备集团有限公司	11684.0
12	中国石油天然气集团有限公司	20060.2	32	中国电力建设集团有限公司	11379.7
13	中国商用飞机有限责任公司	19953.7	33	国家石油天然气管网集团有限公司	10878.8
14	中国兵器工业集团有限公司	19813.9	34	中国保利集团有限公司	10869.7
15	中国第一汽车集团有限公司	19314.2	35	中国通用技术（集团）控股有限责任公司	10818.2
16	中国航天科技集团有限公司	19183.9	36	中国旅游集团有限公司［香港中旅（集团）有限公司］	10557.8
17	中国宝武钢铁集团有限公司	19083.2	37	中国中车集团有限公司	10218.8
18	中国航天科工集团有限公司	18658.2	38	中粮集团有限公司	10000.0
19	中国航空集团有限公司	18064.9	39	中国电子信息产业集团有限公司	9940.4
20	华侨城集团有限公司	17125.7	40	中国广核集团有限公司	9587.4

续表

序号	中文名称	得分	序号	中文名称	得分
41	国家开发投资集团有限公司	9378.4	62	中国航空油料集团有限公司	6471.8
42	中国电子科技集团有限公司	9339.8	63	中国中钢集团有限公司	6333.8
43	中国铁路物资集团有限公司	8999.4	64	中国黄金集团有限公司	6240.9
44	南光（集团）有限公司［中国南光集团有限公司］	8793.9	65	中国节能环保集团有限公司	6221.3
45	国家电力投资集团有限公司	8613.4	66	中国民航信息集团有限公司	6100.2
46	中国华能集团有限公司	8525.0	67	中国建材集团有限公司	6090.3
47	中国中化集团有限公司	8466.2	68	中国融通资产管理集团有限公司	6067.9
48	中国机械工业集团有限公司	8417.0	69	中国化学工程集团有限公司	6025.7
49	中国远洋海运集团有限公司	8403.9	70	中国航空器材集团有限公司	5903.2
50	鞍钢集团有限公司	8259.2	71	中国能源建设集团有限公司	5863.7
51	中国铁路通信信号集团有限公司	8111.4	72	中国中煤能源集团有限公司	5417.4
52	中国东方电气集团有限公司	8094.3	73	中国信息通信科技集团有限公司	5345.5
53	中国铝业集团有限公司	7905.8	74	中国有色矿业集团有限公司	5259.9
54	中国盐业集团有限公司	7901.8	75	有研科技集团有限公司	5212.1
55	中国化工集团有限公司	7793.3	76	中国农业发展集团有限公司	5091.0
56	中国大唐集团有限公司	7653.8	77	中国诚通控股集团有限公司	5038.7
57	哈尔滨电气集团有限公司	7399.3	78	新兴际华集团有限公司	4813.6
58	中国一重集团有限公司	7351.5	79	国家能源投资集团有限责任公司	4791.2
59	中国华录集团有限公司	7004.7	80	中国五矿集团有限公司	4532.2
60	中国华电集团有限公司	6540.3	81	中国普天信息产业集团有限公司	4247.9
61	中国建筑科学研究院有限公司	6519.5	82	中国储备粮管理集团有限公司	4222.6

2. 参照系比较

Wikipedia 传播力得分排名第一的中国南方航空集团有限公司总得分（79924.6）与华为公司（92183.8）的差距依然存在，但与上年相比差距在缩小，2020 年继续超过壳牌集团（17148.4），说明中央企业在 Wikipedia 传播力建设方面发展稳定。中国南方航空集团有限公司得分已经是壳牌集团的 4.7 倍。

（二）Wikipedia 传播力具体指标分析

对中央企业 Wikipedia 传播力的考察主要分为两个层面：第一层面是词条完整性，主要通过官方定义、历史发展、地址和外部链接 4 项指标统计；第二层面是中央企业英文

Wikipedia 词条在最近一年的受关注程度，主要通过一年内词条被编辑的次数和一年内参与词条编辑的用户数以及各企业的 Wikipedia 英文词条与其他词条的链接情况统计。

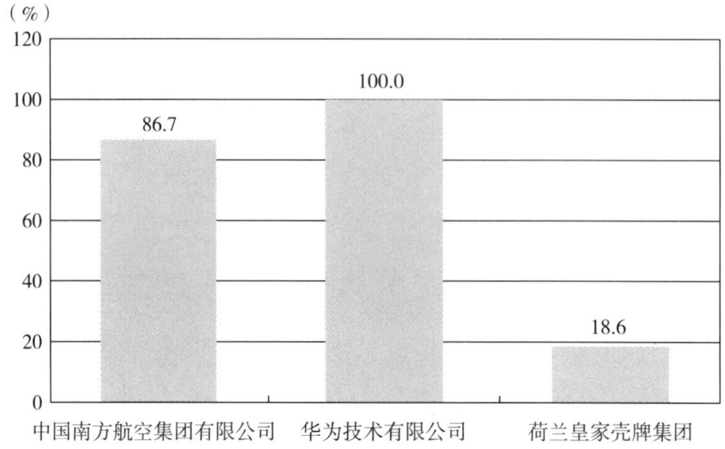

图 2－5　Wikipedia 传播力总得分比较

在词条完整性方面：有 58 家中央企业的词条包含官方定义、历史发展、地址和外部链接 4 项指标，词条构建较为完善，占总体的 59.8%。

在词条编辑方面：中央企业的一年内词条被编辑的次数和一年内参与编辑的用户数都较少。在一年内词条被编辑的次数方面，除中国南方航空集团有限公司（117 次）外，其他中央企业均小于 100 次。在一年内参与词条编辑的用户数方面，所有中央企业的词条编辑人数均在 50 人以下，总体水平较上年有所下降。中央企业 Wikipedia 词条平均编辑次数为 12 次，平均参与词条编辑的用户数为 5 人，平均参与词条编辑的用户数与上年持平。

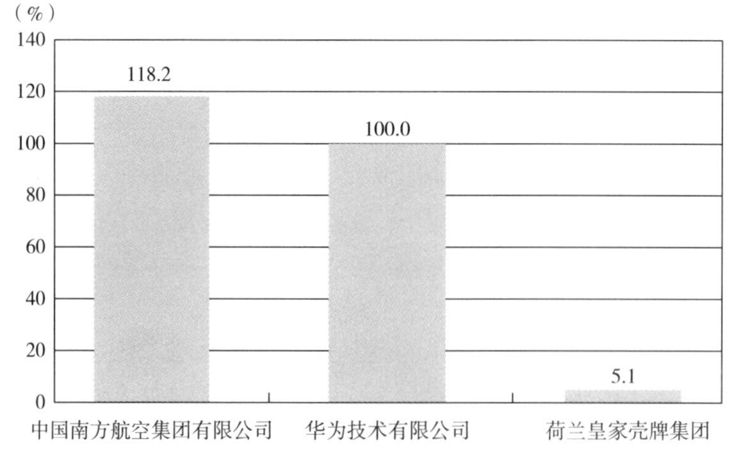

图 2－6　Wikipedia 一年内词条被编辑的次数比较

词条编辑情况统计中，Wikipedia 传播力得分排名第一的中央企业中国南方航空集团有限公司编辑频率及参编人数均高于壳牌集团，编辑频率高于华为技术有限公司，而参编人数则低于华为技术有限公司。词条编辑次数方面，中国南方航空集团有限公司是华为技术有限公司的 118.2%，而中国南方航空集团有限公司是荷兰皇家壳牌集团的 2340.0%。词条编辑用户数方面，中国南方航空集团有限公司是华为技术有限公司的 47.9%，中国南方航空集团有限公司是荷兰皇家壳牌集团的 700.0%。

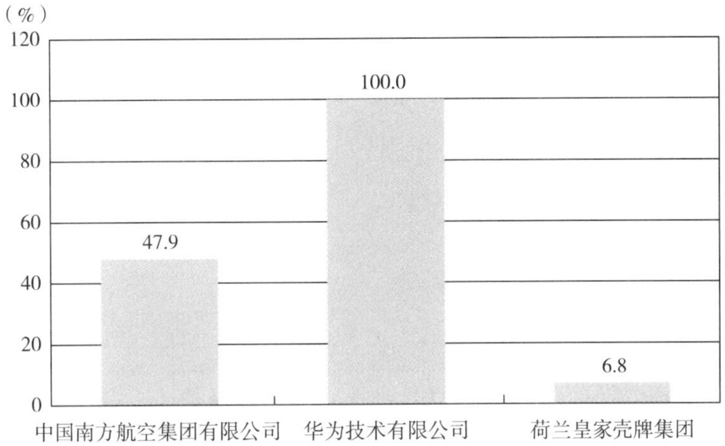

图 2-7　Wikipedia 一年内参与词条编辑的用户数比较

在链接情况方面：中央企业平均关联链接数为 109 条。中国联合网络通信集团有限公司的词条关联链接数最高，超过了 2 家参照企业，是华为技术有限公司的 172%，是荷兰皇家壳牌集团的 315.5%。

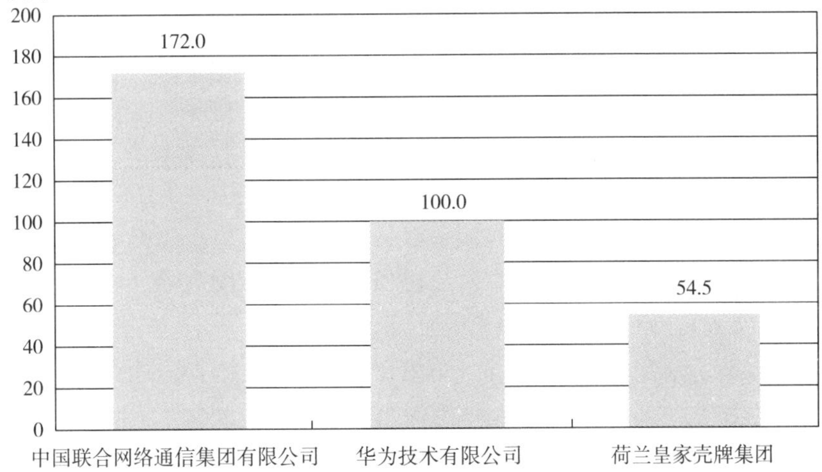

图 2-8　Wikipedia 链接情况比较

（三）Wikipedia 海外传播力案例分析

中国联合网络通信集团有限公司（以下简称中国联通）在 Wikipedia 传播力表现较好。总体来看，中国联通的 Wikipedia 平台建设有以下特点：

第一，在词条完整性方面：词条较完整，包含官方定义、历史发展、企业地址、外部链接等关键的企业信息介绍部分，对中国联通的经营业务、公司标识、下属企业等做了详细的介绍。

第二，在近一年内词条被编辑情况方面：词条共被编辑 77 次，有 29 位用户参与编辑词条，词条被编辑次数和参与编辑的用户数直接影响中央企业 Wikipedia 传播力的总排名情况，反映一个企业对于 Wikipedia 平台的更新和维护的积极程度。

第三，在链接方面：共被外部链接引用 975 次，在中央企业内排名位列上游。越多的词条可以链接到中国联通，说明中国联通可以出现在更多的词条介绍中，其潜在的传播影响力也就越大。

六、维度三：中央企业Twitter传播力

Twitter 作为全球最大的社交媒体平台之一，是一个开放的社交媒体平台，在多个国家和地区被网民广泛使用，是全球互联网平台访问量最大的十大网站之一，平台的数据统计在一定程度上可以反映中央企业在海外的影响力。

（一）Twitter 传播力得分

在 Twitter 传播力维度中具体指标如下：是否有官方认证账号、粉丝数量、一年内发布的内容数量、一年内最高转发量以及一年内最多评论数。其中，是否有官方认证账号所占权重为 1.0%，其余 4 项指标均占 3.5%。

总体来看，中央企业的 Twitter 传播力较弱，在调查的 97 家企业中，只有 38 家企业拥有 Twitter 账号，占总体的 39.2%，仅有 6 家企业的账号经过官方认证，分别是中国石油化工集团有限公司、国家电力投资集团有限公司、中国航空集团有限公司、中国东方航空集团有限公司、中国南方航空集团有限公司和中国建筑集团有限公司。

1. Twitter 传播力得分排名

中央企业 Twitter 传播力得分排名前五位依次是中国电力建设集团有限公司、中国东方航空集团有限公司、中国南方航空集团有限公司、中国石油化工集团有限公司、中国建筑集团有限公司。

表 2-6 97家中央企业 Twitter 传播力得分排名

排名	中文名称	得分	排名	中文名称	得分
1	中国电力建设集团有限公司	765868.1	20	中国远洋海运集团有限公司	10966.7
2	中国东方航空集团有限公司	148567.6	21	中国机械工业集团有限公司	6377.2
3	中国南方航空集团有限公司	119178.1	22	中国东方电气集团有限公司	4351.3
4	中国石油化工集团有限公司	114931.1	23	中国铁路工程集团有限公司	1632.8
5	中国建筑集团有限公司	96463.9	24	中国海洋石油集团有限公司	554.9
6	国家电力投资集团有限公司	90898.7	25	中国第一汽车集团有限公司	476.0
7	中粮集团有限公司	75123.3	26	中国移动通信集团有限公司	257.0
8	中国中车集团有限公司	65172.4	27	东风汽车集团有限公司	105.1
9	中国航空集团有限公司	63325.4	28	中国医药集团有限公司	66.2
10	中国石油天然气集团有限公司	39569.5	29	中国中化集团有限公司	54.5
11	中国建材集团有限公司	31811.6	30	中国五矿集团有限公司	48.7
12	中国广核集团有限公司	28134.2	31	中国商用飞机有限责任公司	37.0
13	中国交通建设集团有限公司	23794.7	32	中国化工集团有限公司	33.1
14	中国联合网络通信集团有限公司	21948.5	33	中国中煤能源集团有限公司	23.4
15	中国长江三峡集团有限公司	19628.1	34	中国普天信息产业集团有限公司	16.6
16	哈尔滨电气集团有限公司	16522.2	35	中国中钢集团有限公司	14.6
17	中国铁道建筑集团有限公司	13943.1	36	中国宝武钢铁集团有限公司	3.9
18	国家电网有限公司	13677.2	37	鞍钢集团有限公司	1.9
19	中国电信集团有限公司	12600.9	38	中国钢研科技集团有限公司	1.9

2. 参照系比较

将中央企业中 Twitter 传播力得分排名第一的中国电力建设集团有限公司（765868.1）与华为公司（579143.2）和壳牌集团（590335.6）进行比较，中国电力建设集团有限公司的得分是华为公司得分的1.3倍，是壳牌集团得分的1.3倍。

（二）Twitter 传播力具体指标

在是否有官方认证账号方面：97家中央企业中有39.2%（38家）企业拥有 Twitter 账号，6家企业拥有 Twitter 官方认证账号，分别是中国石油化工集团有限公司、国家电力投资集团有限公司、中国航空集团有限公司、中国东方航空集团有限公司、中国南方航空集团有限公司和中国建筑集团有限公司。

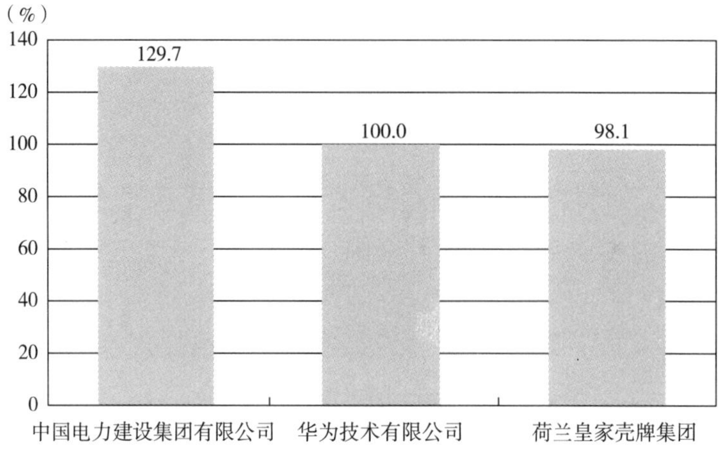

图 2－9　Twitter 传播力得分比较

在粉丝数量方面：中央企业 Twitter 账号平均粉丝数量为 4414 人，共有 9 家中央企业的粉丝数量在 10000 人以上，占总体的 9.3%。其中，粉丝数量最多的是中国东方航空集团有限公司和中国石油化工集团有限公司。但是，中国东方航空集团有限公司与华为公司及壳牌集团的 Twitter 粉丝数量相比仍差距较大，中国东方航空集团有限公司的粉丝数量仅是华为公司的 21%，是壳牌集团的 16%。

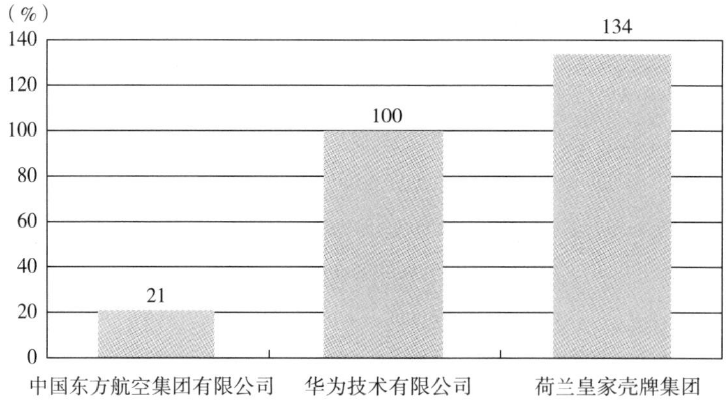

图 2－10　Twitter 账号粉丝数量比较

在一年内发布的内容数量方面：中央企业 Twitter 账号一年内平均发布 42 条信息，有 23.7%（23 家）企业一年内在 Twitter 上发布了内容。其中，中国电力建设集团有限公司发布的信息数量最多，相比参照企业，中国电力建设集团有限公司的内容发布量是华为公司的 74%。

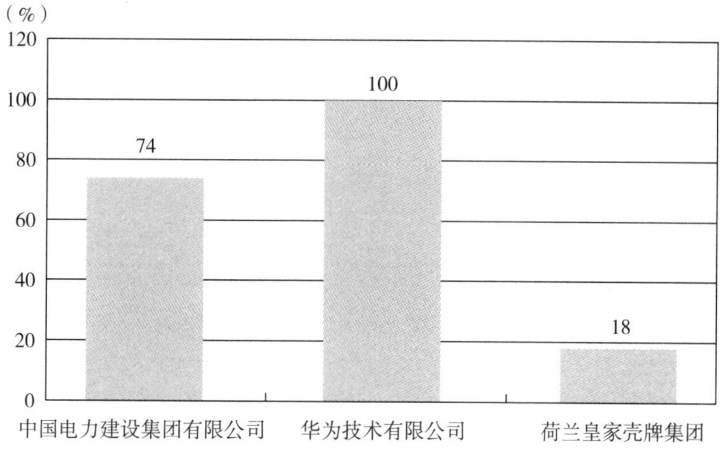

图 2－11　Twitter 一年内发布的内容数量比较

在一年内最高转发量方面：有两家中央企业最高转发量超过 1000 条，分别是中国电力建设集团有限公司和中粮集团有限公司。其中，中国电力建设集团有限公司的 Twitter 最高转发量尤为突出，超过 30000 条，是华为公司的 4424%，是壳牌集团的 1892%。

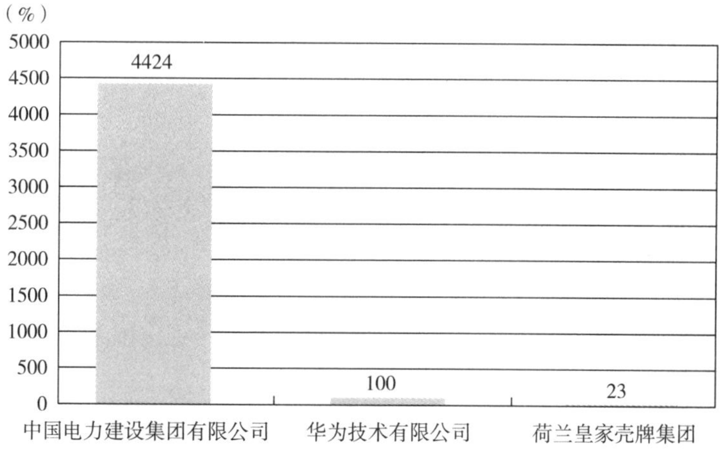

图 2－12　Twitter 一年内最高转发量比较

在一年内最多评论数方面：中国电力建设集团有限公司仍在中央企业中排名第一，评论数超 2000 条，远高于华为公司及壳牌集团，中国电力建设集团有限公司是华为公司的 429%，是壳牌集团的 1865%。

（三）Twitter 海外传播力案例分析

中国东方航空集团有限公司（以下简称中国东航）相比于 2019 年在 Twitter 上的运营

有极大提升，在一年时间内，粉丝数量上涨超 80000 人，共发布 422 条推文，发布的内容数量在中央企业中排名第三。

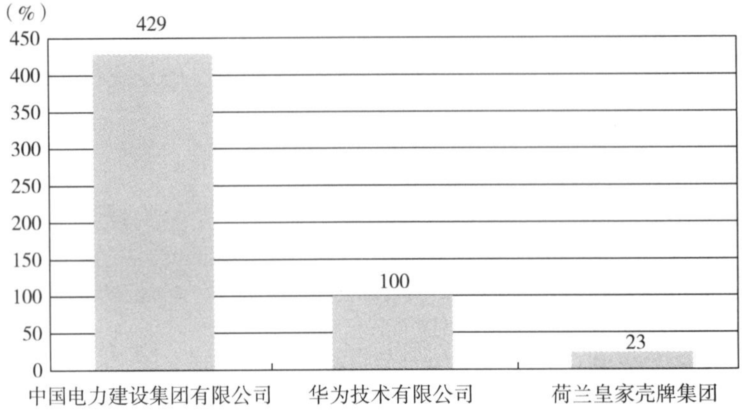

图 2－13　Twitter 一年内最多评论数比较

1. 短视频表达：变化视角，生动呈现

中国东航在社交媒体的对外传播过程中注重运用短视频的形式来展现自身形象，短视频内容的推文点赞与转发量大部分高于普通图文形式。例如，以法国乘务员的视角带领受众参观大兴机场，同时配以“automatic blooming machine flowers”等生动比喻，具有较好的传播效果。由此可见，短视频形式结合生动的话语表达与贴近受众的视角转化，更能引起受众关注。

图 2－14　中国东航 Twitter 平台的推文截图

2. 互动形式：创意游戏，文化传播

在图文结合的形式中，中国东航注重与受众的互动，选取一些创意十足的方式，借助游戏形式进行文化传播与企业形象塑造。例如，借用牛郎织女的迷宫图和受众进行互动，以游戏的方式向海外受众介绍牛郎织女相会的故事，同时这种互动性也能极大提升受众的关注度。无论是图文还是视频形式，幽默生动的推文内容在转发和评论量上都远高于严肃的新闻类推文。

图 2 – 15　中国东航 Twitter 平台的推文截图

七、维度四：中央企业Facebook传播力

Facebook 是全球最大的社交网络平台，已覆盖 200 多个国家和地区，是全球范围内影响力最高的社交媒体平台。Facebook 的官方主页是企业宣传和吸引粉丝的重要阵地，平台的统计数据在一定程度上可以反映中央企业海外传播的触达范围及触达深度。

（一）Facebook 传播力得分

Facebook 传播力维度中各项指标权重如下：是否有官方认证账号占 1.0%，好友数量占 4.6%，一年内发布的内容数量占 4.7%，一年内最高赞数占 4.7%。总体在中央企业的海外传播综合指数测量中占 15% 的比重。

中央企业在 Facebook 平台的认证状况相对较差，在 97 家中央企业中仅有 6 家企业拥有 Facebook 官方认证账号。其中全部中央企业的平均粉丝好友量为 76796 人次，但其中 55 家中央企业在 Facebook 并无好友。中国东方航空集团有限公司的粉丝好友量为 2158993 人次，明显高于其他企业。仅有 24 家企业在过去一年内发布了信息，中国移动通信集团有限公司发布的信息最多，共发布 764 条。而中国东方航空集团有限公司被"点赞"次数最高，收到 33000 个赞。

1. Facebook 传播力得分排名

中央企业 Facebook 传播力得分排名前五位依次是中国东方航空集团有限公司、中国航空集团有限公司、中国移动通信集团有限公司、中国交通建设集团有限公司、中国建筑集团有限公司。

表 2-7　97 家中央企业 Facebook 传播力得分排名

排名	中文名称	得分	排名	中文名称	得分
1	中国东方航空集团有限公司	525626.5	22	中国建材集团有限公司	9216.5
2	中国航空集团有限公司	233971.1	23	中国东方电气集团有限公司	5137.0
3	中国移动通信集团有限公司	163384.1	24	中国航天科技集团有限公司	1775.1
4	中国交通建设集团有限公司	139411.9	25	国家电网有限公司	278.1
5	中国建筑集团有限公司	120434.1	26	哈尔滨电气集团有限公司	166.3
6	中国中车集团有限公司	112331.2	27	中国铁道建筑集团有限公司	154.8
7	中国石油化工集团有限公司	65378.2	28	中国中化集团有限公司	68.5
8	国家电力投资集团有限公司	64785.0	29	中国化学工程集团有限公司	52.7
9	中国南方航空集团有限公司	48240.2	30	中国铝业集团有限公司	49.5
10	中国长江三峡集团有限公司	46973.3	31	中国华电集团有限公司	44.3
11	中国石油天然气集团有限公司	35324.8	32	中国铁路通信信号集团有限公司	26.0
12	中国华能集团有限公司	30534.9	33	中国机械工业集团有限公司	19.1
13	中国联合网络通信集团有限公司	29117.2	34	中国中钢集团有限公司	12.0
14	中国第一汽车集团有限公司	26159.8	35	中国商用飞机有限责任公司	11.7
15	中粮集团有限公司	24041.8	36	中国航空工业集团有限公司	11.3
16	中国能源建设集团有限公司	23676.2	37	中国检验认证（集团）有限公司	8.6
17	中国电力建设集团有限公司	23450.8	38	中国西电集团有限公司	1.7
18	中国电信集团有限公司	23290.1	39	国家能源投资集团有限责任公司	1.5
19	中国核工业集团有限公司	22524.5	40	中国建筑科学研究院有限公司	1.4
20	中国远洋海运集团有限公司	12355.7	41	中国五矿集团有限公司	1.1
21	中国广核集团有限公司	10039.9	42	中国保利集团有限公司	0.2

2. 参照系比较

将中央企业中 Facebook 传播力得分排名第一的中国东方航空集团有限公司（525626.5）与华为技术有限公司（4827811.9）和荷兰皇家壳牌集团（747576.4）进行比较，华为公司的得分是中国东方航空集团有限公司的 9.2 倍，壳牌集团的得分是中国东方航空集团有限公司的 1.4 倍。

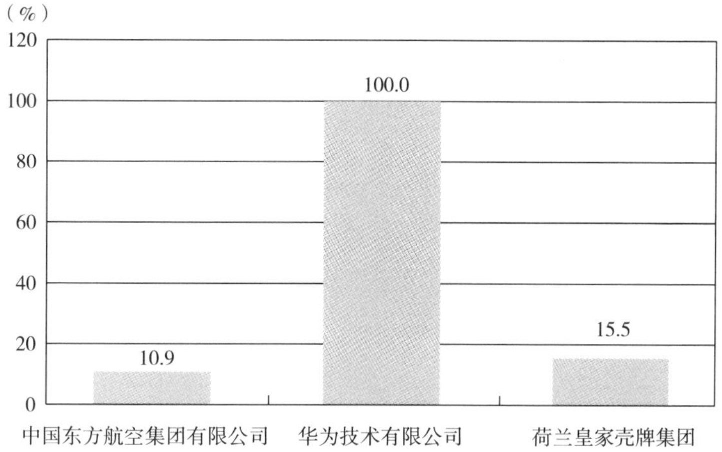

图 2－16 Facebook 传播力得分比较

（二）Facebook 传播力具体指标

97 家企业在 Facebook 平台内的活跃度存在着两极分化的现象。97 家中央企业中仅有 6 家企业拥有 Facebook 官方认证账号，分别是中国移动通信集团有限公司、中国航空集团有限公司、中国东方航空集团有限公司、中国南方航空集团有限公司、中国建筑集团有限公司、中国能源建设集团有限公司。

在好友数量方面：中央企业间的粉丝数量差距较大。中央企业 Facebook 账号平均好友数量为 76796 人次。其中有 8 家企业的好友数量在 200000 人次以上，分别是中国东方航空集团有限公司、中国交通建设集团有限公司、中国航空集团有限公司、中国石油化工集团有限公司、中国中车集团有限公司、中国建筑集团有限公司、中国移动通信集团有限公司、国家电力投资集团有限公司。有 61 家中央企业的好友数量未达到 100 人次。其中，中国东方航空集团有限公司的好友数量最多且领先其他中央企业较多，好友数量超 2100000 人次，但仅是华为公司的 11%，壳牌集团的 23%。

在一年内发布的内容数量方面：有 24 家企业在 Facebook 平台上发布了内容，中央企业平均发布的内容数量为 44 条。其中有 7 家企业发布内容数量在 200 条以上，分别为中国移动通信集团有限公司、中国东方航空集团有限公司、中国长江三峡集团有限公司、中国航空集团有限公司、中国交通建设集团有限公司、中国中车集团有限公司、中国南方航空集团有限公司。其中，中国移动通信集团有限公司发布的内容数量最多，共发布超 700

条信息，是华为公司的 108%，壳牌集团的 900%。

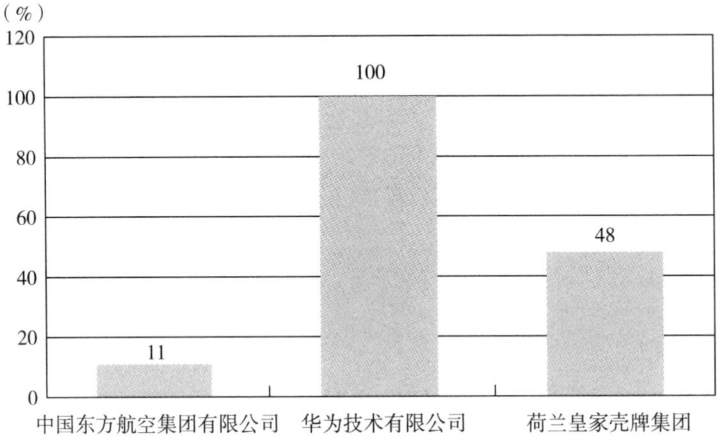

图 2－17　Facebook 好友数量比较

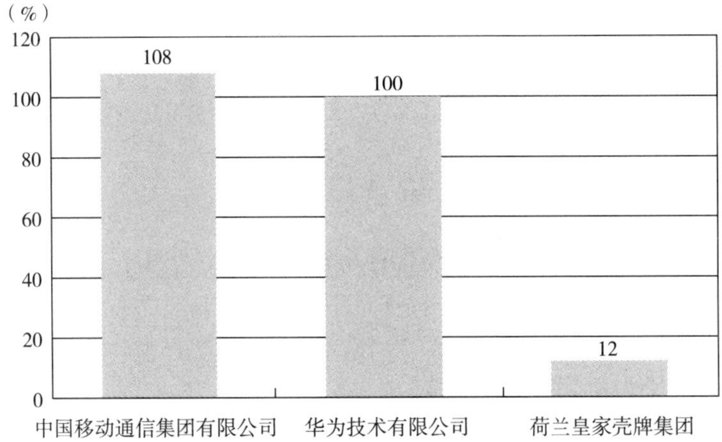

图 2－18　Facebook 一年内发布的内容数量比较

在一年内最高赞数方面：排名前三位分别是中国东方航空集团有限公司、中国航空集团有限公司、中国建筑集团有限公司。其中，中国东方航空集团有限公司的点赞量最多，共收到超 30000 个赞，是壳牌集团的 3864%，但仍低于华为公司，仅为华为公司的 9.2%。

（三）Facebook 海外传播力案例分析

中国交通建设集团有限公司（以下简称中国交建）在 Facebook 传播力总排行中位列第四，相比上年排名上升了 30 位。中国交建在国际传播过程中不仅展现了企业发展的蓬勃势头，同时结合故事化表达、跨文化传播等内容进行对外传播，并收获良好效果。

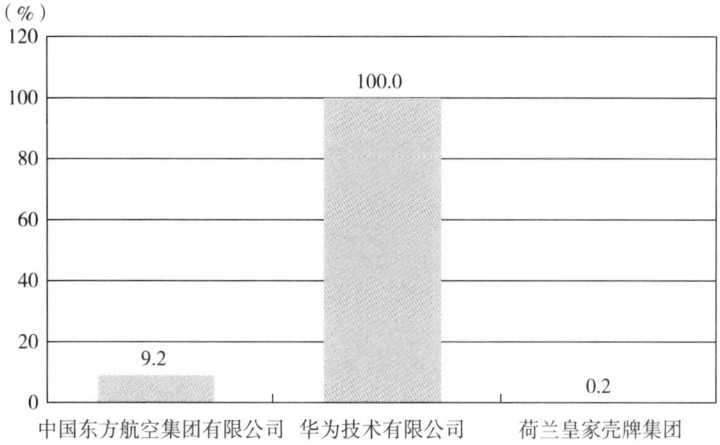

图 2－19　Facebook 一年内最高赞数比较

2020 年 9 月 21 日，中国交建发布了关于中国四川省成都市成祥古镇中古建筑的帖子，内容是古镇中灰色墙壁和瓷砖古建筑的图片，并配以文字，描述人们在古朴茶馆里喝茶、孩子们在街上嬉戏玩耍的场景，同时表现出中国交建团队在建筑修复和翻新领域的技术成就。这种具有文化底色的软性传播能够在一定程度上减少传播隔阂，推文中对于古镇“慢”生活的描写也能够引起受众一定的共鸣，从而提升传播效果。

图 2－20　中国交建 Facebook 平台图文帖子截图

八、维度五：中央企业Instagram传播力

Instagram 于 2010 年 10 月推出，不同于传统社交媒体，它更专注于单一的图片功能，主推图片社交，深受年轻人的欢迎。自 2010 年问世以来一直保持高速增长，2018 年 6 月，月活跃用户量已经突破 10 亿关口，它的迅速发展表明以图片及视频分享服务为主的社交媒体正在蓬勃发展。同时，Instagram 平台的统计数据在一定程度上也可以反映中央企业的国际传播能力。

（一）Instagram 传播力得分

在 Instagram 传播力维度中具体指标如下：是否有官方认证账号占 1.0%，粉丝数量、一年内发布的内容数量、一年内最多回复数量、一年内图文最高点赞量以及一年内视频最高点击量均占 2.8%，总体在海外传播影响力测量中占 15% 的比重。

在 Instagram 平台上，中央企业的传播力偏弱，平台使用度较低，企业间差距大。97 家中央企业共有 30.9%（30 家）的企业有 Instagram 账号，较上年有较大提升。中央企业 Instagram 账号平均粉丝数量为 4225 人次，一年内平均内容发布量为 30 条，较上年有较大提升。

1. Instagram 传播力得分排名得分

中央企业 Instagram 传播力得分排名前五位分别是中国第一汽车集团有限公司、中国南方航空集团有限公司、中国移动通信集团有限公司、中国铁路工程集团有限公司、中国建筑集团有限公司。

2. 参照系比较

将中央企业 Instagram 传播力得分排名第一的中国第一汽车集团有限公司（331073.2）与华为技术有限公司（780892.1）和荷兰皇家壳牌集团（502664.4）进行比较，华为公司的得分是中国第一汽车集团有限公司得分的 2.4 倍；壳牌集团的得分是中国第一汽车集团有限公司得分的 1.5 倍，中国第一汽车集团有限公司同华为公司相比差距仍较大，但和壳牌集团比差距较小。

2019 年，中央企业 Instagram 传播力得分排名第一的中国中车集团有限公司与华为技术有限公司和荷兰皇家壳牌集团进行比较，华为公司的得分是中国中车集团有限公司得分的 4.2 倍。而在 2020 年，中央企业 Instagram 传播力得分排名第一的中国第一汽车集团有限公司与 2 家参照企业进行比较发现，华为公司的得分是中国第一汽车集团有限公司得分的 2.4 倍。排名第一的中央企业在 Instagram 维度同华为公司相比差距仍较大，但差距已经缩小很多。

表 2-8　97 家中央企业 Instagram 传播力得分排名

排名	中文名称	得分	排名	中文名称	得分
1	中国第一汽车集团有限公司	331073.2	16	中国远洋海运集团有限公司	11801.4
2	中国南方航空集团有限公司	323902.4	17	中国航空集团有限公司	10574.9
3	中国移动通信集团有限公司	304404.1	18	中国中钢集团有限公司	8909.5
4	中国铁路工程集团有限公司	188090.7	19	中国铁道建筑集团有限公司	6988.3
5	中国建筑集团有限公司	115432.4	20	中国化工集团有限公司	4027.6
6	中国中车集团有限公司	62032.2	21	中国石油天然气集团有限公司	4003.4
7	中国东方航空集团有限公司	46443.3	22	中国储备粮管理集团有限公司	3250.0
8	中国铝业集团有限公司	46154.6	23	中国石油化工集团有限公司	755.7
9	中国机械工业集团有限公司	43916.1	24	华润（集团）有限公司	351.1
10	中国电力建设集团有限公司	39944.7	25	中国宝武钢铁集团有限公司	229.4
11	中国联合网络通信集团有限公司	31523.8	26	中国海洋石油集团有限公司	135.0
12	东风汽车集团有限公司	26469.0	27	中国广核集团有限公司	83.0
13	中国电信集团有限公司	25399.3	28	中国中化集团有限公司	38.2
14	国家电网有限公司	14900.5	29	国家石油天然气管网集团有限公司	26.8
15	中粮集团有限公司	12855.7	30	中国长江三峡集团有限公司	23.6

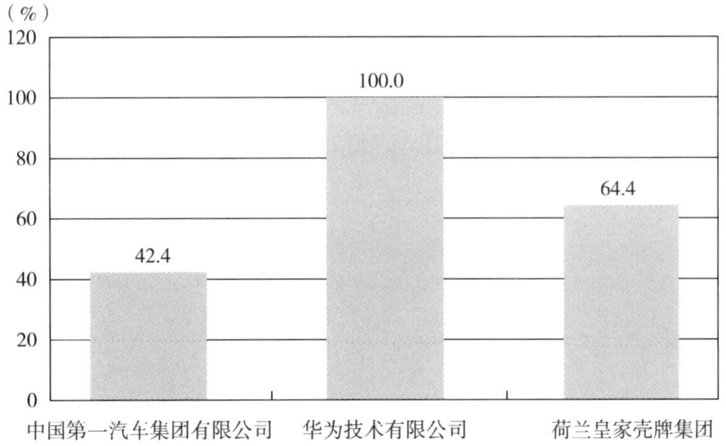

图 2-21　Instagram 传播力得分比较

（二）Instagram 传播力具体指标

大多数中央企业在 Instagram 平台上的整体活跃度较低。在 97 家中央企业中，有 30

家企业拥有 Instagram 的英文账号，仅有中国南方航空集团有限公司和中国建筑集团有限公司进行了官方认证。

在粉丝数量方面：拥有账号的 30 家企业间粉丝数量差距较大。企业 Instagram 账号的平均粉丝数量为 4225 人次。9 家企业的粉丝数量超过 5000 人次，分别为中国移动通信集团有限公司、东风汽车集团有限公司、中国铝业集团有限公司、中国航空集团有限公司、中国东方航空集团有限公司、中国南方航空集团有限公司、中国建筑集团有限公司、中国中车集团有限公司和中国电力建设集团有限公司。中国南方航空集团有限公司是 Instagram 粉丝数量最多的中央企业，但仍低于华为技术有限公司和荷兰皇家壳牌集团的粉丝数量，且与华为公司差距较大，南航是华为的 18.4%，是壳牌的 80%。

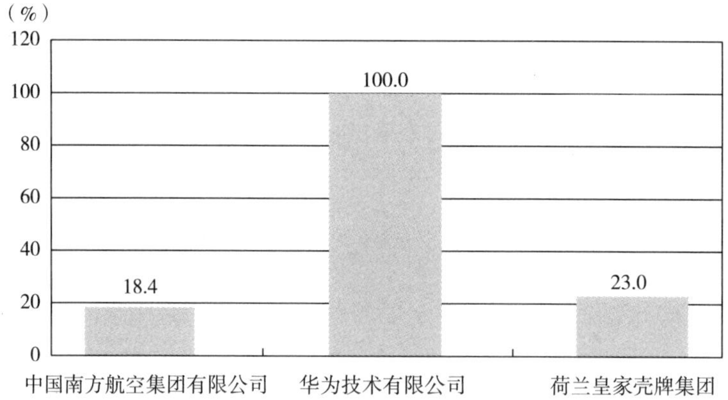

图 2－22　Instagram 粉丝数量比较

在一年内发布的内容数量方面：97 家中央企业平均发布内容为 30 条。有 22 家企业在 Instagram 上发布了内容，其中 11 家企业的信息发布量在 100 条以上，分别为国家电网有限公司、中国联合网络通信集团有限公司、中国移动通信集团有限公司、中国第一汽车集团有限公司、东风汽车集团有限公司、中国铝业集团有限公司、中国东方航空集团有限公司、中国南方航空集团有限公司、中国建筑集团有限公司、中国中车集团有限公司和中国铁路工程集团有限公司。

其中，中国南方航空集团有限公司发布内容数量最多。与参照企业相比，中国南方航空集团有限公司是华为技术有限公司的 60.3%，中国南方航空集团是荷兰皇家壳牌集团的 6626.3%。

在一年内最多回复数量方面：中国第一汽车集团有限公司位列中央企业排名第一，是华为公司的 117.8%、壳牌集团的 154.0%。

在一年内图文最高点赞量方面：中国移动通信集团有限公司位列中央企业排名第一，同参照公司相比，是华为公司的 63.5%、壳牌集团的约 520%。在一年内视频最高点击量方面，中国铁路工程集团有限公司最高，是华为公司的 133.8%、壳牌集团的 495.6%。

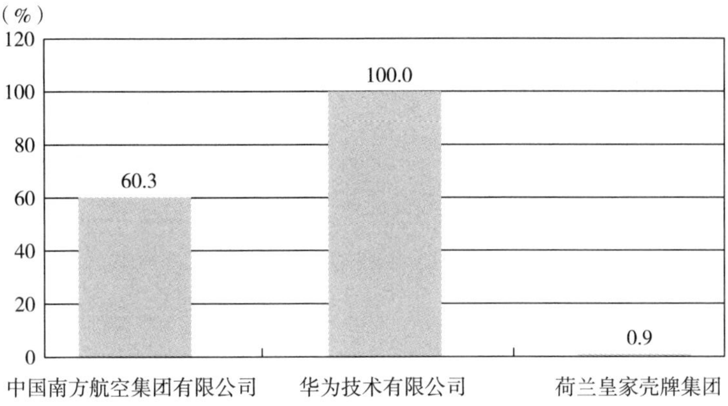

图 2－23　Instagram 一年内发布的内容数量比较

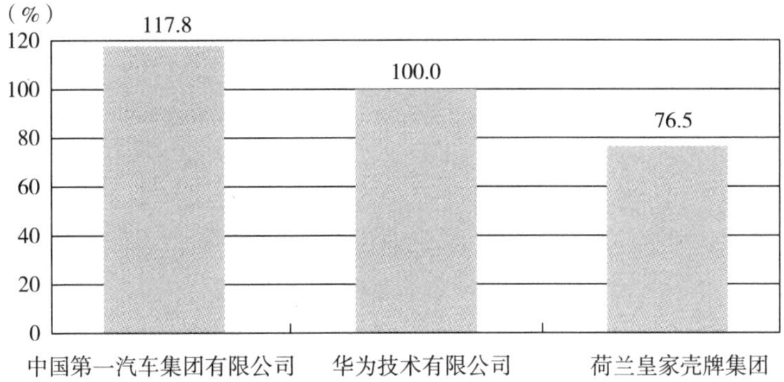

图 2－24　Instagram 一年内最多回复数量比较

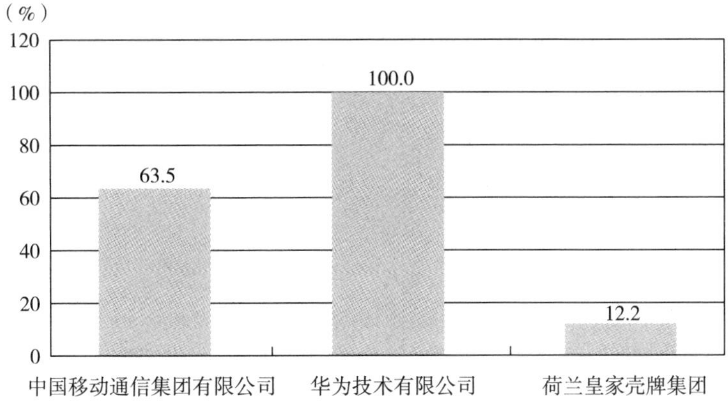

图 2－25　Instagram 一年内图文最高点赞量比较

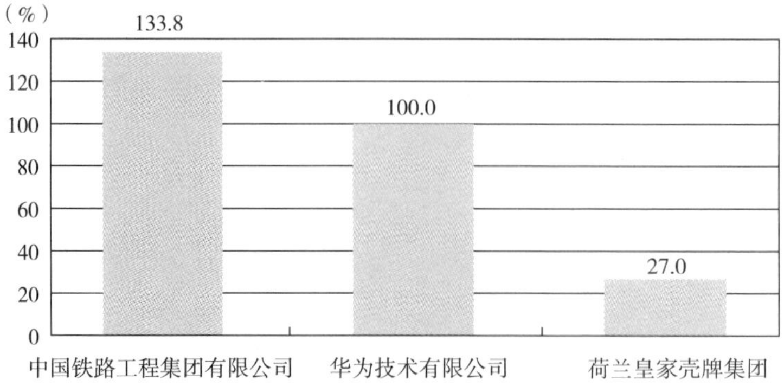

图 2－26 Instagram 一年内视频最高点击量比较

（三）Instagram 海外传播力案例分析

中国第一汽车集团有限公司（以下简称中国一汽）在 2020 年一举冲上 Instagram 维度传播力排行榜第一，进步较大，具有较高的分析价值。截止到 2020 年 10 月 14 日，其图文最高点赞数量为 681 次，这条推文以美国综合格斗比赛（MMA）中的热门对决选手为主要内容，呼吁大家在留言区留下自己的支持方和评价，以海外国家共同关注的活动为推文内容更容易激发用户的关注与兴趣点。

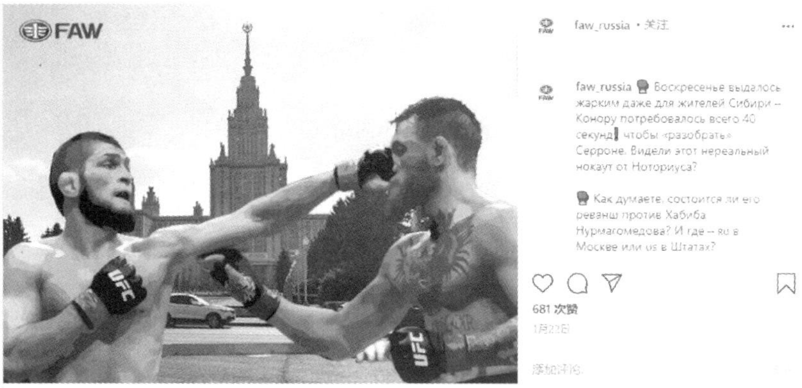

图 2－27 中国一汽发布“美国综合格斗比赛”的 Instagram 推文

中国南方航空集团有限公司（以下简称中国南航）2019 年和 2020 年两年均在 Instagram 维度传播力排名中位列第二，是唯一稳定在 Instagram 维度传播力排名前五的企业。截止到 2020 年 10 月 14 日，其最高图文点赞数量为 4475 次。这条推文以向世界展示未来往返北京的大部分航班都将起落于正在建设的北京大兴机场为主要内容，展示中国航空领域的重要动态，该条推文获得了较高点赞量。

图 2－28　中国南航发布“北京大兴机场建设”的 Instagram 推文

中国铁路工程集团有限公司（以下简称中国铁路）在 2019 年 Instagram 维度海外传播力排名中位列第十六，2020 年则上升到第四位，传播力得分为 188090.7。中国中车的 Instagram 账号“crecofficial”截止到 2020 年 10 月 14 日最高视频播放量为 99000 次。内容为沪苏南通长江大桥于 7 月 1 日通车，桥的主跨度为 1092 米，是世界上第一座跨距超过 1000 米的斜拉桥，并展示了桥梁的先进技术和可靠的工程质量可抵御 14 级台风等强自然灾害。

图 2－29　中国铁路发布“沪苏南通长江大桥已通车”的 Instagram 推文

九、维度六：中央企业 YouTube 传播力

YouTube 在全球拥有约 20 亿用户，用户可以在该平台上传并浏览内容。YouTube 已

经逐渐发展成为一个混合专业新闻报道与用户原创内容的平台，其统计数据在一定程度上可以反映出中央企业在海外进行品牌传播的能力。

（一）YouTube 传播力得分

YouTube 传播力维度中各项指标权重如下：是否有官方认证账号占 1.0%，订阅数量占 4.6%，一年内发布的内容数量和一年内最高点击量各占 4.7%，总体在中央企业的海外传播影响力测量中占 15%。

在 YouTube 平台上，中央企业的官方账号拥有率较低，使用频率较低。在 97 家中央企业中，没有企业拥有经过认证的官方账号，中央企业的 YouTube 账号平均订阅数量为 891 人，较上年（425 人）有较大幅度的提升。中央企业一年内平均内容发布为 4 条，较上年（3 条）变化不大，整体偏低。

1. YouTube 传播力得分排名

中央企业 YouTube 传播力得分排名前五位分别是中国移动通信集团有限公司、中国中车集团有限公司、中国建筑集团有限公司、中国电力建设集团有限公司、中国石油化工集团有限公司。

表 2-9　97 家中央企业 YouTube 传播力得分排名

排名	中文名称	得分	排名	中文名称	得分
1	中国移动通信集团有限公司	605839.2	14	中国能源建设集团有限公司	9819.4
2	中国中车集团有限公司	429813.3	15	中国医药集团有限公司	8647.1
3	中国建筑集团有限公司	172720.2	16	中国航空集团有限公司	6924.7
4	中国电力建设集团有限公司	118024.1	17	中国第一汽车集团有限公司	4687.8
5	中国石油化工集团有限公司	72973.8	18	中国石油天然气集团有限公司	4091.8
6	中国电信集团有限公司	57499.0	19	新兴际华集团有限公司	2672.8
7	中国南方航空集团有限公司	53771.9	20	中国中化集团有限公司	1430.1
8	中国铝业集团有限公司	43865.2	21	中国广核集团有限公司	1223.6
9	中国海洋石油集团有限公司	30365.7	22	中国东方航空集团有限公司	1035.5
10	中国机械工业集团有限公司	16962.9	23	中国民航信息集团有限公司	194.2
11	哈尔滨电气集团有限公司	13397.9	24	中国铁路通信信号集团有限公司	116.5
12	中国联合网络通信集团有限公司	12853.5	25	中国检验认证（集团）有限公司	32.4
13	中粮集团有限公司	10028.1	26	中国煤炭科工集团有限公司	19.4

2. 参照系比较

将中央企业中 YouTube 传播力得分排名第一的中国移动通信集团有限公司

(605839.2)与华为技术有限公司(7007542.6)和荷兰皇家壳牌集团(2937600.1)进行比较，华为公司得分是中国移动通信集团有限公司得分的 11.6 倍；壳牌集团得分是中国移动通信集团有限公司得分的 4.8 倍。与两个参照企业相比，中央企业 YouTube 平台建设差距仍然很大。

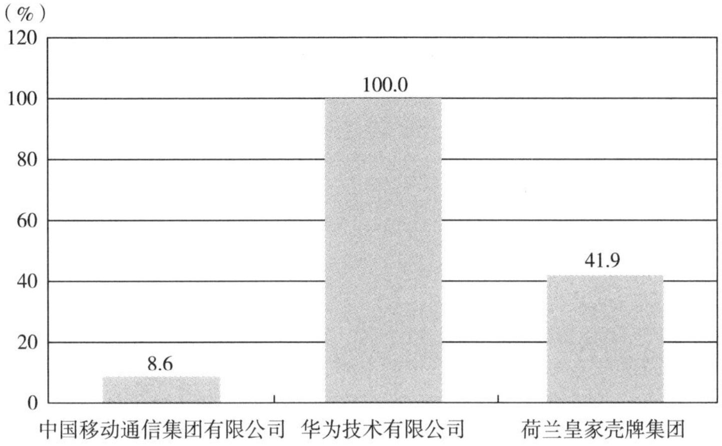

图 2-30 YouTube 传播力得分比较

(二) YouTube 传播力具体指标

多数中央企业在 YouTube 平台上的活跃度较低，在 97 家中央企业中，有 26 家企业拥有 YouTube 账号，无企业拥有官方认证账号。

在订阅数量方面：中央企业的 YouTube 账号平均订阅量为 891 人次，在 26 家拥有 YouTube 账号的企业中，有 3 家订阅数量在 10000 人次以上，分别是中国中车集团有限公司、中国电力建设集团有限公司和中国建筑集团有限公司。中国中车集团有限公司的订阅数量是华为技术有限公司的 5.2%，是壳牌集团的 8.8%。

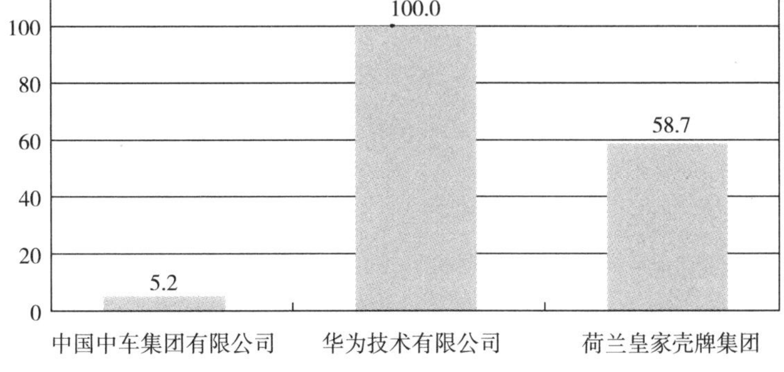

图 2-31 YouTube 订阅数量比较

在一年内发布的内容数量方面：26 家拥有 YouTube 账号的中央企业内容发布数量普遍较少，更新频率较低，最高的为中国中车集团有限公司，超过了华为和壳牌公司。但中央企业的 YouTube 账号一年内发布的内容数量平均为 4 条，同民营企业与国外企业相比，大多数中央企业在 YouTube 视频发布数量上仍显不足。

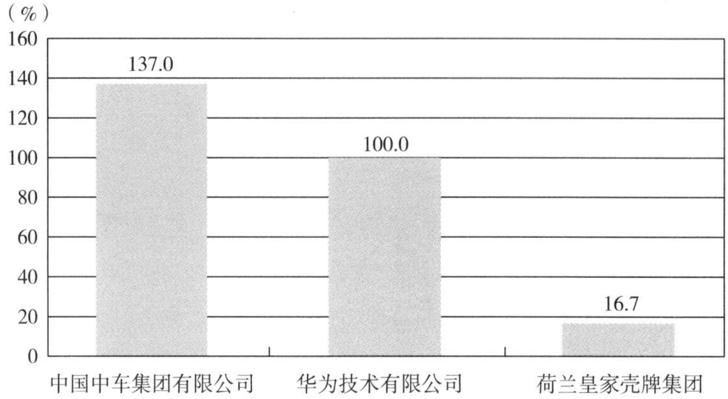

图 2－32　YouTube 一年内发布的内容数量比较

在一年内最高点击量方面：26 家企业之间的差距较大，最高的为中国移动通信集团有限公司，其次是中国电信集团有限公司，这两家企业的视频播放量远超其他中央企业，但与华为技术有限公司和荷兰皇家壳牌集团相比仍有差距。

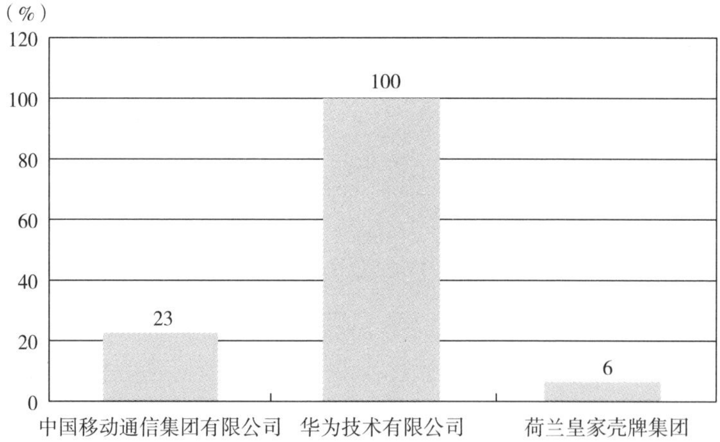

图 2－33　YouTube 一年内最高点击量比较

（三）YouTube 海外传播力案例分析

中国移动通信集团有限公司（以下简称中国移动）在 2020 年 YouTube 传播力得分中

排名第一。中国移动在YouTube平台上共拥有两个账号，分别是“China Mobile Hong Kong”香港地区账号和“China Mobile International”全球地区账号，其中香港地区账号共拥有5170人次的订阅者，在过去的一年中共发布70个视频，发布频次较高，视频内容涉及5G技术在教育、购物、旅游、游戏等各领域的应用和发展历程，为中国5G技术在国际中的知名度和先驱性印象起到了大幅提升的作用。

图2-34 中国移动部分YouTube视频截图

中国中车集团有限公司（以下简称中国中车）在2019年和2020年两年均在YouTube传播力得分中排名第二。得益于其大量的订阅数量，截至数据统计时间，中国中车在YouTube平台上的订阅数量高达38300人次，位列中央企业YouTube订阅数量排名第一。其一年内发布的视频总量有148条，发布频次较高。视频的主要内容包括中国中车在各地的工程项目情况，包括地铁和铁路建设等。中国中车在YouTube平台发布的视频播放量较高，基本稳定在3000~5000条。由此可见，中国中车在YouTube平台上的海外传播力较为突出，值得其他中央企业参考学习。

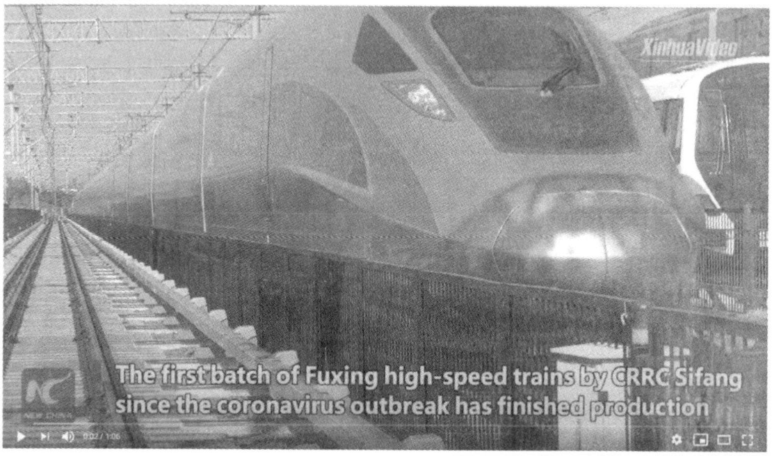

图2-35 中国建筑部分YouTube视频截图

十、结论与分析

（一）中国移动、东航、南航和中国石化连续5年排名进前十，中国电力、中国医药、中铁和中车连续5年进步明显

中国移动通信集团、中国东方航空集团、中国南方航空集团、中国石油化工集团4家企业连续5年进入中央企业海外传播力综合指数排名前十。中国航空集团、中国中车集团2家企业连续4年进入中央企业海外传播力综合指数排名前十。

表2－10　近5年中央企业海外传播力综合指数排名前十榜单

排名	2016年	2017年	2018年	2019年	2020年
1	中国东方航空集团有限公司	中国南方航空集团有限公司	中国南方航空集团有限公司	中国航空集团有限公司	中国移动通信集团有限公司
2	上海贝尔股份有限公司	中国东方航空集团有限公司	中国航空集团有限公司	中国南方航空集团有限公司	中国电力建设集团有限公司
3	中国南方航空集团有限公司	中国移动通信集团有限公司	中国东方航空集团有限公司	中国中车集团有限公司	中国东方航空集团有限公司
4	中国海洋石油总公司	国家电力投资集团有限公司	中国石油化工集团有限公司	中国石油化工集团有限公司	中国中车集团有限公司
5	中国冶金科工集团有限公司	中国航空集团有限公司	国家电力投资集团有限公司	中国东方航空集团有限公司	中国南方航空集团有限公司
6	中国化工集团公司	中国石油化工集团有限公司	中国中车集团有限公司	中国移动通信集团有限公司	中国建筑集团有限公司
7	华润（集团）有限公司	中国中车集团有限公司	中国移动通信集团有限公司	中国电信集团有限公司	中国石油化工集团有限公司
8	中国移动通信集团有限公司	东风汽车集团有限公司	东风汽车集团有限公司	中国联合网络通信集团有限公司	中国医药集团有限公司
9	中国石油天然气集团有限公司	中国电信集团有限公司	中国联合网络通信集团有限公司	国家电力投资集团有限公司	中国铁路工程集团有限公司
10	中国石油化工集团有限公司	中国商用飞机有限责任公司	中国第一汽车集团有限公司	华润（集团）有限公司	中国航空集团有限公司

航空类和通信类中央企业海外传播力综合指数排名表现较好，在 6 家连续 4 年及 4 年以上进入排名前十的中央企业中，有 4 家为航空类和通信类中央企业。其中，中国东方航空集团和中国南方航空集团连续 5 年都排在前五名，中国移动通信集团自 2018 年后海外传播力指数排名逐年攀升，在 2020 年位居榜首。

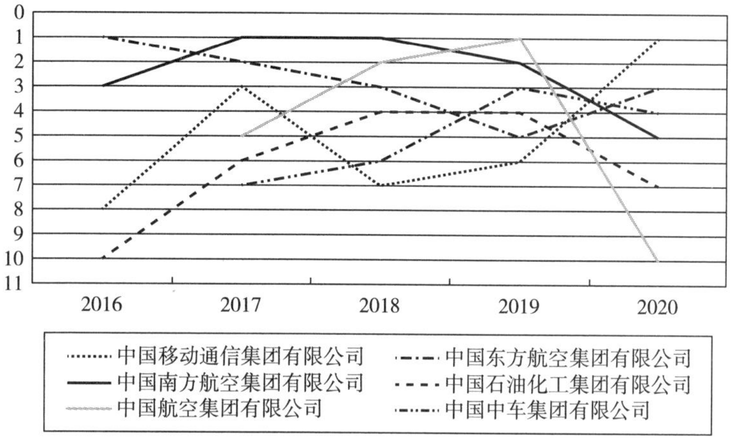

图 2－36　中国移动、东航、南航和中国石化连续 5 年进入排名前十

中国电力建设集团、中国中车集团、中国医药集团和中国铁路工程集团连续 5 年进步明显，在 2020 年进入传播力指数综合榜单排名前十。

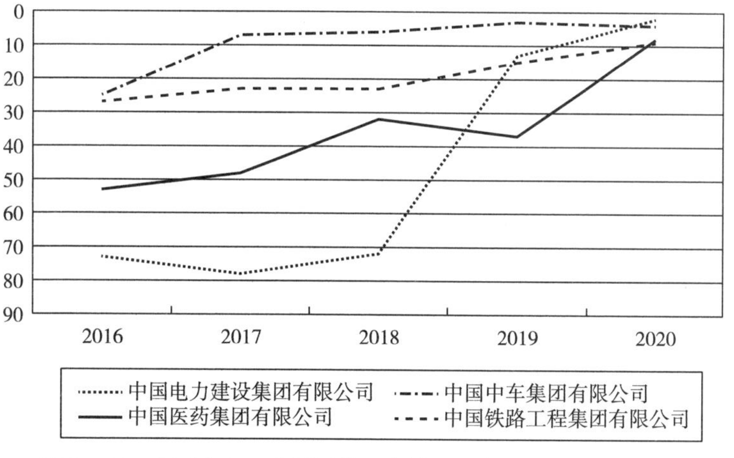

图 2－37　中国电力、中国医药、中铁和中车连续 5 年进步明显

（二）航空类和通信类中央企业在 Google、Wikipedia、Twitter、Facebook、Instagram 和 YouTube 6 个维度均表现较突出

在 Google、Wikipedia、Twitter、Facebook、Instagram 和 YouTube 6 个维度方面，共有 5

家中央企业同时进入 4 个及 4 个以上传播力维度排名前十。中国南方航空集团在 6 个维度排名中均进入前十，中国东方航空集团、中国移动通信集团在 5 个维度排名中进入前十，中国中车集团、中国石油化工集团在 4 个维度排名中进入前十。另外，中国南方航空集团位列 Wikipedia 传播力排行榜第一，中国东方航空集团位列 Facebook 传播力排行榜第一，中国移动通信集团位列 YouTube 传播力排行榜第一。

表 2－11　各维度传播力排名前十企业

排名	Google	Wikipedia	Twitter
1	中国医药集团有限公司	中国南方航空集团有限公司	中国电力建设集团有限公司
2	中国铁路工程集团有限公司	中国联合网络通信集团有限公司	中国东方航空集团有限公司
3	中国石油化工集团有限公司	中国东方航空集团有限公司	中国南方航空集团有限公司
4	中国海洋石油集团有限公司	中国移动通信集团有限公司	中国石油化工集团有限公司
5	中国石油天然气集团有限公司	中国电信集团有限公司	中国建筑集团有限公司
6	中国移动通信集团有限公司	中国航空工业集团有限公司	国家电力投资集团有限公司
7	中国远洋海运集团有限公司	中国航空发动机集团有限公司	中粮集团有限公司
8	中国南方航空集团有限公司	中国船舶集团有限公司	中国中车集团有限公司
9	中国东方航空集团有限公司	中国铁道建筑集团有限公司	中国航空集团有限公司
10	中国有色矿业集团有限公司	中国交通建设集团有限公司	中国石油天然气集团有限公司
排名	Facebook	Instagram	YouTube
1	中国东方航空集团有限公司	中国第一汽车集团有限公司	中国移动通信集团有限公司
2	中国航空集团有限公司	中国南方航空集团有限公司	中国中车集团有限公司
3	中国移动通信集团有限公司	中国移动通信集团有限公司	中国建筑集团有限公司
4	中国交通建设集团有限公司	中国铁路工程集团有限公司	中国电力建设集团有限公司
5	中国建筑集团有限公司	中国建筑集团有限公司	中国石油化工集团有限公司
6	中国中车集团有限公司	中国中车集团有限公司	中国电信集团有限公司
7	中国石油化工集团有限公司	中国东方航空集团有限公司	中国南方航空集团有限公司
8	国家电力投资集团有限公司	中国铝业集团有限公司	中国铝业集团有限公司
9	中国南方航空集团有限公司	中国机械工业集团有限公司	中国海洋石油集团有限公司
10	中国长江三峡集团有限公司	中国电力建设集团有限公司	中国机械工业集团有限公司

由此可见，航空类和通信类企业海外传播力指数不仅综合排名靠前，得益于各个维度平台均进行发力，在 6 个维度中依旧表现亮眼。作为国际上重要的空中枢纽航空企业，航空类中央企业不仅满足着国外友人了解中国而进行的物理上到达，也肩负着中国中央企业文化更好“走出去”的重任。2020 年是 5G 元年，全球 5G 建设正进入激烈竞争阶段，各

国争相夺取这块“大蛋糕”。中国凭借最多的技术专利、最多的5G 基站，成为世界第一，中国移动通信集团有限公司建设速度为全行业最快，这也为其海外传播力提供了非常强劲的技术基底。

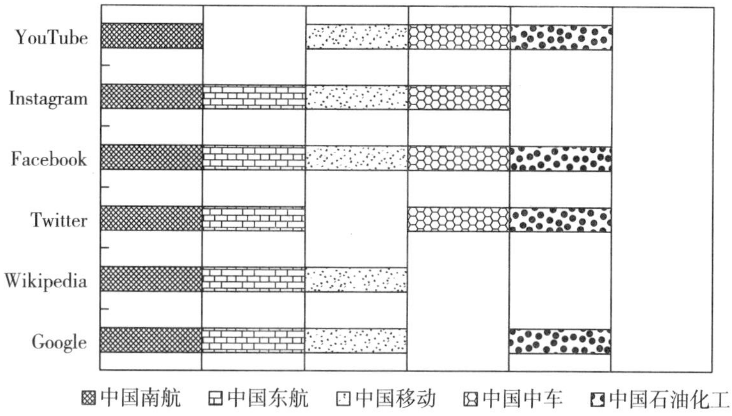

图 2 - 38 5 家中央企业同时进入 4 个及 4 个以上传播力维度排名前十

（三）中国一汽位于 Instagram 榜首，老牌中央企业也可以“玩转”年轻化平台

Instagram 是主推图片社交的较为年轻化的社交平台，深受年轻人的欢迎。2018 年 6 月，月活跃用户量已经突破 10 亿关口，它的迅速发展表明以图片及视频分享服务为主的社交媒体正在蓬勃发展。而作为“共和国长子”的老牌中央企业中国第一汽车集团（以下简称中国一汽）在 2020 年一举冲上 Instagram 维度传播力排行榜第一。

通过对其内容进行分析可以发现，中国一汽的 Instagram 账号有三点值得其他中央企业学习借鉴：一是注重图片质量，在对中国一汽的 Instagram 主页进行整体浏览时，发现其上传的图片经过精良专业的制作，因此具有较好的图片视觉效果；二是文案中添加多个相关标签（英文为“tag”），中国一汽发布的文案中较多使用标签作为新兴的社交平台，Instagram 平台中的标签可以使用户更加精准高效地找到自己想看的内容，因此对于内容生产方来说，多用标签可以使内容更容易匹配到目标用户，使内容得到更好的传播效果；三是善于交互，利用热点话题引发用户的讨论热情，如中国一汽发布以美国综合格斗比赛（MMA）中的热门对决选手为主要内容，呼吁大家在留言区留下自己的支持方和评价，以海外国家共同关注的活动为推文内容激发了用户的关注与兴趣。

老牌中央企业也可以“玩转”新兴平台，中国一汽起到了很好的范式作用，同样期待更多的中央企业可以投入精力兼顾运营年轻化的社交平台，进行更加全面和深入的对外传播。

（四）疫情全球化：国药加速得到关注，航空类中央企业传播力名次相对小幅下降

在2020年疫情全球化背景下，中国医药集团（以下简称国药集团）首次挺进综合指数排名前十，较上年37名有大幅度提高，并居Google维度榜首。从2020年初国内疫情暴发到国内疫情得到有效控制，国药集团中国生物新冠疫苗取得全球领先的成果，并且预计2021年国药集团的新冠灭活疫苗的年产能达到10亿剂以上，因此其搜索量大幅提升，得到社会广泛关注。

另外，航空公司受疫情影响纷纷大幅削减运力，这对航空业是一次严峻挑战。在海外传播力综合指数排名方面，尽管我国3家航空类中央企业依然位居排名前十，取得较好排名，但是其中2家航空企业名次都有相对小幅下降，包括中国南方航空集团和中国航空集团，其中，中国航空集团从2019年的第一名下降到2020年的第十名。在后疫情时代，航空类企业如何维护品牌传播力是一个现实命题。

（五）融入传统文化元素，推动中央企业文化更好地“走出去”

传播内容中融入传统文化元素可以推动中央企业文化更好地“走出去”，助力讲好中国故事。中国交建发布关于成都市成祥古镇中古建筑的帖子，分享古镇中灰色墙壁和瓷砖古建筑的图片，并配以文字，描述人们在古朴茶馆里喝茶、孩子们在街上嬉戏玩耍的场景，同时表现出中国交建团队在建筑修复和翻新领域的技术成就。这种具有中国传统文化底色的软性传播能够在一定程度上减少传播隔阂，古镇“慢”生活也能够引起受众共鸣，从而提升传播效果。除此之外，中国东方航空集团在Instagram平台多次发布中国传统节日和二十四节气相关内容，如中秋节、七夕节和秋分等，图片点赞量和视频播放量均较高。

如何把中国优秀传统文化精神标识提炼、展示，提升优秀传统文化的对外传播能力，是值得持续关注的话题。中央企业作为中国企业的领军者，是我国国民经济的重要组成部分，应主动承担讲好中国故事、传播中国声音的重任。在进行对外传播时，传播内容可将企业业务与中国优秀传统文化相结合，进行展示中国底蕴的优质传播。

（六）短视频传播意识有待提高，YouTube平台入驻率较低

2020年1月，2020年全球最具价值500大品牌榜发布，YouTube排名第26位。根据美国投行派杰（Piper Jaffray）发布的2019年秋季调查报告，YouTube已经超过Netflix成为青少年观看视频的首选平台。但是在该平台中，中央企业的入驻率较低，且多数中央企业在YouTube平台上的活跃度也较低，在97家中央企业中，仅有20家企业拥有YouTube账号，年平均发布数量为4.7条，无一家中央企业进行官方认证。

97家中央企业中，有3家订阅数量在10000人次以上，分别是中国中车集团、中国电力建设集团和中国建筑集团。其中，中国中车集团订阅数量超30000人次，但仍与参照

企业差距较大，华为公司订阅数量为其 19.1 倍，壳牌集团订阅数量是其 11 倍。可见，中央企业在国外头部视频平台的传播力有待提高。

（七）中央企业入驻社交媒体数量逐年攀升，但认证与互动有待提高

一方面，中央企业在 Twitter、Facebook、Instagram 三大国外社交平台的入驻率逐年提升。2019 ~ 2020 年，中央企业入驻 Twitter 平台比例从 22.1% 上升至 39.2%；在 Facebook 平台，中央企业入驻 Facebook 平台比例由 40% 升至 43.2%。

在 Instagram 平台，相比 2019 年，2020 年注册 Instagram 账号的中央企业比例由 22.1% 升至 30.9%，同时平均粉丝数量也直线上升，由 2564 人上升至 4225 人，提升超 60%。2018 年、2019 年和 2020 年中央企业一年内平均信息发布量分别为 12 条、25 条和 30 条，发布数量逐年攀升。

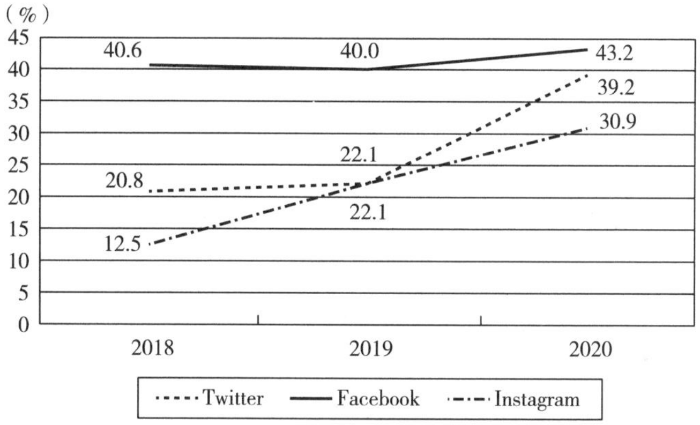

图 2 - 39　97 家中央企业近 3 年社交平台入驻情况

另一方面，中央企业在上述 3 个维度进行官方认证的企业较少。Twitter 平台进行官方认证的中央企业共有中国石油化工集团等 6 家，占总数的 6.2%，较上年增加 2 家；在 Facebook 平台中，进行官方认证的企业共有中国移动通信集团等 6 家，占中央企业总数的 6.2%，较上年增加 1 家；在 Instagram 平台中，进行官方认证的中央企业仅有中国南方航空集团等 2 家，占中央企业总数的 2.1%，较上年增加 1 家。在 2 个以上平台进行官方认证的中央企业仅有中国南方航空集团、中国航空集团、中国建筑集团 3 家，中央企业在社交媒体平台的认证情况有待改善。

虽然许多中央企业在社交平台存在账号，也发布了大量内容，但是通过现实情况来看，中央企业在 Twitter、Facebook 和 Instagram 这 3 个社交平台中与粉丝进行互动的情况依然较差。以 Instagram 为例，97 家中央企业最高回复数的平均值为 16.7 条。由此可见，这些账号在很大程度上只起了发布信息的作用，没有起到沟通用户、与用户进行互动交流的作用。这无形中阻隔了这些中央企业同海外用户的关系，不利于中央企业海外传播力的提升。

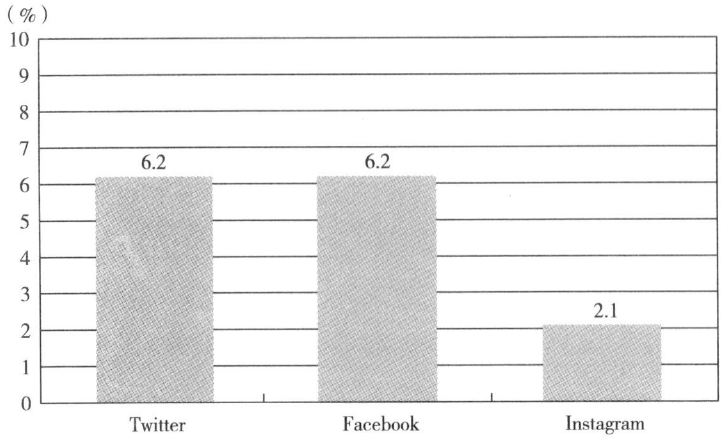

图 2－40　97 家中央企业 3 个社交平台认证情况

附　录

附表 2－1　97 家中央企业 Google 传播力具体指标数据

序号	中文名称	新闻数量	Google Trends	序号	中文名称	新闻数量	Google Trends
1	中国核工业集团有限公司	3410	58. 8	12	中国石油化工集团有限公司	17500	45. 7
2	中国航天科技集团有限公司	740	47. 7	13	中国海洋石油集团有限公司	16400	51. 1
3	中国航天科工集团有限公司	1170	54. 9	14	国家石油天然气管网集团有限公司	374	0
4	中国航空工业集团有限公司	7330	76. 2	15	国家电网有限公司	2950	67. 6
5	中国船舶集团有限公司	2370	41. 2	16	中国南方电网有限责任公司	524	47. 9
6	中国兵器工业集团有限公司	189	67. 4	17	中国华能集团有限公司	688	38. 4
7	中国兵器装备集团有限公司	138	25. 2	18	中国大唐集团有限公司	497	33. 3
8	中国电子科技集团有限公司	895	41. 4	19	中国华电集团有限公司	1920	33. 5
9	中国航空发动机集团有限公司	73	31. 4	20	国家电力投资集团有限公司	641	22. 2
10	中国融通资产管理集团有限公司	15	0	21	中国长江三峡集团有限公司	523	46. 6
11	中国石油天然气集团有限公司	14900	60. 4	22	国家能源投资集团有限责任公司	213	24. 3

续表

序号	中文名称	新闻数量	Google Trends	序号	中文名称	新闻数量	Google Trends
23	中国电信集团有限公司	507	51.2	51	中国节能环保集团有限公司	207	4.0
24	中国联合网络通信集团有限公司	6170	72.9	52	中国国际工程咨询有限公司	36	10.3
25	中国移动通信集团有限公司	13600	55.9	53	中国诚通控股集团有限公司	37	13.3
26	中国电子信息产业集团有限公司	497	16.0	54	中国中煤能源集团有限公司	188	29.3
27	中国第一汽车集团有限公司	514	79.7	55	中国煤炭科工集团有限公司	0	0
28	东风汽车集团有限公司	594	77.5	56	机械科学研究总院集团有限公司	278	0
29	中国一重集团有限公司	80	17.1	57	中国中钢集团有限公司	178	32.6
30	中国机械工业集团有限公司	451	32.1	58	中国钢研科技集团有限公司	91	42.7
31	哈尔滨电气集团有限公司	146	41.1	59	中国化工集团有限公司	225	43.4
32	中国东方电气集团有限公司	352	46.7	60	中国化学工程集团有限公司	70	38.1
33	鞍钢集团有限公司	155	46.9	61	中国盐业集团有限公司	231	25.5
34	中国宝武钢铁集团有限公司	1310	15.1	62	中国建材集团有限公司	886	50.4
35	中国铝业集团有限公司	844	52.0	63	中国有色矿业集团有限公司	9080	24.9
36	中国远洋海运集团有限公司	10600	33.6	64	有研科技集团有限公司	58	0
37	中国航空集团有限公司	6940	21.3	65	矿冶科技集团有限公司	155	0
38	中国东方航空集团有限公司	9040	43.6	66	中国国际技术智力合作集团有限公司	590	0
39	中国南方航空集团有限公司	9680	42.9	67	中国建筑科学研究院有限公司	1820	14.4
40	中国中化集团有限公司	485	45.8	68	中国中车集团有限公司	5470	52.0
41	中粮集团有限公司	228	67.1	69	中国铁路通信信号集团有限公司	404	3.7
42	中国五矿集团有限公司	138	64.5	70	中国铁路工程集团有限公司	19900	56.6
43	中国通用技术（集团）控股有限责任公司	253	27.4	71	中国铁道建筑集团有限公司	2680	22.4
44	中国建筑集团有限公司	255	46.4	72	中国交通建设集团有限公司	8090	38.7
45	中国储备粮管理集团有限公司	200	19.6	73	中国普天信息产业集团有限公司	364	25.0
46	国家开发投资集团有限公司	228	40.8	74	中国信息通信科技集团有限公司	1380	0
47	招商局集团有限公司	245	66.2	75	中国农业发展集团有限公司	6	5.7
48	华润（集团）有限公司	13	52.6	76	中国林业集团有限公司	403	0
49	中国旅游集团有限公司［香港中旅（集团）有限公司］	273	44.7	77	中国医药集团有限公司	36500	27.3
50	中国商用飞机有限责任公司	219	71.5	78	中国保利集团有限公司	195	51.3

续表

序号	中文名称	新闻数量	Google Trends	序号	中文名称	新闻数量	Google Trends
79	中国建设科技有限公司	2	0	89	中国黄金集团有限公司	75	21.6
80	中国冶金地质总局	34	0	90	中国广核集团有限公司	145	53.2
81	中国煤炭地质总局	118	0	91	中国华录集团有限公司	20	27.2
82	新兴际华集团有限公司	83	11.5	92	华侨城集团有限公司	194	41.3
83	中国民航信息集团有限公司	989	40.3	93	南光（集团）有限公司	56	30.1
84	中国航空油料集团有限公司	46	17.5	94	中国西电集团有限公司	45	37.9
85	中国航空器材集团有限公司	29	18.2	95	中国铁路物资集团有限公司	62	24.6
86	中国电力建设集团有限公司	1030	68.1	96	中国国新控股有限责任公司	59	0
87	中国能源建设集团有限公司	211	57.3	97	中国检验认证（集团）有限公司	18	0
88	中国安能建设集团有限公司	54	0				

附表 2-2　参照企业 Google 传播力具体指标数据

序号	中文名称	新闻数量	Google Trends
1	华为技术有限公司	34500000	83.9
2	荷兰皇家壳牌集团	55700	67.6

附表 2-3　97 家中央企业 Wikipedia 传播力具体指标数据

序号	中文名称	词条完整性					一年内词条被编辑的次数	一年内参与词条编辑的用户数	What link here
		是否有词条	官方定义	历史发展	地址	外部链接			
1	中国核工业集团有限公司	1	1	1	1	1	8	3	146
2	中国航天科技集团有限公司	1	1	1	0	1	15	6	301
3	中国航天科工集团有限公司	1	1	1	0	1	8	5	370
4	中国航空工业集团有限公司	1	1	1	1	1	99	15	107
5	中国船舶集团有限公司	1	1	1	0	1	50	13	79
6	中国兵器工业集团有限公司	1	1	1	1	1	22	6	223
7	中国兵器装备集团有限公司	1	1	1	0	0	8	4	180
8	中国电子科技集团有限公司	1	1	1	0	1	8	3	84
9	中国航空发动机集团有限公司	1	1	1	1	0	68	8	57
10	中国融通资产管理集团有限公司	1	1	1	0	0	8	3	3

续表

序号	中文名称	词条完整性					一年内词条被编辑的次数	一年内参与词条编辑的用户数	What link here
		是否有词条	官方定义	历史发展	地址	外部链接			
11	中国石油天然气集团有限公司	1	1	1	1	1	8	6	362
12	中国石油化工集团有限公司	1	1	1	1	1	11	5	84
13	中国海洋石油集团有限公司	1	1	1	1	1	9	5	81
14	国家石油天然气管网集团有限公司	1	1	1	0	0	21	3	53
15	国家电网有限公司	1	1	1	0	1	20	9	112
16	中国南方电网有限责任公司	1	1	1	1	1	12	6	61
17	中国华能集团有限公司	1	1	1	1	1	4	3	57
18	中国大唐集团有限公司	1	1	0	1	1	5	3	52
19	中国华电集团有限公司	1	1	0	0	1	4	3	57
20	国家电力投资集团有限公司	1	1	1	1	1	3	2	92
21	中国长江三峡集团有限公司	1	1	1	1	1	14	6	14
22	国家能源投资集团有限责任公司	1	1	0	1	1	3	1	14
23	中国电信集团有限公司	1	1	1	1	1	48	20	821
24	中国联合网络通信集团有限公司	1	1	1	1	1	77	29	975
25	中国移动通信集团有限公司	1	1	1	1	1	49	28	970
26	中国电子信息产业集团有限公司	1	1	0	1	1	4	4	120
27	中国第一汽车集团有限公司	1	1	0	1	1	16	12	161
28	东风汽车集团有限公司	1	1	1	1	1	12	8	106
29	中国一重集团有限公司	1	1	1	1	1	5	3	6
30	中国机械工业集团有限公司	1	1	1	1	1	6	4	12
31	哈尔滨电气集团有限公司	1	1	1	1	1	4	3	17
32	中国东方电气集团有限公司	1	1	1	1	1	3	3	51
33	鞍钢集团有限公司	1	1	1	1	1	4	4	25
34	中国宝武钢铁集团有限公司	1	1	1	1	1	17	7	221
35	中国铝业集团有限公司	1	1	1	1	1	4	3	35
36	中国远洋海运集团有限公司	1	1	1	1	1	3	3	62
37	中国航空集团有限公司	1	1	1	1	1	38	6	12
38	中国东方航空集团有限公司	1	1	1	1	1	71	33	800

续表

序号	中文名称	词条完整性					一年内词条被编辑的次数	一年内参与词条编辑的用户数	What link here
		是否有词条	官方定义	历史发展	地址	外部链接			
39	中国南方航空集团有限公司	1	1	1	1	1	117	35	821
40	中国中化集团有限公司	1	1	1	1	1	7	3	27
41	中粮集团有限公司	1	1	1	1	1	5	5	55
42	中国五矿集团有限公司	1	1	1	1	1	0	0	20
43	中国通用技术（集团）控股有限责任公司	1	1	1	1	1	10	6	15
44	中国建筑集团有限公司	1	1	1	1	1	11	7	38
45	中国储备粮管理集团有限公司	1	1	1	1	1	0	0	9
46	国家开发投资集团有限公司	1	1	1	1	1	8	5	5
47	招商局集团有限公司	1	1	1	1	1	6	4	227
48	华润（集团）有限公司	1	1	1	1	1	22	11	158
49	中国旅游集团有限公司［香港中旅（集团）有限公司］	1	1	1	1	1	11	5	19
50	中国商用飞机有限责任公司	1	1	1	1	1	19	13	98
51	中国节能环保集团有限公司	1	1	1	1	1	3	2	7
52	中国国际工程咨询有限公司	0	0	0	0	0	0	0	0
53	中国诚通控股集团有限公司	1	1	1	1	1	0	0	38
54	中国中煤能源集团有限公司	1	1	1	0	1	2	2	23
55	中国煤炭科工集团有限公司	0	0	0	0	0	0	0	0
56	机械科学研究总院集团有限公司	0	0	0	0	0	0	0	0
57	中国中钢集团有限公司	1	1	1	1	1	3	2	11
58	中国钢研科技集团有限公司	0	0	0	0	0	0	0	0
59	中国化工集团有限公司	1	1	1	1	1	4	3	31
60	中国化学工程集团有限公司	1	1	1	1	1	5	1	4
61	中国盐业集团有限公司	1	1	1	1	1	5	4	3
62	中国建材集团有限公司	1	1	1	1	0	5	2	19
63	中国有色矿业集团有限公司	1	1	1	1	1	1	1	14
64	有研科技集团有限公司	1	1	1	1	1	2	1	3
65	矿冶科技集团有限公司	0	0	0	0	0	0	0	0
66	中国国际技术智力合作集团有限公司	0	0	0	0	0	0	0	0

续表

序号	中文名称	词条完整性					一年内词条被编辑的次数	一年内参与词条编辑的用户数	What link here
		是否有词条	官方定义	历史发展	地址	外部链接			
67	中国建筑科学研究院有限公司	1	1	0	1	1	4	3	21
68	中国中车集团有限公司	1	1	1	1	0	4	2	175
69	中国铁路通信信号集团有限公司	1	1	1	1	1	5	3	33
70	中国铁路工程集团有限公司	1	1	1	1	1	18	4	77
71	中国铁道建筑集团有限公司	1	1	1	1	1	18	10	367
72	中国交通建设集团有限公司	1	1	1	1	1	23	9	244
73	中国普天信息产业集团有限公司	1	1	0	1	1	2	1	4
74	中国信息通信科技集团有限公司	1	1	0	1	1	2	1	43
75	中国农业发展集团有限公司	1	1	1	1	1	1	1	8
76	中国林业集团有限公司	0	0	0	0	0	0	0	0
77	中国医药集团有限公司	0	0	0	0	0	0	0	0
78	中国保利集团有限公司	1	1	1	1	0	7	6	80
79	中国建设科技有限公司	0	0	0	0	0	0	0	0
80	中国冶金地质总局	0	0	0	0	0	0	0	0
81	中国煤炭地质总局	0	0	0	0	0	0	0	0
82	新兴际华集团有限公司	1	1	1	1	1	0	0	30
83	中国民航信息集团有限公司	1	1	1	1	1	2	2	12
84	中国航空油料集团有限公司	1	1	0	1	1	5	3	10
85	中国航空器材集团有限公司	1	1	1	1	1	2	2	5
86	中国电力建设集团有限公司	1	1	0	1	1	3	3	203
87	中国能源建设集团有限公司	1	1	0	1	1	3	3	7
88	中国安能建设集团有限公司	0	0	0	0	0	0	0	0
89	中国黄金集团有限公司	1	1	1	1	1	2	2	17
90	中国广核集团有限公司	1	1	1	1	1	5	2	108
91	中国华录集团有限公司	1	1	1	1	1	1	1	76
92	华侨城集团有限公司	1	1	1	1	1	6	3	344
93	南光（集团）有限公司［中国南光集团有限公司］	1	1	1	1	1	4	4	44
94	中国西电集团有限公司	0	0	0	0	0	0	0	0
95	中国铁路物资集团有限公司	1	1	1	1	1	5	4	42
96	中国国新控股有限责任公司	0	0	0	0	0	0	0	0
97	中国检验认证（集团）有限公司	0	0	0	0	0	0	0	0

附表 2－4　参照企业 Wikipedia 传播力具体指标数据

排名	中文名称	词条完整性					一年内词条被编辑的次数	一年内词条参与编辑的用户数	What link here
		是否有词条	官方定义	历史发展	地址	外部链接			
1	华为技术有限公司	1	1	1	1	1	99	73	567
2	荷兰皇家壳牌集团	1	1	1	1	1	5	5	309

附表 2－5　97 家中央企业 Twitter 传播力具体指标数据

序号	中文名称	是否有官方认证账号	粉丝数量	一年内发布的内容数量	一年内最高转发量	一年内最多评论数
1	中国核工业集团有限公司	0	0	0	0	0
2	中国航天科技集团有限公司	0	0	0	0	0
3	中国航天科工集团有限公司	0	0	0	0	0
4	中国航空工业集团有限公司	0	0	0	0	0
5	中国船舶集团有限公司	0	0	0	0	0
6	中国兵器工业集团有限公司	0	0	0	0	0
7	中国兵器装备集团有限公司	0	0	0	0	0
8	中国电子科技集团有限公司	0	0	0	0	0
9	中国航空发动机集团有限公司	0	0	0	0	0
10	中国融通资产管理集团有限公司	0	0	0	0	0
11	中国石油天然气集团有限公司	0	0	288	26	32
12	中国石油化工集团有限公司	1	70000	240	46	14
13	中国海洋石油集团有限公司	0	570	0	0	0
14	国家石油天然气管网集团有限公司	0	0	0	0	0
15	国家电网有限公司	0	413	123	3	5
16	中国南方电网有限责任公司	0	0	0	0	0
17	中国华能集团有限公司	0	0	0	0	0
18	中国大唐集团有限公司	0	0	0	0	0
19	中国华电集团有限公司	0	0	0	0	0
20	国家电力投资集团有限公司	1	56000	144	41	10
21	中国长江三峡集团有限公司	0	131	175	23	10
22	国家能源投资集团有限责任公司	0	0	0	0	0
23	中国电信集团有限公司	0	3576	85	3	3
24	中国联合网络通信集团有限公司	0	6569	151	2	1
25	中国移动通信集团有限公司	0	264	0	0	0
26	中国电子信息产业集团有限公司	0	0	0	0	0

续表

序号	中文名称	是否有官方认证账号	粉丝数量	一年内发布的内容数量	一年内最高转发量	一年内最多评论数
27	中国第一汽车集团有限公司	0	489	0	0	0
28	东风汽车集团有限公司	0	108	0	0	0
29	中国一重集团有限公司	0	0	0	0	0
30	中国机械工业集团有限公司	0	1034	48	5	3
31	哈尔滨电气集团有限公司	0	8093	54	29	20
32	中国东方电气集团有限公司	0	74	39	2	2
33	鞍钢集团有限公司	0	2	0	0	0
34	中国宝武钢铁集团有限公司	0	4	0	0	0
35	中国铝业集团有限公司	0	0	0	0	0
36	中国远洋海运集团有限公司	0	6111	44	10	3
37	中国航空集团有限公司	1	24000	152	10	32
38	中国东方航空集团有限公司	1	86000	422	40	11
39	中国南方航空集团有限公司	1	43000	545	21	12
40	中国中化集团有限公司	0	56	0	0	0
41	中粮集团有限公司	0	9310	74	1357	309
42	中国五矿集团有限公司	0	50	0	0	0
43	中国通用技术（集团）控股有限责任公司	0	0	0	0	0
44	中国建筑集团有限公司	1	50700	197	12	50
45	中国储备粮管理集团有限公司	0	0	0	0	0
46	国家开发投资集团有限公司	0	0	0	0	0
47	招商局集团有限公司	0	0	0	0	0
48	华润（集团）有限公司	0	0	0	0	0
49	中国旅游集团有限公司［香港中旅（集团）有限公司］	0	0	0	0	0
50	中国商用飞机有限责任公司	0	38	0	0	0
51	中国节能环保集团有限公司	0	0	0	0	0
52	中国国际工程咨询有限公司	0	0	0	0	0
53	中国诚通控股集团有限公司	0	0	0	0	0
54	中国中煤能源集团有限公司	0	24	0	0	0
55	中国煤炭科工集团有限公司	0	0	0	0	0
56	机械科学研究总院集团有限公司	0	0	0	0	0
57	中国中钢集团有限公司	0	15	0	0	0
58	中国钢研科技集团有限公司	0	2	0	0	0
59	中国化工集团有限公司	0	34	0	0	0

续表

序号	中文名称	是否有官方认证账号	粉丝数量	一年内发布的内容数量	一年内最高转发量	一年内最多评论数
60	中国化学工程集团有限公司	0	0	0	0	0
61	中国盐业集团有限公司	0	0	0	0	0
62	中国建材集团有限公司	0	23500	53	116	16
63	中国有色矿业集团有限公司	0	0	0	0	0
64	有研科技集团有限公司	0	0	0	0	0
65	矿冶科技集团有限公司	0	0	0	0	0
66	中国国际技术智力合作集团有限公司	0	0	0	0	0
67	中国建筑科学研究院有限公司	0	0	0	0	0
68	中国中车集团有限公司	0	10300	306	972	94
69	中国铁路通信信号集团有限公司	0	0	0	0	0
70	中国铁路工程集团有限公司	0	2	16	0	0
71	中国铁道建筑集团有限公司	0	370	79	54	35
72	中国交通建设集团有限公司	0	13200	52	90	33
73	中国普天信息产业集团有限公司	0	17	0	0	0
74	中国信息通信科技集团有限公司	0	0	0	0	0
75	中国农业发展集团有限公司	0	0	0	0	0
76	中国林业集团有限公司	0	0	0	0	0
77	中国医药集团有限公司	0	68	0	0	0
78	中国保利集团有限公司	0	0	0	0	0
79	中国建设科技有限公司	0	0	0	0	0
80	中国冶金地质总局	0	0	0	0	0
81	中国煤炭地质总局	0	0	0	0	0
82	新兴际华集团有限公司	0	0	0	0	0
83	中国民航信息集团有限公司	0	0	0	0	0
84	中国航空油料集团有限公司	0	0	0	0	0
85	中国航空器材集团有限公司	0	0	0	0	0
86	中国电力建设集团有限公司	0	6409	550	35000	2257
87	中国能源建设集团有限公司	0	0	0	0	0
88	中国安能建设集团有限公司	0	0	0	0	0
89	中国黄金集团有限公司	0	0	0	0	0
90	中国广核集团有限公司	0	2047	252	3	3
91	中国华录集团有限公司	0	0	0	0	0
92	华侨城集团有限公司	0	0	0	0	0

续表

序号	中文名称	是否有官方认证账号	粉丝数量	一年内发布的内容数量	一年内最高转发量	一年内最多评论数
93	南光（集团）有限公司［中国南光集团有限公司］	0	0	0	0	0
94	中国西电集团有限公司	0	0	0	0	0
95	中国铁路物资集团有限公司	0	0	0	0	0
96	中国国新控股有限责任公司	0	0	0	0	0
97	中国检验认证（集团）有限公司	0	0	0	0	0

附表 2－6　参照企业 Twitter 传播力具体指标数据

排名	中文名称	是否有官方认证账号	粉丝数量	一年内发布的内容数量	一年内最高转发量	一年内最多评论数
1	荷兰皇家壳牌集团	1	411600	743	791	526
2	华为技术有限公司	1	552500	133	185	121

附表 2－7　97 家中央企业 Facebook 传播力具体指标数据

序号	中文名称	是否有官方认证账号	好友数量	一年内发布的内容数量	一年内最高赞数
1	中国核工业集团有限公司	0	88104	72	730
2	中国航天科技集团有限公司	0	1192	12	14
3	中国航天科工集团有限公司	0	0	0	0
4	中国航空工业集团有限公司	0	150	0	0
5	中国船舶集团有限公司	0	0	0	0
6	中国兵器工业集团有限公司	0	0	0	0
7	中国兵器装备集团有限公司	0	0	0	0
8	中国电子科技集团有限公司	0	0	0	0
9	中国航空发动机集团有限公司	0	0	0	0
10	中国融通资产管理集团有限公司	0	0	0	0
11	中国石油天然气集团有限公司	0	116107	192	183
12	中国石油化工集团有限公司	0	549299	120	949
13	中国海洋石油集团有限公司	0	0	0	0
14	国家石油天然气管网集团有限公司	0	0	0	0
15	国家电网有限公司	0	2	2	2
16	中国南方电网有限责任公司	0	0	0	0
17	中国华能集团有限公司	0	90304	144	561

续表

序号	中文名称	是否有官方认证账号	好友数量	一年内发布的内容数量	一年内最高赞数
18	中国大唐集团有限公司	0	0	0	0
19	中国华电集团有限公司	0	590	0	0
20	国家电力投资集团有限公司	0	379468	156	1784
21	中国长江三峡集团有限公司	0	2523	358	27
22	国家能源投资集团有限责任公司	0	20	0	0
23	中国电信集团有限公司	0	144474	94	24
24	中国联合网络通信集团有限公司	0	79188	178	3
25	中国移动通信集团有限公司	1	433958	764	1295
26	中国电子信息产业集团有限公司	0	0	0	0
27	中国第一汽车集团有限公司	0	14406	190	42
28	东风汽车集团有限公司	0	0	0	0
29	中国一重集团有限公司	0	0	0	0
30	中国机械工业集团有限公司	0	254	0	0
31	哈尔滨电气集团有限公司	0	2214	0	0
32	中国东方电气集团有限公司	0	591	38	17
33	鞍钢集团有限公司	0	0	0	0
34	中国宝武钢铁集团有限公司	0	0	0	0
35	中国铝业集团有限公司	0	659	0	0
36	中国远洋海运集团有限公司	0	22865	47	505
37	中国航空集团有限公司	1	1071837	338	10000
38	中国东方航空集团有限公司	1	2158993	367	33000
39	中国南方航空集团有限公司	1	25584	201	38
40	中国中化集团有限公司	0	912	0	0
41	中粮集团有限公司	0	7102	144	534
42	中国五矿集团有限公司	0	15	0	0
43	中国通用技术（集团）控股有限责任公司	0	0	0	0
44	中国建筑集团有限公司	1	443593	180	4892
45	中国储备粮管理集团有限公司	0	0	0	0
46	国家开发投资集团有限公司	0	0	0	0
47	招商局集团有限公司	0	0	0	0
48	华润（集团）有限公司	0	0	0	0
49	中国旅游集团有限公司［香港中旅（集团）有限公司］	0	0	0	0
50	中国商用飞机有限责任公司	0	156	0	0
51	中国节能环保集团有限公司	0	0	0	0

续表

序号	中文名称	是否有官方认证账号	好友数量	一年内发布的内容数量	一年内最高赞数
52	中国国际工程咨询有限公司	0	0	0	0
53	中国诚通控股集团有限公司	0	0	0	0
54	中国中煤能源集团有限公司	0	0	0	0
55	中国煤炭科工集团有限公司	0	0	0	0
56	机械科学研究总院集团有限公司	0	0	0	0
57	中国中钢集团有限公司	0	160	0	0
58	中国钢研科技集团有限公司	0	0	0	0
59	中国化工集团有限公司	0	0	0	0
60	中国化学工程集团有限公司	0	701	0	0
61	中国盐业集团有限公司	0	0	0	0
62	中国建材集团有限公司	0	1907	26	635
63	中国有色矿业集团有限公司	0	0	0	0
64	有研科技集团有限公司	0	0	0	0
65	矿冶科技集团有限公司	0	0	0	0
66	中国国际技术智力合作集团有限公司	0	0	0	0
67	中国建筑科学研究院有限公司	0	18	0	0
68	中国中车集团有限公司	0	492856	262	4600
69	中国铁路通信信号集团有限公司	0	346	0	0
70	中国铁路工程集团有限公司	0	0	0	0
71	中国铁道建筑集团有限公司	0	2060	0	0
72	中国交通建设集团有限公司	0	1145543	272	2006
73	中国普天信息产业集团有限公司	0	0	0	0
74	中国信息通信科技集团有限公司	0	0	0	0
75	中国农业发展集团有限公司	0	0	0	0
76	中国林业集团有限公司	0	0	0	0
77	中国医药集团有限公司	0	0	0	0
78	中国保利集团有限公司	0	2	0	0
79	中国建设科技有限公司	0	0	0	0
80	中国冶金地质总局	0	0	0	0
81	中国煤炭地质总局	0	0	0	0
82	新兴际华集团有限公司	0	0	0	0
83	中国民航信息集团有限公司	0	0	0	0
84	中国航空油料集团有限公司	0	0	0	0
85	中国航空器材集团有限公司	0	0	0	0

续表

序号	中文名称	是否有官方认证账号	好友数量	一年内发布的内容数量	一年内最高赞数
86	中国电力建设集团有限公司	0	109084	91	382
87	中国能源建设集团有限公司	1	50974	0	0
88	中国安能建设集团有限公司	0	0	0	0
89	中国黄金集团有限公司	0	0	0	0
90	中国广核集团有限公司	0	10896	57	202
91	中国华录集团有限公司	0	0	0	0
92	华侨城集团有限公司	0	0	0	0
93	南光（集团）有限公司［中国南光集团有限公司］	0	0	0	0
94	中国西电集团有限公司	0	23	0	0
95	中国铁路物资集团有限公司	0	0	0	0
96	中国国新控股有限责任公司	0	0	0	0
97	中国检验认证（集团）有限公司	0	115	0	0

附表 2－8　参照企业 Facebook 传播力具体指标数据

排名	中文名称	是否有官方认证账号	好友数量	一年内发布的内容数量	一年内最高赞数
1	华为技术有限公司	1	19808304	709	360000
2	荷兰皇家壳牌集团	1	9437143	85	854

附表 2－9　97 家中央企业 Instagram 传播力具体指标数据

排名	中文名称	是否有官方认证账号	粉丝数量	一年内发布的内容数量	一年内最多回复数量	一年内图文最高点赞量	一年内视频最高点击量
1	中国核工业集团有限公司	0	0	0	0	0	0
2	中国航天科技集团有限公司	0	0	0	0	0	0
3	中国航天科工集团有限公司	0	0	0	0	0	0
4	中国航空工业集团有限公司	0	0	0	0	0	0
5	中国船舶集团有限公司	0	0	0	0	0	0
6	中国兵器工业集团有限公司	0	0	0	0	0	0
7	中国兵器装备集团有限公司	0	0	0	0	0	0
8	中国电子科技集团有限公司	0	0	0	0	0	0
9	中国航空发动机集团有限公司	0	0	0	0	0	0
10	中国融通资产管理集团有限公司	0	0	0	0	0	0
11	中国石油天然气集团有限公司	0	214	29	1	46	88

续表

排名	中文名称	是否有官方认证账号	粉丝数量	一年内发布的内容数量	一年内最多回复数量	一年内图文最高点赞量	一年内视频最高点击量
12	中国石油化工集团有限公司	0	929	0	0	0	0
13	中国海洋石油集团有限公司	0	166	0	0	0	0
14	国家石油天然气管网集团有限公司	0	33	0	0	0	0
15	国家电网有限公司	0	678	114	3	84	300
16	中国南方电网有限责任公司	0	0	0	0	0	0
17	中国华能集团有限公司	0	0	0	0	0	0
18	中国大唐集团有限公司	0	0	0	0	0	0
19	中国华电集团有限公司	0	0	0	0	0	0
20	国家电力投资集团有限公司	0	0	0	0	0	0
21	中国长江三峡集团有限公司	0	29	0	0	0	0
22	国家能源投资集团有限责任公司	0	0	0	0	0	0
23	中国电信集团有限公司	0	1019	100	2	2692	0
24	中国联合网络通信集团有限公司	0	2124	240	2	429	18
25	中国移动通信集团有限公司	0	22000	295	130	33000	59000
26	中国电子信息产业集团有限公司	0	0	0	0	0	0
27	中国第一汽车集团有限公司	0	4731	188	1130	165	62300
28	东风汽车集团有限公司	0	6588	169	3	116	593
29	中国一重集团有限公司	0	0	0	0	0	0
30	中国机械工业集团有限公司	0	1604	20	34	61	28000
31	哈尔滨电气集团有限公司	0	0	0	0	0	0
32	中国东方电气集团有限公司	0	0	0	0	0	0
33	鞍钢集团有限公司	0	0	0	0	0	0
34	中国宝武钢铁集团有限公司	0	2	2	0	0	0
35	中国铝业集团有限公司	0	9792	182	65	393	1936
36	中国远洋海运集团有限公司	0	4139	60	4	165	0
37	中国航空集团有限公司	0	13000	0	0	0	0
38	中国东方航空集团有限公司	0	10000	286	15	313	1002
39	中国南方航空集团有限公司	1	234000	462	199	4475	16000
40	中国中化集团有限公司	0	47	0	0	0	0
41	中粮集团有限公司	0	3549	40	10	362	1395
42	中国五矿集团有限公司	0	0	0	0	0	0
43	中国通用技术（集团）控股有限责任公司	0	0	0	0	0	0

续表

排名	中文名称	是否有官方认证账号	粉丝数量	一年内发布的内容数量	一年内最多回复数量	一年内图文最高点赞量	一年内视频最高点击量
44	中国建筑集团有限公司	1	5476	168	6	17000	8393
45	中国储备粮管理集团有限公司	0	0	3	12	95	0
46	国家开发投资集团有限公司	0	0	0	0	0	0
47	招商局集团有限公司	0	0	0	0	0	0
48	华润（集团）有限公司	0	0	2	0	26	0
49	中国旅游集团有限公司［香港中旅（集团）有限公司］	0	0	0	0	0	0
50	中国商用飞机有限责任公司	0	0	0	0	0	0
51	中国节能环保集团有限公司	0	0	0	0	0	0
52	中国国际工程咨询有限公司	0	0	0	0	0	0
53	中国诚通控股集团有限公司	0	0	0	0	0	0
54	中国中煤能源集团有限公司	0	0	0	0	0	0
55	中国煤炭科工集团有限公司	0	0	0	0	0	0
56	机械科学研究总院集团有限公司	0	0	0	0	0	0
57	中国中钢集团有限公司	0	22	78	0	2	0
58	中国钢研科技集团有限公司	0	0	0	0	0	0
59	中国化工集团有限公司	0	0	7	2	533	247
60	中国化学工程集团有限公司	0	0	0	0	0	0
61	中国盐业集团有限公司	0	0	0	0	0	0
62	中国建材集团有限公司	0	0	0	0	0	0
63	中国有色矿业集团有限公司	0	0	0	0	0	0
64	有研科技集团有限公司	0	0	0	0	0	0
65	矿冶科技集团有限公司	0	0	0	0	0	0
66	中国国际技术智力合作集团有限公司	0	0	0	0	0	0
67	中国建筑科学研究院有限公司	0	0	0	0	0	0
68	中国中车集团有限公司	0	53000	141	4	242	758
69	中国铁路通信信号集团有限公司	0	0	0	0	0	0
70	中国铁路工程集团有限公司	0	1507	192	3	9994	99000
71	中国铁道建筑集团有限公司	0	132	55	2	21	92
72	中国交通建设集团有限公司	0	0	0	0	0	0
73	中国普天信息产业集团有限公司	0	0	0	0	0	0
74	中国信息通信科技集团有限公司	0	0	0	0	0	0

续表

排名	中文名称	是否有官方认证账号	粉丝数量	一年内发布的内容数量	一年内最多回复数量	一年内图文最高点赞量	一年内视频最高点击量
75	中国农业发展集团有限公司	0	0	0	0	0	0
76	中国林业集团有限公司	0	0	0	0	0	0
77	中国医药集团有限公司	0	0	0	0	0	0
78	中国保利集团有限公司	0	0	0	0	0	0
79	中国建设科技有限公司	0	0	0	0	0	0
80	中国冶金地质总局	0	0	0	0	0	0
81	中国煤炭地质总局	0	0	0	0	0	0
82	新兴际华集团有限公司	0	0	0	0	0	0
83	中国民航信息集团有限公司	0	0	0	0	0	0
84	中国航空油料集团有限公司	0	0	0	0	0	0
85	中国航空器材集团有限公司	0	0	0	0	0	0
86	中国电力建设集团有限公司	0	35000	95	1	51	177
87	中国能源建设集团有限公司	0	0	0	0	0	0
88	中国安能建设集团有限公司	0	0	0	0	0	0
89	中国黄金集团有限公司	0	0	0	0	0	0
90	中国广核集团有限公司	0	102	0	0	0	0
91	中国华录集团有限公司	0	0	0	0	0	0
92	华侨城集团有限公司	0	0	0	0	0	0
93	南光（集团）有限公司［中国南光集团有限公司］	0	0	0	0	0	0
94	中国西电集团有限公司	0	0	0	0	0	0
95	中国铁路物资集团有限公司	0	0	0	0	0	0
96	中国国新控股有限责任公司	0	0	0	0	0	0
97	中国检验认证（集团）有限公司	0	0	0	0	0	0

附表 2－10　参照企业 Instagram 传播力具体指标数据

排名	中文名称	是否有官方认证账号	粉丝数量	一年内发布的内容数量	一年内最多回复数量	一年内图文最高点赞量	一年内视频最高点击量
1	华为技术有限公司	1	1273000	766	959	52000	73999
2	荷兰皇家壳牌集团	1	293000	7	734	6329	20000

附表 2－11　97 家中央企业 YouTube 传播力具体指标数据

排名	中文名称	是否有官方认证账号	订阅数量	一年内发布的内容数量	一年内最高点击量
1	中国核工业集团有限公司	0	0	0	0
2	中国航天科技集团有限公司	0	0	0	0
3	中国航天科工集团有限公司	0	0	0	0
4	中国航空工业集团有限公司	0	0	0	0
5	中国船舶集团有限公司	0	0	0	0
6	中国兵器工业集团有限公司	0	0	0	0
7	中国兵器装备集团有限公司	0	0	0	0
8	中国电子科技集团有限公司	0	0	0	0
9	中国航空发动机集团有限公司	0	0	0	0
10	中国融通资产管理集团有限公司	0	0	0	0
11	中国石油天然气集团有限公司	0	50	3	560
12	中国石油化工集团有限公司	0	2760	42	19000
13	中国海洋石油集团有限公司	0	4080	3	1474
14	国家石油天然气管网集团有限公司	0	0	0	0
15	国家电网有限公司	0	0	0	0
16	中国南方电网有限责任公司	0	0	0	0
17	中国华能集团有限公司	0	0	0	0
18	中国大唐集团有限公司	0	0	0	0
19	中国华电集团有限公司	0	0	0	0
20	国家电力投资集团有限公司	0	0	0	0
21	中国长江三峡集团有限公司	0	0	0	0
22	国家能源投资集团有限责任公司	0	0	0	0
23	中国电信集团有限公司	0	225	7	225091
24	中国联合网络通信集团有限公司	0	101	10	157
25	中国移动通信集团有限公司	0	5170	70	2307518
26	中国电子信息产业集团有限公司	0	0	0	0
27	中国第一汽车集团有限公司	0	154	3	195
28	东风汽车集团有限公司	0	0	0	0
29	中国一重集团有限公司	0	0	0	0
30	中国机械工业集团有限公司	0	891	9	1168
31	哈尔滨电气集团有限公司	0	420	6	16007
32	中国东方电气集团有限公司	0	0	0	0
33	鞍钢集团有限公司	0	0	0	0
34	中国宝武钢铁集团有限公司	0	0	0	0

续表

排名	中文名称	是否有官方认证账号	订阅数量	一年内发布的内容数量	一年内最高点击量
35	中国铝业集团有限公司	0	827	31	3771
36	中国远洋海运集团有限公司	0	0	0	0
37	中国航空集团有限公司	0	1070	0	0
38	中国东方航空集团有限公司	0	160	0	0
39	中国南方航空集团有限公司	0	1320	37	1006
40	中国中化集团有限公司	0	32	1	30
41	中粮集团有限公司	0	220	7	415
42	中国五矿集团有限公司	0	0	0	0
43	中国通用技术（集团）控股有限责任公司	0	0	0	0
44	中国建筑集团有限公司	0	13100	61	65000
45	中国储备粮管理集团有限公司	0	0	0	0
46	国家开发投资集团有限公司	0	0	0	0
47	招商局集团有限公司	0	0	0	0
48	华润（集团）有限公司	0	0	0	0
49	中国旅游集团有限公司［香港中旅（集团）有限公司］	0	0	0	0
50	中国商用飞机有限责任公司	0	0	0	0
51	中国节能环保集团有限公司	0	0	0	0
52	中国国际工程咨询有限公司	0	0	0	0
53	中国诚通控股集团有限公司	0	0	0	0
54	中国中煤能源集团有限公司	0	0	0	0
55	中国煤炭科工集团有限公司	0	3	0	0
56	机械科学研究总院集团有限公司	0	0	0	0
57	中国中钢集团有限公司	0	0	0	0
58	中国钢研科技集团有限公司	0	0	0	0
59	中国化工集团有限公司	0	0	0	0
60	中国化学工程集团有限公司	0	0	0	0
61	中国盐业集团有限公司	0	0	0	0
62	中国建材集团有限公司	0	0	0	0
63	中国有色矿业集团有限公司	0	0	0	0
64	有研科技集团有限公司	0	0	0	0
65	矿冶科技集团有限公司	0	0	0	0
66	中国国际技术智力合作集团有限公司	0	0	0	0
67	中国建筑科学研究院有限公司	0	0	0	0
68	中国中车集团有限公司	0	38300	148	8907

续表

排名	中文名称	是否有官方认证账号	订阅数量	一年内发布的内容数量	一年内最高点击量
69	中国铁路通信信号集团有限公司	0	18	0	0
70	中国铁路工程集团有限公司	0	0	0	0
71	中国铁道建筑集团有限公司	0	0	0	0
72	中国交通建设集团有限公司	0	0	0	0
73	中国普天信息产业集团有限公司	0	0	0	0
74	中国信息通信科技集团有限公司	0	0	0	0
75	中国农业发展集团有限公司	0	0	0	0
76	中国林业集团有限公司	0	0	0	0
77	中国医药集团有限公司	0	19	7	35
78	中国保利集团有限公司	0	0	0	0
79	中国建设科技有限公司	0	0	0	0
80	中国冶金地质总局	0	0	0	0
81	中国煤炭地质总局	0	0	0	0
82	新兴际华集团有限公司	0	413	0	0
83	中国民航信息集团有限公司	0	30	0	0
84	中国航空油料集团有限公司	0	0	0	0
85	中国航空器材集团有限公司	0	0	0	0
86	中国电力建设集团有限公司	0	17100	6	277
87	中国能源建设集团有限公司	0	11	8	70
88	中国安能建设集团有限公司	0	0	0	0
89	中国黄金集团有限公司	0	0	0	0
90	中国广核集团有限公司	0	1	1	2
91	中国华录集团有限公司	0	0	0	0
92	华侨城集团有限公司	0	0	0	0
93	南光（集团）有限公司［中国南光集团有限公司］	0	0	0	0
94	中国西电集团有限公司	0	0	0	0
95	中国铁路物资集团有限公司	0	0	0	0
96	中国国新控股有限责任公司	0	0	0	0
97	中国检验认证（集团）有限公司	0	5	0	0

附表 2－12　参照企业 YouTube 传播力具体指标

排名	中文名称	是否有官方认证账号	订阅数量	一年内发布的内容数量	一年内最高点击量
1	华为技术有限公司	1	731000	108	10160712
2	荷兰皇家壳牌集团	1	429000	18	660000

第三章　2020 中国城市海外网络传播力建设报告

摘　要

党的十九大报告提出，“推进国际传播能力建设，讲好中国故事，展现真实、立体、全面的中国，提高国家文化软实力”。城市是一个国家海外传播力的构成部分，建构国家对外形象的重要元素。

本报告采集我国 337 座城市（自治州、地区、盟）在 Google News、Twitter 和 YouTube 3 个维度上的数据，通过综合模型计算分析得出中国城市的海外网络传播力综合指数，从第一层次的“在场”和第二层次的“评价”维度来考察我国城市在互联网英文世界中的传播力。研究发现，2020 年中国城市海外传播主要具有以下特征：

（1）我国 337 座城市（自治州、地区、盟）海外网络传播力综合指数排名前十位依次是上海市、北京市、武汉市、深圳市、广州市、成都市、天津市、重庆市、杭州市、西安市。

（2）直辖市、副省级城市和省会城市总体占据海外网络传播力排名的前端。单看地级城市（地区、自治州）排名前十位依次是苏州市、三亚市、珠海市、扬州市、中山市、南通市、无锡市、东莞市、洛阳市、黄山市。

（3）从每个省的城市海外网络传播力平均得分来看，排名前十位省份依次是江苏省、浙江省、广东省、福建省、湖北省、海南省、河北省、山东省、贵州省、湖南省。

（4）2018～2020 年中国城市海外网络传播力排名靠前的城市总体比较稳定，18 个城市一直排在前二十名；2020 年苏州、三亚挤入前二十强。

（5）一方面，中国城市海外网络传播力综合指数与 GDP 指数呈现强相关关系，传播力综合指数排名前二十的城市有 14 个入围 2020 年前三个季度 GDP 指数排名前二十；另一方面，以三亚市为代表的 GDP 不靠前城市也可以建设较好的海外网络传播力。

（6）海外网络传播力排名前十位城市，在 Google、Twitter、YouTube 各平台传播力增长指数也较高，城市海外网络传播力呈现强者愈强的特征。

（7）地方文化特色是海外网络传播力建设的亮点。

（8）武汉市因新型冠状病毒肺炎疫情受到广泛关注，海外网络传播力综合指数增长明显。

（9）珠三角、长三角、环渤海、成渝 4 城市群稳占海外网络传播力“高地”。

（10）成都市、重庆市奠定西部海外网络传播领头羊地位。

（11）苏州市、三亚市、无锡市、珠海市逐渐成为地级城市海外网络传播力排头兵。

（12）扬州市、中山市、南通市、洛阳市、黄山市首次进入地级市海外网络传播力排名前十。

（13）攀枝花市、乐山市等地级城市海外网络传播力进步明显。

一、背景

党的十九大报告提出，“推进国际传播能力建设，讲好中国故事，展现真实、立体、全面的中国，提高国家文化软实力”。城市是一个国家的组成单元，国家对外形象建构的重要元素。我国城市积极履行“走出去”战略，打造城市的全球形象。

互联网是当前民众最主要的信息获取渠道。海外网络、社交平台打破国家地域限制，社会大众对城市的认知在很大程度上依赖网络传播。因此，对城市海外网络传播力的调查研究可以帮助我们把握城市形象打造的操作现状与问题，为我国城市海外形象的建设提供参考。

本报告选择新闻、社交和视频平台来进行考察。Google News 在美国每月拥有约 3.5 亿次的访问量，是英文新闻最大的集合渠道。YouTube 每个月有超过 30 亿次的搜索量，其已注册访问用户数量稳定在 18 亿人次以上，是互联网流量的重要平台。Twitter 是有代表性的全球性社交媒体开放平台，有多样性话题讨论和形成舆论的功能。

本报告将传播力分为“在场”、“评价”、“承认”三个层次，它们分别通过衡量一个国家在互联网场域中的提及率、评价的正负取向及互联网世界对一个国家传播内容的价值承认程度来进行测量与反馈。在这三个层次中，“在场”是基础，只有在“在场”前提下，才可能有后面的层次。多元文化背景下海外传播力的最高目标在于承认，和而不同，各美其美，也就是“虽不同意，但却承认”是国际传播预期达到的目标。

本报告从第一层次的“在场”和第二层次的“评价”维度来考察我国城市在互联网英文世界中的传播力。在构建中国城市海外网络传播力测量维度时将一个城市在互联网场域中（Google News、Twitter、YouTube）的提及率、评价的正负取向作为测量“在场”和“评价”传播力的维度。

本报告选取了中国 337 座地级及以上城市（自治州、地区、盟）作为研究对象，通过抓取国际搜索网站和大型社交平台数据，设定具体的维度和指标进行比对分析，以了解我国城市海外网络传播力现状以及增长指数，完善我国海外网络传播体系建设，进而提升中国的国际传播力。

二、方法

（一）数据采集平台与时间

本报告选取 Google、Twitter、YouTube 3 个海外媒体平台上的传播情况作为中国城市海外网络传播力的考察维度。

Google 作为全球最普及的搜索引擎，提供 30 余种语言服务，在全球搜索引擎平台上占据主导地位。因此以 Google 为平台分析中国城市的新闻内容和报道数量具有较高的研究价值和可信度。

Twitter 为受众提供了一个公共讨论平台，所有信息都可以即时检索。Twitter 在自媒体平台上有着很强的国际影响力，在国际网站 Alexa. com 排名中，Twitter 影响力远远高于论坛、博客等其他自媒体平台。平台的数据统计在一定程度上可以反映中国城市在海外传播的深度与广度。

YouTube 是世界上规模最大和最有影响力的视频网站，深受中年和青少年人群青睐，在 YouTube 平台上进行影像视觉传播可以实现快速、大范围传播，吸引全球用户关注中国城市并形成视觉化印象。YouTube 平台的统计数据在一定程度上也可以反映中国城市的跨文化传播和沟通能力。

本报告中 Google News、Twitter、YouTube 3 个维度的数据采集时间为 2019 年 10 月 15 日至 2020 年 10 月 15 日。同时，采集了 2008 年、2013 年、2018 年与 2019 年的数据做趋势分析。

（二）指标与算法

本研究选取 Google、Twitter、YouTube 3 个平台作为考察维度，比重为 40%：30%：30%。中国城市海外网络传播力综合指数具体算法如下：

$$y_j = \left(\sum_{i=1}^{3} a_i \frac{\lg x_{ij}}{\max\limits_{1 \leqslant j \leqslant 337} (\lg x_{ij})} \right) \times 100$$

其中，y_j 为任意一个城市的传播力指数；a_i 为指标的权重，$i = 1, 2, 3$，如 a_1 代表 Google 新闻数量所占的权重，因此 $a_1 = 40\%$。x_{ij} 为第 j 个城市在第 i 个指标上的数值，如 x_{12} 表示第 2 个城市在 Google 新闻上的数量。

通过抽样检测的方法，在 3 个平台总量中筛除负面新闻。由于算法中使用了对数标准化，因此原始数据中"0"改成了"1"，这种改变并不影响最终结果。

本报告采用传播力增长指数来衡量各个城市在 Google、Twitter 和 YouTube 3 个平台上传播力的变化情况。首先，统计2008年、2013年、2018年、2019年和2020年各个城市在3个平台上的相关数据。其次，通过对这5年的数据进行线性拟合；拟合所得的斜率即为传播力增长指数。以上海市的Google传播力增长指数的计算为例，分别统计Google平台上在2008年、2013年、2018年、2019年和2020年这5年有关上海市的数据量；对这5个数据进行线性拟合，线性拟合所得到的斜率即为上海市在Google平台上的传播力增长指数。

（三）分析对象选择

本报告选取了中国337座地级及以上城市（自治州、地区、盟）作为研究对象（指中国内陆城市，不包括港澳台地区），在3个平台中用对直辖市、省会城市和计划单列市输入带双引号的城市英文名称，对其他地级市采取输入带双引号的城市+所在省份英文名称的方法进行数据采集（因吉林市与吉林省英文名称一致，故采用“Jilin city”进行搜索）。

表3-1 337座城市中英文名称对照

中文名称	英文搜索名称	中文名称	英文搜索名称	中文名称	英文搜索名称
上海市	“Shanghai”	合肥市	“Hefei”	中山市	“Zhongshan”“Guangdong”
北京市	“Beijing”	佛山市	“Foshan”“Guangdong”	绍兴市	“Shaoxing”“Zhejiang”
深圳市	“Shenzhen”	福州市	“Fuzhou”	乌鲁木齐市	“Urumqi”
广州市	“Guangzhou”	哈尔滨市	“Harbin”	潍坊市	“Weifang”“Shandong”
成都市	“Chengdu”	济南市	“Jinan”	兰州市	“Lanzhou”
杭州市	“Hangzhou”	温州市	“Wenzhou”“Zhejiang”	珠海市	“Zhuhai”“Guangdong”
重庆市	“Chongqing”	长春市	“Changchun”	镇江市	“Zhenjiang”“Jiangsu”
武汉市	“Wuhan”	石家庄市	“Shijiazhuang”	海口市	“Haikou”
苏州市	“Suzhou”“Jiangsu”	常州市	“Changzhou”“Jiangsu”	扬州市	“Yangzhou”“Jiangsu”
西安市	“Xi'an”	泉州市	“Quanzhou”“Fujian”	临沂市	“Linyi”“Shandong”
天津市	“Tianjin”	南宁市	“Nanning”	洛阳市	“Luoyang”“Henan”
南京市	“Nanjing”	贵阳市	“Guiyang”	唐山市	“Tangshan”“Hebei”
郑州市	“Zhengzhou”	南昌市	“Nanchang”	呼和浩特市	“Hohhot”
长沙市	“Changsha”	南通市	“Nantong”“Jiangsu”	盐城市	“Yancheng”“Jiangsu”
沈阳市	“Shenyang”	金华市	“Jinhua”“Zhejiang”	汕头市	“Shantou”“Guangdong”
青岛市	“Qingdao”	徐州市	“Xuzhou”“Jiangsu”	廊坊市	“Langfang”“Hebei”
宁波市	“Ningbo”	太原市	“Taiyuan”	泰州市	“Taizhou”“Jiangsu”
东莞市	“Dongguan”“Guangdong”	嘉兴市	“Jiaxing”“Zhejiang”	济宁市	“Jining”“Shandong”
无锡市	“Wuxi”“Jiangsu”	烟台市	“Yantai”“Shandong”	湖州市	“Huzhou”“Zhejiang”
昆明市	“Kunming”	惠州市	“Huizhou”“Guangdong”	江门市	“Jiangmen”“Guangdong”
大连市	“Dalian”	保定市	“Baoding”“Hebei”	银川市	“Yinchuan”
厦门市	“Xiamen”	台州市	“Taizhou”“Zhejiang”	淄博市	“Zibo”“Shandong”

续表

中文名称	英文搜索名称	中文名称	英文搜索名称	中文名称	英文搜索名称
邯郸市	"Handan" "Hebei"	菏泽市	"Heze" "Shandong"	梅州市	"Meizhou" "Guangdong"
芜湖市	"Wuhu" "Anhui"	蚌埠市	"Bengbu" "Anhui"	宣城市	"Xuancheng" "Anhui"
漳州市	"Zhangzhou" "Fujian"	邢台市	"Xingtai" "Hebei"	周口市	"Zhoukou" "Henan"
绵阳市	"Mianyang" "Sichuan"	铜陵市	"Tongling" "Anhui"	丽水市	"Lishui" "Zhejiang"
桂林市	"Guilin" "Guangxi"	阜阳市	"Fuyang" "Anhui"	安庆市	"Anqing" "Anhui"
三亚市	"Sanya" "Hainan"	荆州市	"Jingzhou" "Hubei"	三明市	"Sanming" "Fujian"
遵义市	"Zunyi" "Guizhou"	驻马店市	"Zhumadian" "Henan"	枣庄市	"Zaozhuang" "Shandong"
咸阳市	"Xianyang" "Shanxi"	湘潭市	"Xiangtan" "Hunan"	南充市	"Nanchong" "Sichuan"
上饶市	"Shangrao" "Jiangxi"	滁州市	"Chuzhou" "Anhui"	淮南市	"Huainan" "Anhui"
莆田市	"Putian" "Fujian"	肇庆市	"Zhaoqing" "Guangdong"	平顶山市	"Pingdingshan" "Henan"
宜昌市	"Yichang" "Hubei"	德阳市	"Deyang" "Sichuan"	东营市	"Dongying" "Shandong"
赣州市	"Ganzhou" "Jiangxi"	曲靖市	"Qujing" "Yunnan"	呼伦贝尔市	"Hulunbeier" "Inner Mongolia"
淮安市	"Huai'an" "Jiangsu"	秦皇岛市	"Qinhuangdao" "Hebei"		
揭阳市	"Jieyang" "Guangdong"	潮州市	"Chaozhou" "Guangdong"	乐山市	"Leshan" "Sichuan"
沧州市	"Cangzhou" "Hebei"	吉林市	"Jilin city"	张家口市	"Zhangjiakou" "Hebei"
商丘市	"Shangqiu" "Henan"	常德市	"Changde" "Hunan"	清远市	"Qingyuan" "Guangdong"
连云港市	"Lianyungang" "Jiangsu"	宜春市	"Yichun" "Jiangxi"	焦作市	"Jiaozuo" "Henan"
柳州市	"Liuzhou" "Guangxi"	黄冈市	"Huanggang" "Hubei"	河源市	"Heyuan" "Guangdong"
岳阳市	"Yueyang" "Hunan"	舟山市	"Zhoushan" "Zhejiang"	运城市	"Yuncheng" "Shanxi"
信阳市	"Xinyang" "Henan"	泰安市	"Taian" "Shandong"	锦州市	"Jinzhou" "Liaoning"
株洲市	"Zhuzhou" "Hunan"	孝感市	"Xiaogan" "Hubei"	赤峰市	"Chifeng" "Inner Mongolia"
衡阳市	"Hengyang" "Hunan"	鄂尔多斯市	"Ordos" "Inner Mongolia"	六安市	"Lu'an" "Anhui"
襄阳市	"Xiangyang" "Hubei"	开封市	"Kaifeng" "Henan"	盘锦市	"Panjin" "Liaoning"
南阳市	"Nanyang" "Henan"	南平市	"Nanping" "Fujian"	宜宾市	"Yibin" "Sichuan"
威海市	"Weihai" "Shandong"	齐齐哈尔市	"Qiqihar" "Heilongjiang"	榆林市	"Yulin" "Shanxi"
湛江市	"Zhanjiang" "Guangdong"	德州市	"Dezhou" "Shandong"	日照市	"Rizhao" "Shandong"
包头市	"Baotou" "Inner Mongolia"	宝鸡市	"Baoji" "Shanxi"	晋中市	"Jinzhong" "Shanxi"
鞍山市	"Anshan" "Liaoning"	马鞍山市	"Maanshan" "Anhui"	怀化市	"Huaihua" "Hunan"
九江市	"Jiujiang" "Jiangxi"	郴州市	"Chenzhou" "Hunan"	承德市	"Chengde" "Hebei"
大庆市	"Daqing" "Heilongjiang"	安阳市	"Anyang" "Henan"	遂宁市	"Suining" "Sichuan"
许昌市	"Xuchang" "Henan"	龙岩市	"Longyan" "Fujian"	毕节市	"Bijie" "Guizhou"
新乡市	"Xinxiang" "Henan"	聊城市	"Liaocheng" "Shandong"	佳木斯市	"Jiamusi" "Heilongjiang"
宁德市	"Ningde" "Fujian"	渭南市	"Weinan" "Shanxi"	滨州市	"Binzhou" "Shandong"
西宁市	"Xining" "Qinghai"	宿州市	"Suzhou" "Anhui"	益阳市	"Yiyang" "Hunan"
宿迁市	"Suqian" "Jiangsu"	衢州市	"Quzhou" "Zhejiang"	汕尾市	"Shanwei" "Guangdong"

续表

中文名称	英文搜索名称	中文名称	英文搜索名称	中文名称	英文搜索名称
邵阳市	“Shaoyang” “Hunan”	丽江市	“Lijiang” “Yunnan”	贵港市	“Guigang” “Guangxi”
玉林市	“Yulin” “Guangxi”	漯河市	“Luohe” “Henan”	萍乡市	“Pingxiang” “Jiangxi”
衡水市	“Hengshui” “Hebei”	铜仁市	“Tongren” “Guizhou”	酒泉市	“Jiuquan” “Gansu”
韶关市	“Shaoguan” “Guangdong”	大同市	“Datong” “Shanxi”	忻州市	“Xinzhou” “Shanxi”
吉安市	“Ji’an” “Jiangxi”	松原市	“Songyuan” “Jilin”	天水市	“Tianshui” “Gansu”
北海市	“Beihai” “Guangxi”	通化市	“Tonghua” “Jilin”	防城港市	“Fangchenggang” “Guangxi”
茂名市	“Maoming” “Guangdong”	红河哈尼族彝族自治州	“Honghe” “Yunnan”	鄂州市	“Ezhou” “Hubei”
延边朝鲜族自治州	“Yanbian” “Jilin”	内江市	“Neijiang” “Sichuan”	锡林郭勒盟	“XilinGol League” “Inner Mongolia”
黄山市	“Huangshan” “Anhui”	长治市	“Changzhi” “Shanxi”	白山市	“Baishan” “Jilin”
阳江市	“Yangjiang” “Guangdong”	荆门市	“Jingmen” “Hubei”	黑河市	“Heihe” “Heilongjiang”
抚州市	“Fuzhou” “Jiangxi”	梧州市	“Wuzhou” “Guangxi”	克拉玛依市	“Karamay” “Xinjiang”
娄底市	“Loudi” “Hunan”	拉萨市	“Lhasa” “Tibet”	临沧市	“Lincang” “Yunnan”
营口市	“Yingkou” “Liaoning”	汉中市	“Hanzhong” “Shanxi”	三门峡市	“Sanmenxia” “Henan”
牡丹江市	“Mudanjiang” “Heilongjiang”	四平市	“Siping” “Jilin”	伊春市	“Yichun” “Heilongjiang”
大理白族自治州	“Dali” “Yunnan”	鹰潭市	“Yingtan” “Jiangxi”	鹤壁市	“Hebi” “Henan”
		广元市	“Guangyuan” “Sichuan”	随州市	“Suizhou” “Hubei”
咸宁市	“Xianning” “Hubei”	云浮市	“Yunfu” “Guangdong”	新余市	“Xinyu” “Jiangxi”
黔东南苗族侗族自治州	“Qiandongnan” “Guizhou”	葫芦岛市	“Huludao” “Liaoning”	晋城市	“Jincheng” “Shanxi”
		本溪市	“Benxi” “Liaoning”	文山壮族苗族自治州	“Wenshan” “Yunnan”
安顺市	“Anshun” “Guizhou”	景德镇市	“Jingdezhen” “Jiangxi”		
黔南布依族苗族自治州	“Qiannan” “Guizhou”	六盘水市	“Liupanshui” “Guizhou”	巴彦淖尔市	“Bayannaoer” “Inner Mongolia”
		达州市	“Dazhou” “Sichuan”		
泸州市	“Luzhou” “Sichuan”	铁岭市	“Tieling” “Liaoning”	河池市	“Hechi” “Guangxi”
玉溪市	“Yuxi” “Yunnan”	钦州市	“Qinzhou” “Guangxi”	凉山彝族自治州	“Liangshan” “Sichuan”
通辽市	“Tongliao” “Inner Mongolia”	广安市	“Guang’an” “Sichuan”		
丹东市	“Dandong” “Liaoning”	保山市	“Baoshan” “Yunnan”	乌海市	“Wuhai” “Inner Mongolia”
临汾市	“Linfen” “Shanxi”	自贡市	“Zigong” “Sichuan”	楚雄彝族自治州	“Chuxiong” “Yunnan”
眉山市	“Meishan” “Sichuan”	辽阳市	“Liaoyang” “Liaoning”		
十堰市	“Shiyan” “Hubei”	百色市	“Baise” “Guangxi”	恩施土家族苗族自治州	“Enshi” “Hubei”
黄石市	“Huangshi” “Hubei”	乌兰察布市	“Ulanqab” “Inner Mongolia”		
濮阳市	“Puyang” “Henan”			吕梁市	“Luliang” “Shanxi”
亳州市	“Bozhou” “Anhui”	普洱市	“Puer” “Yunnan”	池州市	“Chizhou” “Anhui”
抚顺市	“Fushun” “Liaoning”	黔西南布依族苗族自治州	“Qianxinan” “Guizhou”	西双版纳傣族自治州	“Xishuangbanna” “Yunnan”
永州市	“Yongzhou” “Hunan”				

续表

中文名称	英文搜索名称
延安市	“Yan’an” “Shaanxi”
雅安市	“Ya’an” “Sichuan”
巴中市	“Bazhong” “Sichuan”
双鸭山市	“Shuangyashan” “Heilongjiang”
攀枝花市	“Panzhihua” “Sichuan”
阜新市	“Fuxin” “Liaoning”
兴安盟	“Xing’an” “Inner Mongolia”
张家界市	“Zhangjiajie” “Hunan”
昭通市	“Zhaotong” “Yunnan”
海东市	“Haidong” “Qinghai”
安康市	“Ankang” “Shaanxi”
白城市	“Baicheng” “Jilin”
朝阳市	“Chaoyang” “Liaoning”
绥化市	“Suihua” “Heilongjiang”
淮北市	“Huaibei” “Anhui”
辽源市	“Liaoyuan” “Jilin”
定西市	“Dingxi” “Gansu”
吴忠市	“Wuzhong” “Ningxia”
鸡西市	“Jixi” “Heilongjiang”
张掖市	“Zhangye” “Gansu”
鹤岗市	“Hegang” “Heilongjiang”
崇左市	“Chongzuo” “Guangxi”
湘西土家族苗族自治州	“Xiangxi” “Hunan”
林芝市	“Linzhi” “Tibet”
来宾市	“Laibin” “Guangxi”
贺州市	“Hezhou” “Guangxi”
德宏傣族景颇族自治州	“Dehong” “Yunnan”
资阳市	“Ziyang” “Sichuan”
阳泉市	“Yangquan” “Shanxi”
商洛市	“Shangluo” “Shaanxi”
陇南市	“Longnan” “Gansu”
平凉市	“Pingliang” “Gansu”
庆阳市	“Qingyang” “Gansu”
甘孜藏族自治州	“Ganzi” “Sichuan”
大兴安岭地区	“Daxinganling” “Heilongjiang”
迪庆藏族自治州	“Diqing” “Yunnan”
阿坝藏族羌族自治州	“Aba” “Sichuan”
伊犁哈萨克自治州	“Ili” “Xinjiang”
中卫市	“Zhongwei” “Ningxia”
朔州市	“Shuozhou” “Shanxi”
儋州市	“Danzhou” “Hainan”
铜川市	“Tongchuan” “Shaanxi”
白银市	“Baiyin” “Gansu”
石嘴山市	“Shizuishan” “Ningxia”
武威市	“Wuwei” “Gansu”
固原市	“Guyuan” “Ningxia”
昌吉回族自治州	“Changji” “Xinjiang”
巴音郭楞蒙古自治州	“Bayin” “Xinjiang”
嘉峪关市	“Jiayuguan” “Gansu”
阿拉善盟	“Alxa” “Inner Mongolia”
阿勒泰地区	“Altay” “Xinjiang”
七台河市	“Qitaihe” “Heilongjiang”
海西蒙古族藏族自治州	“Haixi” “Qinghai”
塔城地区	“Tacheng” “Xinjiang”
日喀则市	“Shigatse” “Tibet”
昌都市	“Changdu” “Tibet”
海南藏族自治州	“Hainan” “Qinghai”
金昌市	“Jinchang” “Gansu”
哈密市	“Hami” “Xinjiang”
怒江傈僳族自治州	“Nujiang” “Yunnan”
吐鲁番市	“Turpan” “Xinjiang”
那曲地区	“Nagqu” “Tibet”
阿里地区	“Ali” “Tibet”
喀什地区	“Kashgar” “Xinjiang”
阿克苏地区	“Aksu” “Xinjiang”
甘南藏族自治州	“Gannan” “Gansu”
海北藏族自治州	“Haibei” “Qinghai”
山南市	“Shannan” “Tibet”
临夏回族自治州	“Linxia” “Gansu”
博尔塔拉蒙古自治州	“Bortala” “Xinjiang”
玉树藏族自治州	“Yushu” “Qinghai”
黄南藏族自治州	“Huangnan” “Qinghai”
和田地区	“Hotan” “Xinjiang”
三沙市	“Sansha” “Hainan”
克孜勒苏柯尔克孜自治州	“Kizilsu” “Xinjiang”
果洛藏族自治州	“Guoluo” “Qinghai”

三、中国城市海外网络传播力综合指数

（一）中国337座城市（自治州、地区、盟）海外网络传播力综合指数与排名

本报告整理并汇集我国337座城市（自治州、地区、盟）在Google News、Twitter和YouTube 3个维度上的数据，剔除各平台中的城市负面报道或评价信息，通过综合模型计算分析得出中国城市的海外网络传播力综合指数与排名。城市网络传播力总分的计算方法为：海外网络传播力每个维度得分最高的城市指数为100，各维度分别换算每个城市的海外网络传播力相对指数，综合Google News、Twitter和YouTube 3个维度得分，计算每个城市的海外网络传播力相对综合指数（保留1位小数位数）。

在337座城市（自治州、地区、盟）中，排名前三的分别是上海市（96.9）、北京市（95.1）、武汉市（93.2），其后第四到第十依次是深圳市（77.4）、广州市（75.6）、成都市（74.2）、天津市（71.4）、重庆市（71.3）、杭州市（71.1）、西安市（70.1）。

表3－2　337座城市海外网络传播力指数及排名

排名	城市	指数	排名	城市	指数
1	上海市	96.9	18	济南市	63.2
2	北京市	95.1	19	郑州市	63.2
3	武汉市	93.2	20	三亚市	62.9
4	深圳市	77.4	21	长沙市	62.5
5	广州市	75.6	22	宁波市	61.0
6	成都市	74.2	23	昆明市	60.6
7	天津市	71.4	24	福州市	60.1
8	重庆市	71.3	25	兰州市	59.4
9	杭州市	71.1	26	长春市	58.1
10	西安市	70.1	27	贵阳市	58.1
11	南京市	69.7	28	乌鲁木齐市	58.0
12	大连市	67.1	29	南宁市	57.7
13	哈尔滨市	66.0	30	拉萨市	57.3
14	青岛市	65.9	31	石家庄市	56.0
15	厦门市	65.9	32	合肥市	55.6
16	苏州市	65.2	33	珠海市	55.4
17	沈阳市	63.6	34	扬州市	54.7

续表

排名	城市	指数	排名	城市	指数
35	中山市	53.7	70	舟山市	41.3
36	南昌市	53.4	71	台州市	41.1
37	银川市	50.7	72	张家界市	41.1
38	海口市	50.5	73	喀什地区	41.0
39	南通市	50.3	74	临沂市	41.0
40	太原市	50.2	75	张家口市	40.7
41	无锡市	50.0	76	湖州市	40.6
42	东莞市	49.7	77	吐鲁番市	40.5
43	洛阳市	49.6	78	丹东市	40.3
44	呼和浩特市	49.3	79	和田地区	40.2
45	黄山市	48.8	80	漳州市	40.2
46	吉林市	48.8	81	嘉兴市	40.2
47	佛山市	48.5	82	宜宾市	39.8
48	桂林市	48.1	83	威海市	39.8
49	宜昌市	47.4	84	济宁市	39.7
50	温州市	47.0	85	西宁市	39.6
51	乐山市	45.9	86	西双版纳傣族自治州	39.6
52	泉州市	45.6	87	盐城市	39.4
53	常州市	45.5	88	大庆市	39.2
54	连云港市	45.4	89	承德市	38.9
55	绍兴市	45.3	90	淄博市	38.8
56	汕头市	45.0	91	湛江市	38.6
57	烟台市	44.7	92	襄阳市	38.5
58	开封市	44.3	93	惠州市	38.5
59	玉林市	44.0	94	安顺市	38.4
60	潮州市	43.9	95	黄冈市	38.4
61	大理白族自治州	43.6	96	丽江市	38.4
62	柳州市	43.4	97	眉山市	38.3
63	潍坊市	43.1	98	廊坊市	38.2
64	唐山市	42.8	99	汕尾市	38.2
65	恩施土家族苗族自治州	42.3	100	阿勒泰地区	38.1
66	镇江市	42.3	101	泰州市	38.0
67	莆田市	42.1	102	绵阳市	37.7
68	徐州市	42.0	103	自贡市	37.6
69	阿里地区	41.4	104	金华市	37.6

续表

排名	城市	指数	排名	城市	指数
105	荆州市	37.6	140	鄂州市	34.3
106	咸宁市	37.5	141	十堰市	34.2
107	肇庆市	37.4	142	日喀则市	34.1
108	九江市	37.2	143	衢州市	34.1
109	邯郸市	37.2	144	锦州市	34.0
110	保定市	37.1	145	牡丹江市	34.0
111	芜湖市	37.0	146	龙岩市	33.8
112	运城市	37.0	147	韶关市	33.8
113	江门市	36.9	148	延安市	33.7
114	沧州市	36.8	149	阿坝藏族羌族自治州	33.6
115	日照市	36.7	150	鞍山市	33.3
116	岳阳市	36.5	151	陇南市	33.3
117	张掖市	36.4	152	阳江市	33.2
118	湘西土家族苗族自治州	36.2	153	宁德市	33.2
119	临汾市	36.0	154	景德镇市	33.1
120	遵义市	36.0	155	酒泉市	33.1
121	淮南市	36.0	156	安庆市	33.1
122	伊犁哈萨克自治州	36.0	157	衡水市	33.0
123	大同市	35.9	158	河源市	33.0
124	赣州市	35.9	159	延边朝鲜族自治州	33.0
125	益阳市	35.8	160	焦作市	33.0
126	阜阳市	35.8	161	孝感市	33.0
127	北海市	35.7	162	郴州市	32.9
128	那曲地区	35.7	163	商丘市	32.7
129	株洲市	35.4	164	阿克苏地区	32.5
130	毕节市	35.3	165	怒江傈僳族自治州	32.5
131	宿州市	35.3	166	枣庄市	32.4
132	包头市	35.3	167	六安市	32.4
133	玉树藏族自治州	35.3	168	曲靖市	32.3
134	秦皇岛市	35.2	169	德宏傣族景颇族自治州	32.1
135	清远市	34.9	170	黔东南苗族侗族自治州	32.1
136	吉安市	34.9	171	铜仁市	32.0
137	梅州市	34.8	172	邢台市	31.9
138	南阳市	34.6	173	普洱市	31.9
139	盘锦市	34.4	174	泸州市	31.9

续表

排名	城市	指数	排名	城市	指数
175	安阳市	31.9	210	菏泽市	28.2
176	玉溪市	31.5	211	三门峡市	28.1
177	聊城市	31.5	212	黄石市	28.1
178	上饶市	31.4	213	黔南布依族苗族自治州	28.0
179	荆门市	31.4	214	临沧市	27.9
180	东营市	31.2	215	林芝市	27.9
181	抚州市	31.2	216	甘南藏族自治州	27.8
182	榆林市	30.9	217	晋中市	27.8
183	邵阳市	30.9	218	甘孜藏族自治州	27.8
184	梧州市	30.9	219	赤峰市	27.7
185	安康市	30.7	220	蚌埠市	27.6
186	达州市	30.7	221	亳州市	27.3
187	海西蒙古族藏族自治州	30.5	222	汉中市	27.3
188	南充市	30.4	223	佳木斯市	27.1
189	攀枝花市	30.4	224	南平市	27.0
190	齐齐哈尔市	30.3	225	濮阳市	26.9
191	遂宁市	30.3	226	周口市	26.9
192	揭阳市	30.3	227	保山市	26.8
193	信阳市	30.0	228	新乡市	26.7
194	昭通市	29.9	229	茂名市	26.6
195	德州市	29.8	230	海南藏族自治州	26.5
196	湘潭市	29.6	231	天水市	26.5
197	丽水市	29.6	232	驻马店市	26.4
198	哈密市	29.4	233	克拉玛依市	26.4
199	衡阳市	29.2	234	百色市	26.3
200	昌吉回族自治州	29.1	235	淮安市	26.3
201	红河哈尼族彝族自治州	29.0	236	山南市	26.0
202	六盘水市	28.9	237	楚雄彝族自治州	26.0
203	平顶山市	28.7	238	云浮市	25.9
204	滁州市	28.7	239	常德市	25.8
205	中卫市	28.6	240	德阳市	25.7
206	宿迁市	28.5	241	迪庆藏族自治州	25.6
207	文山壮族苗族自治州	28.4	242	平凉市	25.6
208	雅安市	28.4	243	怀化市	25.2
209	钦州市	28.4	244	黑河市	25.2

续表

排名	城市	指数	排名	城市	指数
245	营口市	25.1	280	阜新市	22.2
246	内江市	25.1	281	黔西南布依族苗族自治州	22.1
247	滨州市	25.1	282	咸阳市	22.0
248	阿拉善盟	24.9	283	铜陵市	22.0
249	娄底市	24.8	284	克孜勒苏柯尔克孜自治州	21.7
250	广元市	24.8	285	白城市	21.5
251	四平市	24.8	286	抚顺市	21.5
252	崇左市	24.6	287	商洛市	21.2
253	宣城市	24.4	288	固原市	21.2
254	武威市	24.3	289	本溪市	21.2
255	葫芦岛市	24.2	290	萍乡市	21.1
256	广安市	24.2	291	朔州市	20.9
257	松原市	24.1	292	三沙市	20.8
258	临夏回族自治州	24.1	293	巴中市	20.6
259	永州市	24.0	294	巴音郭楞蒙古自治州	20.6
260	随州市	24.0	295	鹰潭市	20.5
261	许昌市	23.9	296	渭南市	20.5
262	贺州市	23.7	297	阳泉市	20.4
263	晋城市	23.7	298	吴忠市	20.2
264	鄂尔多斯市	23.7	299	呼伦贝尔市	20.1
265	宝鸡市	23.7	300	忻州市	20.1
266	河池市	23.6	301	新余市	19.7
267	塔城地区	23.5	302	三明市	19.7
268	淮北市	23.3	303	金昌市	19.7
269	嘉峪关市	23.1	304	吕梁市	19.6
270	通辽市	23.1	305	凉山彝族自治州	19.5
271	防城港市	23.0	306	泰安市	19.5
272	儋州市	22.9	307	铜川市	19.3
273	朝阳市	22.9	308	来宾市	19.1
274	马鞍山市	22.8	309	庆阳市	18.6
275	长治市	22.7	310	池州市	18.6
276	漯河市	22.7	311	贵港市	18.4
277	宜春市	22.7	312	双鸭山市	18.4
278	锡林郭勒盟	22.6	313	鹤岗市	18.4
279	乌兰察布市	22.3	314	鸡西市	18.4

续表

排名	城市	指数	排名	城市	指数
315	海北藏族自治州	18.0	327	铁岭市	15.4
316	海东市	18.0	328	辽阳市	14.8
317	伊春市	17.8	329	大兴安岭地区	14.2
318	通化市	17.8	330	绥化市	14.0
319	白银市	17.5	331	七台河市	13.4
320	资阳市	16.9	332	黄南藏族自治州	13.0
321	定西市	16.7	333	果洛藏族自治州	11.5
322	博尔塔拉蒙古自治州	16.6	334	昌都市	10.1
323	乌海市	16.5	335	巴彦淖尔市	9.3
324	白山市	16.1	336	辽源市	9.1
325	石嘴山市	15.8	337	兴安盟	8.4
326	鹤壁市	15.6			

（二）直辖市、省会城市及计划单列市海外网络传播力综合指数与排名

对直辖市、省会城市以及计划单列市大连、青岛、宁波、厦门、深圳共 36 座城市 2019 年的海外网络传播力综合指数进行比较，排名前三的依次是上海市（96.9）、北京市（95.1）、武汉市（93.2），其后第四到第十依次是深圳市（77.4）、广州市（75.6）、成都市（74.2）、天津市（71.4）、重庆市（71.3）、杭州市（71.1）、西安市（70.1）。

表 3-3　36 座直辖市、省会城市、计划单列市海外网络传播力综合指数及排名

排名	城市	排名	城市	排名	城市
1	上海市	13	哈尔滨市	25	贵阳市
2	北京市	14	青岛市	26	乌鲁木齐市
3	武汉市	15	厦门市	27	南宁市
4	深圳市	16	沈阳市	28	拉萨市
5	广州市	17	济南市	29	石家庄市
6	成都市	18	郑州市	30	合肥市
7	天津市	19	长沙市	31	南昌市
8	重庆市	20	宁波市	32	银川市
9	杭州市	21	昆明市	33	海口市
10	西安市	22	福州市	34	太原市
11	南京市	23	兰州市	35	呼和浩特市
12	大连市	24	长春市	36	西宁市

（三）地级城市（自治州、地区、盟）海外网络传播力综合指数与排名

经过统计与整理我国301座地级城市（自治州、地区、盟）在Google News、Twitter和YouTube 3个维度上的数据，通过综合模型计算分析得出中国地级城市的海外网络传播力综合指数与总体排名。地级城市网络传播力总分的计算方法为：海外网络传播力得分最高的地级城市的指数为100，从而换算每个城市的海外网络传播力指数。

在301座地级城市（自治州、地区、盟）中，排名前三的依次是苏州市（65.2）、三亚市（62.9）、珠海市（55.4），其后第四名到第十名依次是扬州市（54.7）、中山市（53.7）、南通市（50.3）、无锡市（50.0）、东莞市（49.7）、洛阳市（49.6）、黄山市（48.8）。

表3－4　301座地级市海外网络传播力综合指数及排名

排名	城市	排名	城市	排名	城市
1	苏州市	25	潮州市	49	济宁市
2	三亚市	26	大理白族自治州	50	西双版纳傣族自治州
3	珠海市	27	柳州市	51	盐城市
4	扬州市	28	潍坊市	52	大庆市
5	中山市	29	唐山市	53	承德市
6	南通市	30	恩施土家族苗族自治州	54	淄博市
7	无锡市	31	镇江市	55	湛江市
8	东莞市	32	莆田市	56	襄阳市
9	洛阳市	33	徐州市	57	惠州市
10	黄山市	34	阿里地区	58	安顺市
11	吉林市	35	舟山市	59	黄冈市
12	佛山市	36	台州市	60	丽江市
13	桂林市	37	张家界市	61	眉山市
14	宜昌市	38	喀什地区	62	廊坊市
15	温州市	39	临沂市	63	汕尾市
16	乐山市	40	张家口市	64	阿勒泰地区
17	泉州市	41	湖州市	65	泰州市
18	常州市	42	吐鲁番市	66	绵阳市
19	连云港市	43	丹东市	67	自贡市
20	绍兴市	44	和田地区	68	金华市
21	汕头市	45	漳州市	69	荆州市
22	烟台市	46	嘉兴市	70	咸宁市
23	开封市	47	宜宾市	71	肇庆市
24	玉林市	48	威海市	72	九江市

续表

排名	城市	排名	城市	排名	城市
73	邯郸市	108	锦州市	143	荆门市
74	保定市	109	牡丹江市	144	东营市
75	芜湖市	110	龙岩市	145	抚州市
76	运城市	111	韶关市	146	榆林市
77	江门市	112	延安市	147	邵阳市
78	沧州市	113	阿坝藏族羌族自治州	148	梧州市
79	日照市	114	鞍山市	149	安康市
80	岳阳市	115	陇南市	150	达州市
81	张掖市	116	阳江市	151	海西蒙古族藏族自治州
82	湘西土家族苗族自治州	117	宁德市	152	南充市
83	临汾市	118	景德镇市	153	攀枝花市
84	遵义市	119	酒泉市	154	齐齐哈尔市
85	淮南市	120	安庆市	155	遂宁市
86	伊犁哈萨克自治州	121	衡水市	156	揭阳市
87	大同市	122	河源市	157	信阳市
88	赣州市	123	延边朝鲜族自治州	158	昭通市
89	益阳市	124	焦作市	159	德州市
90	阜阳市	125	孝感市	160	湘潭市
91	北海市	126	郴州市	161	丽水市
92	那曲地区	127	商丘市	162	哈密市
93	株洲市	128	阿克苏地区	163	衡阳市
94	毕节市	129	怒江傈僳族自治州	164	昌吉回族自治州
95	宿州市	130	枣庄市	165	红河哈尼族彝族自治州
96	包头市	131	六安市	166	六盘水市
97	玉树藏族自治州	132	曲靖市	167	平顶山市
98	秦皇岛市	133	德宏傣族景颇族自治州	168	滁州市
99	清远市	134	黔东南苗族侗族自治州	169	中卫市
100	吉安市	135	铜仁市	170	宿迁市
101	梅州市	136	邢台市	171	文山壮族苗族自治州
102	南阳市	137	普洱市	172	雅安市
103	盘锦市	138	泸州市	173	钦州市
104	鄂州市	139	安阳市	174	菏泽市
105	十堰市	140	玉溪市	175	三门峡市
106	日喀则市	141	聊城市	176	黄石市
107	衢州市	142	上饶市	177	黔南布依族苗族自治州

续表

排名	城市	排名	城市	排名	城市
178	临沧市	213	娄底市	248	克孜勒苏柯尔克孜自治州
179	林芝市	214	广元市	249	白城市
180	甘南藏族自治州	215	四平市	250	抚顺市
181	晋中市	216	崇左市	251	商洛市
182	甘孜藏族自治州	217	宣城市	252	固原市
183	赤峰市	218	武威市	253	本溪市
184	蚌埠市	219	葫芦岛市	254	萍乡市
185	亳州市	220	广安市	255	朔州市
186	汉中市	221	松原市	256	三沙市
187	佳木斯市	222	临夏回族自治州	257	巴中市
188	南平市	223	永州市	258	巴音郭楞蒙古自治州
189	濮阳市	224	随州市	259	鹰潭市
190	周口市	225	许昌市	260	渭南市
191	保山市	226	贺州市	261	阳泉市
192	新乡市	227	晋城市	262	吴忠市
193	茂名市	228	鄂尔多斯市	263	呼伦贝尔市
194	海南藏族自治州	229	宝鸡市	264	忻州市
195	天水市	230	河池市	265	新余市
196	驻马店市	231	塔城地区	266	三明市
197	克拉玛依市	232	淮北市	267	金昌市
198	百色市	233	嘉峪关市	268	吕梁市
199	淮安市	234	通辽市	269	凉山彝族自治州
200	山南市	235	防城港市	270	泰安市
201	楚雄彝族自治州	236	儋州市	271	铜川市
202	云浮市	237	朝阳市	272	来宾市
203	常德市	238	马鞍山市	273	庆阳市
204	德阳市	239	长治市	274	池州市
205	迪庆藏族自治州	240	漯河市	275	贵港市
206	平凉市	241	宜春市	276	双鸭山市
207	怀化市	242	锡林郭勒盟	277	鹤岗市
208	黑河市	243	乌兰察布市	278	鸡西市
209	营口市	244	阜新市	279	海北藏族自治州
210	内江市	245	黔西南布依族苗族自治州	280	海东市
211	滨州市	246	咸阳市	281	伊春市
212	阿拉善盟	247	铜陵市	282	通化市

续表

排名	城市	排名	城市	排名	城市
283	白银市	290	鹤壁市	297	果洛藏族自治州
284	资阳市	291	铁岭市	298	昌都市
285	定西市	292	辽阳市	299	巴彦淖尔市
286	博尔塔拉蒙古自治州	293	大兴安岭地区	300	辽源市
287	乌海市	294	绥化市	301	兴安盟
288	白山市	295	七台河市		
289	石嘴山市	296	黄南藏族自治州		

（四）各省内城市（自治州、地区、盟）海外网络传播力排名

通过综合模型计算分析得出我国 337 座城市（自治州、地区、盟）的海外网络传播力综合指数，分省份来看各城市（自治州、地区、盟）在其所属省级行政区划内排名情况。

27 个省级行政区（不包括中国港澳台地区）中，江苏省、浙江省、广东省、福建省、湖北省、海南省、河北省、山东省等省份的城市海外网络传播力综合指数整体较高。其中，江苏省内海外网络传播力综合指数最高的城市为南京市（69.7），浙江省内海外网络传播力综合指数最高的城市为杭州市（71.1），广东省内海外网络传播力综合指数最高的城市为深圳市（77.4），福建省内海外网络传播力综合指数最高的城市为厦门市（65.9），湖北省内海外网络传播力综合指数最高的城市为武汉市（93.2），海南省内海外网络传播力综合指数最高的城市为三亚市（62.9），河北省内海外网络传播力综合指数最高的城市为石家庄市（56.0），山东省内海外网络传播力综合指数最高的城市为青岛市（65.9）。而甘肃省、宁夏回族自治区、黑龙江省、青海省、内蒙古自治区等地区的城市海外网络传播力综合指数整体较低且城市间差距较大。例如，哈尔滨市（66.0）是黑龙江省内海外网络传播力综合指数最高的城市，七台河市（13.4）是黑龙江省内海外网络传播力综合指数最低的城市，两者间差距 4.9 倍；呼和浩特（49.3）是内蒙古自治区内海外网络传播力综合指数最高的城市，兴安盟（8.4）是内蒙古自治区内海外网络传播力综合指数最低的城市，两者间差距 5.9 倍。

表 3－5　27 个省级行政区的城市海外网络传播力指数及排名

一、上海市								
二、北京市								
三、天津市								
四、重庆市								
五、江苏省								
1. 南京市	2. 苏州市	3. 扬州市	4. 南通市	5. 无锡市	6. 常州市	7. 连云港市	8. 镇江市	9. 徐州市
10. 盐城市	11. 泰州市	12. 宿迁市	13. 淮安市					

续表

六、浙江省								
1. 杭州市	2. 宁波市	3. 温州市	4. 绍兴市	5. 舟山市	6. 台州市	7. 湖州市	8. 嘉兴市	9. 金华市
10. 衢州市	11. 丽水市							
七、广东省								
1. 深圳市	2. 广州市	3. 珠海市	4. 中山市	5. 东莞市	6. 佛山市	7. 汕头市	8. 潮州市	9. 湛江市
10. 惠州市	11. 汕尾市	12. 肇庆市	13. 江门市	14. 清远市	15. 梅州市	16. 韶关市	17. 阳江市	18. 河源市
19. 揭阳市	20. 茂名市	21. 云浮市						
八、福建省								
1. 厦门市	2. 福州市	3. 泉州市	4. 莆田市	5. 漳州市	6. 龙岩市	7. 宁德市	8. 南平市	9. 三明市
九、湖北省								
1. 武汉市	2. 宜昌市	3. 恩施土家族苗族自治州			4. 襄阳市	5. 黄冈市	6. 荆州市	7. 咸宁市
8. 鄂州市	9. 十堰市	10. 孝感市	11. 荆门市	12. 黄石市	13. 随州市			
十、海南省								
1. 三亚市	2. 海口市	3. 儋州市	4. 三沙市					
十一、河北省								
1. 石家庄市	2. 唐山市	3. 张家口市	4. 承德市	5. 廊坊市	6. 邯郸市	7. 保定市	8. 沧州市	9. 秦皇岛市
10. 衡水市	11. 邢台市							
十二、山东省								
1. 青岛市	2. 济南市	3. 烟台市	4. 潍坊市	5. 临沂市	6. 威海市	7. 济宁市	8. 淄博市	9. 日照市
10. 枣庄市	11. 聊城市	12. 东营市	13. 德州市	14. 菏泽市	15. 滨州市	16. 泰安市		
十三、贵州省								
1. 贵阳市	2. 安顺市	3. 遵义市	4. 毕节市	5. 黔东南苗族侗族自治州			6. 铜仁市	7. 六盘水市
8. 黔南布依族苗族自治州		9. 黔西南布依族苗族自治州						
十四、湖南省								
1. 长沙市	2. 张家界市	3. 岳阳市	4. 湘西土家族苗族自治州		5. 益阳市	6. 株洲市	7. 郴州市	8. 邵阳市
9. 湘潭市	10. 衡阳市	11. 常德市	12. 怀化市	13. 娄底市	14. 永州市			
十五、云南省								
1. 昆明市	2. 大理白族自治州			3. 西双版纳傣族自治州		4. 丽江市	5. 怒江傈僳族自治州	
6. 曲靖市	7. 德宏傣族景颇族自治州		8. 普洱市	9. 玉溪市	10. 昭通市	11. 红河哈尼族彝族自治州		
12. 文山壮族苗族自治州		13. 临沧市	14. 保山市	15. 楚雄彝族自治州		16. 迪庆藏族自治州		
十六、西藏自治区								
1. 拉萨市	2. 阿里地区	3. 那曲地区	4. 日喀则市	5. 林芝市	6. 山南市	7. 昌都市		
十七、新疆维吾尔自治区								
1. 乌鲁木齐	2. 喀什地区	3. 吐鲁番市	4. 和田地区	5. 阿勒泰地区	6. 伊犁哈萨克自治州	7. 阿克苏地区	8. 哈密市	9. 昌吉回族自治州
10. 克拉玛依市	11. 塔城地区	12. 克孜勒苏柯尔克孜自治州			13. 巴音郭楞蒙古自治州		14. 博尔塔拉蒙古自治州	

续表

十八、四川省

1. 成都市	2. 乐山市	3. 宜宾市	4. 眉山市	5. 绵阳市	6. 自贡市	7. 阿坝藏族羌族自治州		8. 泸州市
9. 达州市	10. 南充市	11. 攀枝花市		12. 遂宁市	13. 雅安市	14. 甘孜藏族自治州		15. 德阳市
16. 内江市	17. 广元市	18. 广安市	19. 巴中市	20. 凉山彝族自治州		21. 资阳市		

十九、河南省

1. 郑州市	2. 洛阳市	3. 开封市	4. 南阳市	5. 焦作市	6. 商丘市	7. 安阳市	8. 信阳市	9. 平顶山市
10. 三门峡市	11. 濮阳市	12. 周口市	13. 新乡市	14. 驻马店市	15. 许昌市	16. 漯河市	17. 鹤壁市	

二十、广西壮族自治区

1. 南宁市	2. 桂林市	3. 玉林市	4. 柳州市	5. 北海市	6. 梧州市	7. 钦州市	8. 百色市	9. 崇左市
10. 贺州市	11. 河池市	12. 防城港市	13. 来宾市	14. 贵港市				

二十一、安徽省

1. 合肥市	2. 黄山市	3. 芜湖市	4. 淮南市	5. 阜阳市	6. 宿州市	7. 安庆市	8. 六安市	9. 滁州市	10. 蚌埠市
11. 亳州市	12. 宣城市	13. 淮北市	14. 马鞍山市	15. 铜陵市	16. 池州市				

二十二、辽宁省

1. 大连市	2. 沈阳市	3. 丹东市	4. 盘锦市	5. 锦州市	6. 鞍山市	7. 营口市	8. 葫芦岛市	9. 朝阳市
10. 阜新市	11. 抚顺市	12. 本溪市	13. 铁岭市	14. 辽阳市				

二十三、江西省

1. 南昌市	2. 九江市	3. 赣州市	4. 吉安市	5. 景德镇市	6. 上饶市	7. 抚州市	8. 宜春市
9. 萍乡市	10. 鹰潭市	11. 新余市					

二十四、陕西省

1. 西安市	2. 延安市	3. 榆林市	4. 安康市	5. 汉中市	6. 宝鸡市	7. 咸阳市	8. 商洛市	9. 渭南市
10. 铜川市								

二十五、山西省

1. 太原市	2. 运城市	3. 临汾市	4. 大同市	5. 晋中市	6. 晋城市	7. 长治市	8. 朔州市
9. 阳泉市	10. 忻州市	11. 吕梁市					

二十六、吉林省

1. 长春市	2. 吉林市	3. 延边朝鲜族自治州	4. 四平市	5. 松原市	6. 白城市	7. 通化市	8. 白山市	9. 辽源市

二十七、甘肃省

1. 兰州市	2. 张掖市	3. 陇南市	4. 酒泉市	5. 甘南藏族自治州		6. 天水市	7. 平凉市	8. 武威市
9. 临夏回族自治州		10. 嘉峪关市	11. 金昌市	12. 庆阳市	13. 白银市	14. 定西市		

二十八、宁夏回族自治区

1. 银川市	2. 中卫市	3. 固原市	4. 吴忠市	5. 石嘴山市				

二十九、黑龙江省

1. 哈尔滨市	2. 大庆市	3. 牡丹江市		4. 齐齐哈尔市	5. 佳木斯市	6. 黑河市	7. 双鸭山市	8. 鹤岗市
9. 鸡西市	10. 伊春市	11. 大兴安岭地区		12. 绥化市	13. 七台河市			

续表

三十、青海省						
1. 西宁市	2. 玉树藏族自治州	3. 海西蒙古族藏族自治州	4. 海南藏族自治州			
5. 海北藏族自治州	6. 海东市	7. 黄南藏族自治州	8. 果洛藏族自治州			
三十一、内蒙古自治区						
1. 呼和浩特市	2. 包头市	3. 赤峰市	4. 阿拉善盟	5. 鄂尔多斯市	6. 通辽市	7. 锡林郭勒盟
8. 乌兰察布市	9. 呼伦贝尔市	10. 乌海市	11. 巴彦淖尔市	12. 兴安盟		

四、维度一：中国城市Google传播力

本报告在此维度的调查中，使用 Google 英文搜索引擎的新闻分类，采用对直辖市、省会城市和计划单列市输入带双引号的城市英文名称，对其他地级市采取输入带双引号的城市 + 所在省份英文名称的方法，采集 2019 年 10 月 15 日至 2020 年 10 月 15 日中国 337 座城市（自治州、地区、盟）的 Google News 数量。同时，采集 2008 年、2013 年、2018 年与 2019 年的数据做趋势分析。

在 Google News 传播力维度中，排名前十的全部为直辖市、省会城市及计划单列市。排名较为靠前的地级城市（地区）包括苏州市、中山市、三亚市、阿里地区、珠海市。这 5 座地级城市（地区）进入总排名的前四十（我国直辖市、省会城市以及计划单列市共 36 座）。城市间的 Google News 数量差异较大，城市间的增速差异较大。

（一）直辖市、省会城市及计划单列市 Google 传播力增长指数排名

我国共有直辖市、省会城市及计划单列市 36 座，Google 传播力增长指数排名前五的城市为上海市、北京市、武汉市、深圳市、天津市。36 座城市平均增长指数为 401111.02，约为全部 337 座城市（自治州、地区、盟）平均增长指数的 9.3 倍。其中增长指数超过 50000 的有 8 座，分别是上海市、北京市、深圳市、武汉市、天津市、广州市、杭州市和成都市，介于 10000 ~ 50000 的有 3 座城市，分别是重庆市、南京市、青岛市，有 2 座城市低于 1000。这说明直辖市、省会城市和计划单列市增长指数整体较大，但城市间依然存在一定差异。2020 年的 Google News 数量排名与增速排名基本保持一致。

上海市、北京市分别作为我国的经济中心和政治文化中心，在世界上有较高的知名度，常举办各大赛事和国际、国内知名活动；武汉市由于新冠肺炎疫情受到广泛关注，2020 年新闻数量较以往大幅提升。这 3 座城市的 Google News 数量相对较多，与排名第三以后的城市之间拉开了差距。

表 3－6　36 座直辖市、省会城市及计划单列市 Google 传播力增长指数及排名

排名	城市	增长指数	排名	城市	增长指数
1	上海市	6209390. 0	19	沈阳市	5377. 2
2	北京市	5599360. 0	20	济南市	5212. 4
3	武汉市	1748691. 0	21	长春市	4477. 5
4	深圳市	347213. 0	22	长沙市	4353. 6
5	天津市	108828. 0	23	昆明市	4016. 6
6	广州市	103212. 0	24	兰州市	3611. 4
7	杭州市	93255. 6	25	石家庄市	3582. 9
8	成都市	65549. 0	26	乌鲁木齐	3537. 6
9	重庆市	22712. 0	27	合肥市	3427. 6
10	南京市	16224. 0	28	南昌市	3138. 0
11	青岛市	12972. 2	29	贵阳市	2983. 4
12	大连市	9781. 6	30	福州市	2509. 4
13	西安市	8865. 6	31	拉萨市	1584. 3
14	宁波市	8825. 0	32	太原市	1538. 4
15	南宁市	8715. 0	33	海口市	1387. 4
16	哈尔滨市	8712. 6	34	呼和浩特市	1328. 8
17	厦门市	7537. 0	35	银川市	743. 6
18	郑州市	6944. 2	36	西宁市	398. 9

以增速和新闻总量排名第一的上海市为例，2019 年的新闻涵盖上海的经济领先、文化交流、公共设施、科技引领等不同方面，2020 年的新闻包含了国际政治性活动、经济政策实施、文体类活动等。例如，上海年度游戏展、特斯拉汽车公司与上海的合作。可见，上海是一座标志性的国际化程度较高的城市，一举一动皆吸引了世界目光。

US-China Trade Talks End With No Deal in Sight
The New York Times - Jul 31, 2019
American and Chinese negotiators finished talks on Wednesday with little ... top
trade negotiator, were seen leaving trade talks in Shanghai on Wednesday, the ...
US, China to hold more trade talks after 'constructive' meeting
CNA - Jul 31, 2019
China, US Plan Next Round of Trade Talks for September
International - Bloomberg Australia-NZ - Jul 31, 2019
No real progress as US, China wind up Shanghai trade talks
The Australian Financial Review - Jul 31, 2019
China, US trade talks resume in Shanghai in shadow of ...
In-Depth - South China Morning Post - Jul 30, 2019
Slow Progress in Trade Talks Is Partly a Result of China's New ...
Blog - Wall Street Journal - Jul 31, 2019

政治

图 3－1　2019 年上海市 Google 新闻

China kicks off new **Shanghai tech board** as it tests new ways ...
CNBC - 21 Jul 2019
China is trying again to boost the credibility of its volatile stock market. On Monday, China launched a new Nasdaq-style **tech board** — the Science and ...
China's new Nasdaq-style **board** for **tech** shares starts trading ...
TechCrunch - 21 Jul 2019
STAR Market off to a flying start
Local Source - Shine News (press release) - 22 Jul 2019
Chinese Investors Are Playing a Game of Hot Potato
Opinion - Bloomberg - 22 Jul 2019
Star Market, a 'breakthrough in 30-year history of China's stock ...
In-Depth - South China Morning Post - 22 Jul 2019
China's Plan to Lure Big **Tech** Listings Back Home
Washington Post - 22 Jul 2019

经济

Shanghai Becomes World's First City With **5G** Network ...
NDTV - Mar 30, 2019
Beijing: **Shanghai** claimed today that it has become the world's first district using both **5G** coverage and broadband gigabit network as China seeks to establish ...
Shanghai's 5G network starts test runs
Xinhua - Mar 30, 2019
Shanghai's 5G district undergoes trial run
Chinadaily USA - Mar 31, 2019

科技

Sleepless in **Shanghai**: How London's immersive theatre ...
Evening Standard - Feb 5, 2019
It occupies three storeys of the upmarket **McKinnon Hotel**, a renovated skyrise in the Jing'an district replete with a suite — Room 802 — in which to stay the night ...

娱乐

Reds see off rivals Spurs in **Shanghai**
Manchester United - Jul 25, 2019
Angel Gomes's first senior goal helped **Manchester United** to a 2-1 win over Tottenham Hotspur in **Shanghai** on Thursday, earning the Reds a fourth successive ...
Man Utd beat Spurs 2-1 in **Shanghai** to maintain perfect pre ...
GiveMeSport - Jul 25, 2019
Tottenham 1 **Man Utd** 2: Angel Gomes seals **Shanghai** win as ...
International - Evening Standard - Jul 25, 2019
Man United beat Tottenham in **Shanghai** (video)
In-Depth - NBCSports.com - Jul 25, 2019
Mauricio Pochettino apologises after Tottenham spark trouble ...
International - Telegraph.co.uk - Jul 25, 2019

体育

图 3－1　2019 年上海市 Google 新闻（续）

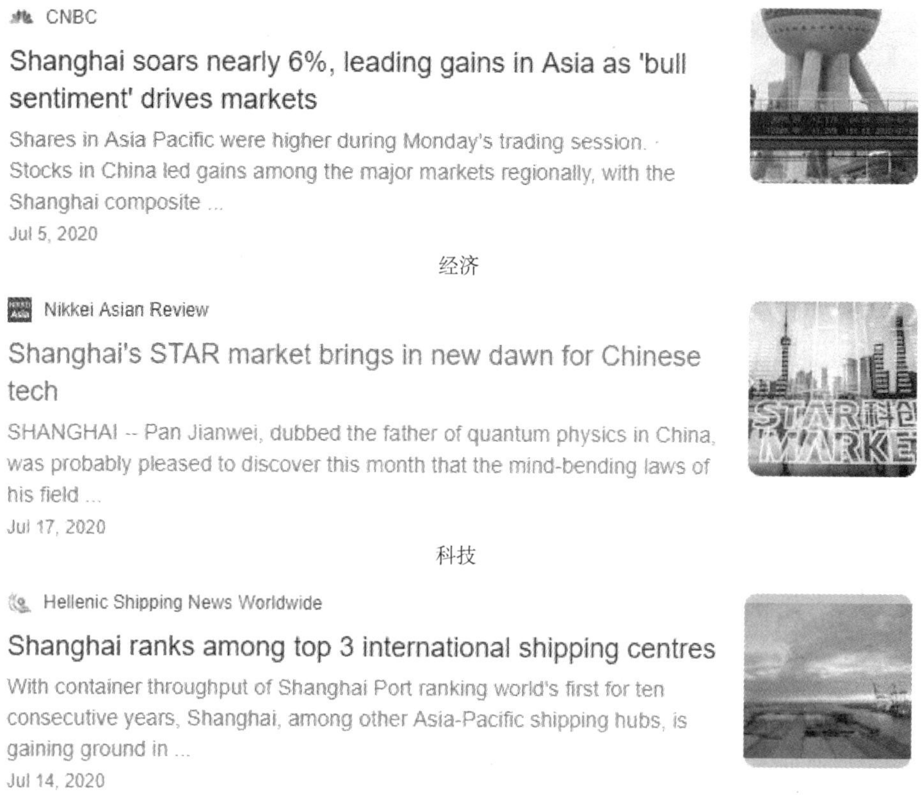
CNBC
Shanghai soars nearly 6%, leading gains in Asia as 'bull sentiment' drives markets
Shares in Asia Pacific were higher during Monday's trading session. Stocks in China led gains among the major markets regionally, with the Shanghai composite ...
Jul 5, 2020

经济

Nikkei Asian Review
Shanghai's STAR market brings in new dawn for Chinese tech
SHANGHAI -- Pan Jianwei, dubbed the father of quantum physics in China, was probably pleased to discover this month that the mind-bending laws of his field ...
Jul 17, 2020

科技

Hellenic Shipping News Worldwide
Shanghai ranks among top 3 international shipping centres
With container throughput of Shanghai Port ranking world's first for ten consecutive years, Shanghai, among other Asia-Pacific shipping hubs, is gaining ground in ...
Jul 14, 2020

文化

图3-2 2020年上海市Google新闻

（二）地级城市（自治州、地区、盟）Google传播力增长指数排名

我国301座地级市（自治州、地区、盟）中，增长指数排名前十的城市（地区）依次为苏州市、中山市、三亚市、阿里地区、珠海市、南通市、无锡市、吉林市、连云港市以及东莞市，与2020年Google News数量排名基本一致。301座地级市（自治州、地区、盟）平均增长指数为208.86，约为36座省级城市平均增速的0.052%。在301座地级城市（自治州、地区、盟）中增长指数超过1000的有9座，占比2.99%，有35座介于300~1000，而在100~300区间的则有95座，剩下的162座增长指数低于100，占比超过一半。

表3-7 301座地级市Google传播力增长指数及排名

排名	城市	增长指数	排名	城市	增长指数
1	苏州市	9178.2	4	阿里地区	2018.4
2	中山市	2897.3	5	珠海市	1323.0
3	三亚市	2508.9	6	南通市	1249.1

续表

排名	城市	增长指数	排名	城市	增长指数
7	无锡市	1123.6	42	黄山市	327.0
8	吉林市	1112.4	43	鄂州市	322.4
9	连云港市	1066.7	44	大理白族自治州	303.7
10	东莞市	860.5	45	恩施土家族苗族自治州	293.2
11	喀什地区	842.7	46	日照市	274.5
12	临沂市	757.1	47	孝感市	271.9
13	扬州市	680.8	48	丽江市	268.8
14	台州市	662.2	49	潮州市	256.3
15	吐鲁番市	642.1	50	惠州市	255.8
16	常州市	604.7	51	廊坊市	253.2
17	温州市	593.9	52	安阳市	252.6
18	黄冈市	581.9	53	东营市	243.7
19	唐山市	578.7	54	济宁市	242.1
20	潍坊市	566.6	55	乐山市	241.2
21	佛山市	556.7	56	绍兴市	237.3
22	阿克苏地区	522.4	57	江门市	235.3
23	烟台市	520.3	58	徐州市	235.3
24	和田地区	467.9	59	南阳市	228.6
25	淄博市	454.6	60	汕头市	228.5
26	洛阳市	435.7	61	襄阳市	227.6
27	阿勒泰地区	410.1	62	荆州市	225.8
28	湖州市	408.3	63	开封市	225.5
29	张家界市	400.5	64	嘉兴市	225.2
30	宿州市	391.0	65	金华市	218.3
31	泉州市	388.4	66	张家口市	218.1
32	北海市	387.4	67	荆门市	214.3
33	延安市	374.2	68	咸宁市	212.5
34	宜昌市	370.8	69	芜湖市	207.7
35	桂林市	353.6	70	抚州市	206.2
36	盐城市	353.6	71	德宏傣族景颇族自治州	203.9
37	运城市	334.9	72	衢州市	202.9
38	舟山市	331.2	73	毕节市	200.7
39	曲靖市	331.1	74	威海市	192.9
40	泰州市	330.6	75	大同市	190.3
41	邯郸市	328.4	76	九江市	182.7

续表

排名	城市	增长指数	排名	城市	增长指数
77	淮北市	182.6	112	西双版纳傣族自治州	129.8
78	宜宾市	180.2	113	牡丹江市	128.4
79	包头市	180.0	114	普洱市	127.1
80	伊犁哈萨克自治州	176.1	115	焦作市	127.0
81	邢台市	174.1	116	随州市	126.3
82	保定市	172.4	117	红河哈尼族彝族自治州	123.1
83	张掖市	171.7	118	自贡市	122.9
84	许昌市	171.0	119	平顶山市	122.4
85	鞍山市	167.7	120	宁德市	121.7
86	镇江市	166.3	121	承德市	121.4
87	莆田市	165.4	122	邵阳市	120.7
88	滨州市	165.0	123	郴州市	116.9
89	巴音郭楞蒙古自治州	162.5	124	安康市	116.4
90	玉林市	161.8	125	赣州市	114.6
91	秦皇岛市	160.1	126	景德镇市	114.6
92	阜阳市	158.1	127	凉山彝族自治州	114.1
93	汉中市	158.0	128	湘西土家族苗族自治州	113.0
94	漳州市	158.0	129	岳阳市	108.4
95	山南市	157.2	130	临汾市	108.0
96	安顺市	156.0	131	眉山市	107.5
97	湛江市	154.9	132	阿坝藏族羌族自治州	107.2
98	黄石市	154.2	133	榆林市	106.5
99	百色市	153.5	134	盘锦市	105.0
100	肇庆市	153.5	135	大庆市	103.7
101	钦州市	152.3	136	株洲市	101.8
102	沧州市	150.9	137	枣庄市	101.5
103	泸州市	150.8	138	锦州市	100.9
104	清远市	150.7	139	上饶市	100.1
105	遵义市	144.2	140	新乡市	99.0
106	昌吉回族自治州	142.6	141	淮安市	97.8
107	商丘市	141.2	142	保山市	96.7
108	绵阳市	137.9	143	玉溪市	95.6
109	柳州市	136.9	144	安庆市	95.4
110	十堰市	136.0	145	吴忠市	95.3
111	濮阳市	130.1	146	梧州市	94.8

续表

排名	城市	增长指数	排名	城市	增长指数
147	海南藏族自治州	94.6	182	铜陵市	67.6
148	鹰潭市	93.7	183	日喀则市	66.9
149	塔城地区	91.1	184	湘潭市	66.7
150	黔南布依族苗族自治州	88.7	185	亳州市	66.0
151	商洛市	87.4	186	益阳市	65.8
152	梅州市	87.1	187	天水市	65.0
153	揭阳市	86.9	188	汕尾市	63.4
154	中卫市	86.8	189	新余市	62.5
155	德州市	86.2	190	南平市	61.5
156	酒泉市	85.4	191	松原市	61.3
157	甘南藏族自治州	85.1	192	锡林郭勒盟	59.2
158	三门峡市	84.1	193	六安市	58.4
159	信阳市	83.7	194	菏泽市	57.5
160	昭通市	83.7	195	攀枝花市	57.1
161	哈密市	83.3	196	六盘水市	56.8
162	聊城市	83.0	197	齐齐哈尔市	56.4
163	铜仁市	81.5	198	玉树藏族自治州	56.0
164	雅安市	78.8	199	白银市	54.7
165	铜川市	77.9	200	阳江市	54.7
166	南充市	77.4	201	朝阳市	54.1
167	衡水市	77.2	202	延边朝鲜族自治州	54.1
168	迪庆藏族自治州	75.8	203	遂宁市	53.0
169	丽水市	75.3	204	龙岩市	52.5
170	达州市	74.5	205	晋中市	52.4
171	那曲市	74.2	206	吉安市	52.1
172	韶关市	74.1	207	武威市	51.6
173	宿迁市	73.9	208	黔东南苗族侗族自治州	50.0
174	怒江傈僳族自治州	73.8	209	鄂尔多斯市	49.6
175	文山壮族苗族自治州	73.5	210	宣城市	49.6
176	河源市	72.9	211	晋城市	49.5
177	营口市	72.3	212	泰安市	48.9
178	楚雄彝族自治州	70.0	213	蚌埠市	48.2
179	丹东市	68.4	214	驻马店市	48.1
180	佳木斯市	68.3	215	赤峰市	47.7
181	黑河市	67.6	216	忻州市	47.6

续表

排名	城市	增长指数	排名	城市	增长指数
217	永州市	45.5	252	萍乡市	25.1
218	资阳市	44.7	253	庆阳市	25.0
219	防城港市	44.4	254	通辽市	25.0
220	茂名市	44.4	255	绥化市	24.0
221	临沧市	43.6	256	伊春市	23.6
222	宜春市	43.2	257	广安市	23.5
223	临夏回族自治州	43.1	258	怀化市	23.4
224	铁岭市	43.1	259	朔州市	23.4
225	淮南市	40.7	260	辽源市	22.7
226	漯河市	40.5	261	平凉市	22.7
227	长治市	40.5	262	克拉玛依市	21.8
228	克孜勒苏柯尔克孜自治州	39.0	263	崇左市	21.7
229	周口市	38.6	264	抚顺市	21.6
230	阜新市	37.9	265	贵港市	21.5
231	四平市	37.7	266	马鞍山市	21.5
232	葫芦岛市	37.3	267	滁州市	21.2
233	三沙市	36.6	268	贺州市	20.2
234	内江市	36.5	269	固原市	19.6
235	德阳市	34.3	270	鸡西市	19.6
236	林芝市	34.1	271	嘉峪关市	19.5
237	金昌市	33.6	272	辽阳市	19.4
238	常德市	33.0	273	娄底市	18.6
239	陇南市	32.8	274	宝鸡市	18.3
240	儋州市	31.7	275	河池市	18.3
241	鹤岗市	31.5	276	海北藏族自治州	18.2
242	池州市	31.4	277	乌海市	17.6
243	定西市	30.4	278	石嘴山市	16.5
244	甘孜藏族自治州	30.2	279	双鸭山市	16.3
245	乌兰察布市	30.1	280	本溪市	16.0
246	白城市	29.8	281	黔西南布依族苗族自治州	16.0
247	巴中市	28.3	282	鹤壁市	14.9
248	三明市	27.5	283	广元市	14.6
249	通化市	27.0	284	来宾市	14.0
250	阳泉市	25.9	285	吕梁市	13.8
251	海西蒙古族藏族自治州	25.6	286	阿拉善盟	13.3

续表

排名	城市	增长指数	排名	城市	增长指数
287	七台河市	12.7	295	博尔塔拉蒙古自治州	7.5
288	云浮市	12.2	296	巴彦淖尔市	5.5
289	白山市	11.6	297	黄南藏族自治州	3.7
290	海东市	11.0	298	果洛藏族自治州	2.9
291	咸阳市	10.9	299	大兴安岭地区	2.3
292	渭南市	9.9	300	兴安盟	2.1
293	衡阳市	8.5	301	呼伦贝尔市	0.7
294	昌都市	7.6			

与2019年的增长指数相比，江苏市作为2020年增长速度第一的地级市，也是2019年Google News数量排名第一的地级市，其2020年的新闻多与苏州市对外开放建设的内容有关。2020年8月14日，全球人工智能产品应用博览会在中国江苏省苏州市拉开帷幕。博览会以“万物复苏—智能未来”为主题，旨在展示人工智能应用的创新成果和全球人工智能产业全产业链的发展。近年来，苏州市牢牢把握人工智能产业发展的新趋势，推动人工智能产业加速向各个领域渗透。

2020年，苏州市的新闻既包括苏州市经济自贸区的发展、生物技术投资与研发、苏州城市改造与建设等围绕长三角地区建设与发展的内容，也包括举办国际博览会、国际赛龙舟节、创意设计文化产业博览会、中超联赛冠军争夺战等涉及经济和文体领域的国际性及国内赛事。由于苏州市地处长江三角洲经济带，对外开放程度高，2019年国务院设立中国（江苏）自由贸易试验区，苏州市是三大片区中覆盖面积最大的片区，其定位是建设世界一流高科技产业园区，打造全方位开放高地、国际化创新高地、高端化产业高地、现代化治理高地。此外，苏州市也是国务院批复确定的中国长江三角洲重要的中心城市之一、国家高新技术产业基地和风景旅游城市。在这样的时代背景下，苏州市关于“全球人工智能产品应用博览会”的新闻会更受关注，故Google News新闻数量较多，且增长指数较高，苏州市的国际知名度也相应提高。

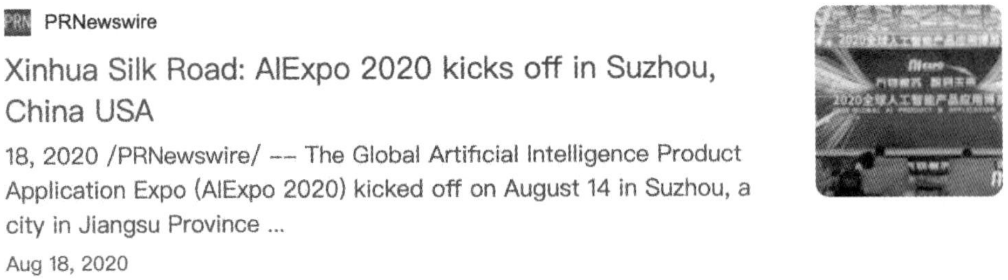

PRNewswire
Xinhua Silk Road: AIExpo 2020 kicks off in Suzhou, China USA
18, 2020 /PRNewswire/ -- The Global Artificial Intelligence Product Application Expo (AIExpo 2020) kicked off on August 14 in Suzhou, a city in Jiangsu Province ...
Aug 18, 2020

科技

图 3-3　2020 年苏州市 Google 新闻

PRNewswire

"Conference of Further Opening-Up in Suzhou" Held ...

Located in southeast of Jiangsu Province and bordering with Shanghai, Suzhou is one of the most dynamic cities in the Yangtze River Delta region and is ...

Jan 3, 2020

经济

CGTN

CSL: Beijing Guoan beat Shijiazhuang, Chongqing stun SIPG

Fernando Lucas Martins bagged a brace in Beijing Guoan's 4–0 victory against Shijiazhuang Ever Bright in Suzhou, east China's Jiangsu Province, as the first ...

Sep 28, 2020

体育

Business Wire

Official Opening of 2019 Suzhou International Design Week

... and Cultural Area of Gusu District, Suzhou City (Jiangsu Province, China). Drawing inspiration from the establishment of "city of design and capital of industry", ...

Oct 29, 2019

文化

图 3－3　2020 年苏州市 Google 新闻（续）

五、维度二：中国城市Twitter传播力

Twitter 是当下互联网最主流的社交平台，截至 2020 年 11 月，Twitter 在全球范围内已经拥有超过 5 亿的活跃用户，日活跃用户约 1.45 亿人次。年轻人热衷于在 Twitter 平台上发布文字、视频等内容。对 Twitter 平台的统计可以在一定程度上反映一个城市在社交平台上的传播力。

本报告在 Twitter 搜索框内进行搜索，采用对直辖市、省会城市和计划单列市输入带双引号的城市英文名称，对其他地级市采取输入带双引号的城市＋所在省份英文名称的方法，检索 2019 年 10 月 15 日至 2020 年 10 月 15 日中国 337 座城市（自治州、地区、盟）的 Twitter 搜索数量，同时，采集 2008 年、2013 年、2018 年和 2019 年的数量做趋势分析，比较各个城市在 Twitter 平台上海外网络传播力的增长幅度。

在 Twitter 传播力维度中排名前十的依次为武汉市、上海市、北京市、深圳市、广州市、大连市、成都市、杭州市、天津市、南京市，全部为直辖市、省会城市及计划单列市。

中国 337 座城市（自治州、地区、盟）的平均增速为 5664.52，其中，增速超过 10000 的城市有 12 座，增速为 5000～10000 的城市有 5 座，增速为 1000～5000 的城市有 17 座。超过平均增速的城市只有 17 座，城市间的增速差异较大。

（一）直辖市、省会城市及计划单列市 Twitter 传播力增长指数排名

我国共有直辖市、省会城市、计划单列市 36 座，增速排名在前五的城市为武汉市、上海市、北京市、深圳市、广州市。36 座城市 Twitter 搜索数量平均增速为 52313.69，约为 337 座城市（自治州、地区、盟）增速的 9 倍。其中增速超过 50000 的城市有 4 座，分别是武汉市、上海市、北京市和深圳市。介于 10000～50000 的城市有 8 座，介于 5000～10000 的城市有 6 座，介于 1000～5000 的城市有 15 座。另外，有 4 座城市增幅低于 1000，无城市出现负增长。直辖市、省会城市和计划单列市增速整体较大，但城市间依然存在一定差异。

表 3－8　36 座直辖市、省会城市及计划单列市 Twitter 传播力增长指数及排名

排名	城市	增长指数	排名	城市	增长指数
1	武汉市	694821.4	19	昆明市	4683.4
2	上海市	450714.2	20	宁波市	4586.2
3	北京市	421493.7	21	乌鲁木齐市	4125.1
4	深圳市	62084.8	22	郑州市	3523.0
5	广州市	48770.1	23	西安市	3501.9
6	大连市	24048.0	24	长春市	2450.9
7	成都市	22096.9	25	兰州市	2198.4
8	杭州市	20059.4	26	贵阳市	2061.7
9	天津市	16293.2	27	合肥市	1768.8
10	南京市	14753.1	28	南昌市	1670.2
11	青岛市	12572.6	29	南宁市	1480.5
12	重庆市	11482.6	30	石家庄市	1454.4
13	济南市	9488.3	31	拉萨市	1384.9
14	厦门市	8918.7	32	呼和浩特市	1151.3
15	沈阳市	7726.6	33	太原市	722.0
16	长沙市	7609.2	34	银川市	663.9
17	哈尔滨市	7487.3	35	海口市	459.8
18	福州市	4848.1	36	西宁市	138.2

武汉市 Twitter 传播力排名位居中国大陆第一，这与疫情影响下的特殊形势有关。其 2020 年 Twitter 搜索数量也居所有城市之首，是同年搜索数量第二名上海市的 3 倍。

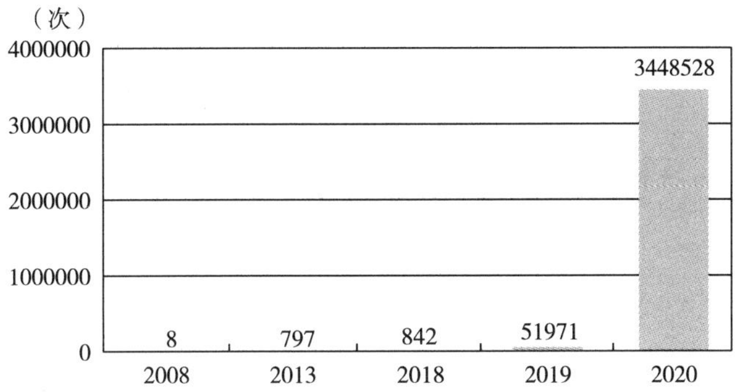

图 3－4　武汉市 Twitter 搜索数量

（二）地级城市（自治州、地区、盟）Twitter 传播力增长指数排名

我国共有 301 座地级市（自治州、地区、盟），Twitter 传播力增长指数排名前十的城市依次是苏州市、玉林市、东莞市、南通市、三亚市、珠海市、镇江市、无锡市、喀什地区、宜昌市。301 座地级市（自治州、地区、盟）平均增速为 74.41，约为 36 座省级城市平均增速的 0.14%。其中，增速超过 200 的城市有 21 座，介于 100～200 的城市有 26 座，其他城市（自治州、地区、盟）增幅都低于 100，可见地级市（自治州、地区、盟）增长较为缓慢。

表 3－9　301 座地级市 Twitter 传播力增长指数及排名

排名	城市	增长指数	排名	城市	增长指数
1	苏州市	3821.6	13	佛山市	256.2
2	玉林市	722.0	14	黄山市	247.3
3	东莞市	713.5	15	红河哈尼族彝族自治州	240.0
4	南通市	618.5	16	桂林市	237.6
5	三亚市	560.0	17	扬州市	233.2
6	珠海市	434.4	18	玉溪市	227.4
7	镇江市	431.1	19	洛阳市	219.4
8	无锡市	387.4	20	昌都市	212.7
9	喀什地区	377.3	21	连云港市	206.1
10	宜昌市	337.0	22	湘西土家族苗族自治州	198.0
11	温州市	296.1	23	烟台市	196.8
12	泉州市	275.4	24	和田地区	186.3

续表

排名	城市	增长指数	排名	城市	增长指数
25	乐山市	161.1	60	襄阳市	80.2
26	常州市	160.5	61	大同市	80.2
27	张家界市	156.3	62	孝感市	79.9
28	黄冈市	151.0	63	张家口市	78.8
29	恩施土家族苗族自治州	147.7	64	邯郸市	77.3
30	大理白族自治州	144.4	65	保定市	74.0
31	惠州市	140.7	66	阿勒泰地区	73.8
32	西双版纳傣族自治州	138.9	67	汕头市	73.7
33	金华市	137.0	68	荆州市	72.7
34	吐鲁番市	132.9	69	包头市	70.7
35	吉林市	129.6	70	十堰市	70.0
36	潍坊市	127.4	71	玉树藏族自治州	69.5
37	阿里地区	125.5	72	临沂市	68.5
38	中山市	119.0	73	郴州市	68.2
39	日喀则市	117.3	74	绍兴市	67.5
40	唐山市	116.1	75	淄博市	65.8
41	湖州市	115.7	76	湛江市	65.5
42	安庆市	114.1	77	毕节市	65.0
43	淮南市	111.0	78	遵义市	64.0
44	盐城市	110.0	79	运城市	62.9
45	普洱市	106.1	80	鄂州市	62.6
46	芜湖市	103.3	81	黔东南苗族侗族自治州	60.2
47	徐州市	100.1	82	济宁市	60.0
48	丽江市	97.8	83	漳州市	59.8
49	嘉兴市	93.4	84	绵阳市	58.2
50	宜宾市	92.0	85	阿坝藏族羌族自治州	57.3
51	台州市	91.7	86	大庆市	56.4
52	清远市	91.0	87	赣州市	55.4
53	梧州市	89.3	88	梅州市	55.1
54	柳州市	87.4	89	新乡市	54.5
55	安顺市	86.6	90	沧州市	54.2
56	威海市	83.9	91	延边朝鲜族自治州	53.4
57	马鞍山市	83.0	92	甘孜藏族自治州	53.4
58	莆田市	82.1	93	凉山彝族自治州	53.4
59	舟山市	80.9	94	鄂尔多斯市	53.2

续表

排名	城市	增长指数	排名	城市	增长指数
95	日照市	52.9	130	安阳市	40.1
96	铜仁市	52.9	131	揭阳市	40.0
97	伊犁哈萨克自治州	52.4	132	六盘水市	40.0
98	张掖市	52.3	133	咸宁市	39.4
99	咸阳市	52.0	134	甘南藏族自治州	39.3
100	潮州市	51.9	135	三沙市	38.5
101	淮安市	51.9	136	眉山市	38.3
102	开封市	51.0	137	天水市	37.7
103	那曲市	49.2	138	岳阳市	36.8
104	信阳市	49.0	139	荆门市	35.9
105	廊坊市	48.8	140	陇南市	35.8
106	邵阳市	48.3	141	丹东市	34.6
107	赤峰市	48.3	142	云浮市	34.6
108	海南藏族自治州	47.4	143	迪庆藏族自治州	34.6
109	宝鸡市	46.5	144	邢台市	34.4
110	黄石市	46.3	145	衡阳市	34.4
111	株洲市	45.7	146	东营市	34.0
112	锦州市	45.1	147	德州市	33.9
113	丽水市	44.9	148	聊城市	33.3
114	北海市	44.8	149	汉中市	33.3
115	鞍山市	43.6	150	肇庆市	32.4
116	江门市	43.3	151	安康市	32.3
117	酒泉市	43.3	152	牡丹江市	31.9
118	阜阳市	43.1	153	上饶市	31.8
119	自贡市	43.0	154	枣庄市	31.1
120	景德镇市	41.9	155	三门峡市	30.1
121	承德市	41.5	156	林芝市	29.8
122	秦皇岛市	41.1	157	百色市	29.8
123	龙岩市	40.8	158	延安市	29.7
124	宁德市	40.7	159	宿迁市	29.7
125	海西蒙古族藏族自治州	40.7	160	蚌埠市	29.7
126	乌兰察布市	40.6	161	商丘市	29.4
127	哈密市	40.5	162	南充市	29.0
128	茂名市	40.5	163	楚雄彝族自治州	28.9
129	嘉峪关市	40.5	164	钦州市	28.5

续表

排名	城市	增长指数	排名	城市	增长指数
165	黔西南布依族苗族自治州	28.3	200	儋州市	19.4
166	菏泽市	27.9	201	漯河市	19.3
167	泰州市	27.6	202	昌吉回族自治州	18.9
168	阳江市	27.6	203	随州市	18.9
169	衢州市	26.4	204	遂宁市	18.8
170	临夏回族自治州	26.4	205	塔城地区	18.6
171	南阳市	26.3	206	衡水市	18.3
172	河源市	26.3	207	怀化市	18.3
173	黑河市	26.1	208	泸州市	18.1
174	朝阳市	25.9	209	九江市	17.9
175	阿拉善盟	25.6	210	铜陵市	17.9
176	文山壮族苗族自治州	25.5	211	六安市	17.6
177	克拉玛依市	25.5	212	焦作市	17.5
178	昭通市	25.1	213	平凉市	17.5
179	益阳市	25.0	214	葫芦岛市	17.3
180	湘潭市	24.8	215	山南市	17.2
181	内江市	24.8	216	崇左市	17.2
182	德宏傣族景颇族自治州	24.7	217	金昌市	17.2
183	韶关市	24.2	218	抚顺市	16.8
184	常德市	24.1	219	滁州市	16.7
185	黔南布依族苗族自治州	23.6	220	德阳市	16.7
186	佳木斯市	23.1	221	达州市	16.4
187	吉安市	22.9	222	白银市	16.0
188	中卫市	22.9	223	亳州市	15.9
189	宿州市	22.8	224	临汾市	15.3
190	滨州市	22.4	225	锡林郭勒盟	15.1
191	曲靖市	22.3	226	驻马店市	15.0
192	平顶山市	22.1	227	长治市	14.7
193	永州市	21.9	228	宜春市	14.7
194	齐齐哈尔市	21.8	229	许昌市	14.6
195	盘锦市	20.7	230	海东市	14.6
196	怒江傈僳族自治州	20.0	231	阿克苏地区	14.4
197	通辽市	19.8	232	本溪市	14.2
198	南平市	19.7	233	榆林市	13.4
199	娄底市	19.4	234	周口市	13.3

续表

排名	城市	增长指数	排名	城市	增长指数
235	渭南市	13.3	269	海北藏族自治州	7.5
236	萍乡市	13.2	270	通化市	7.4
237	汕尾市	12.9	271	保山市	7.2
238	晋中市	12.9	272	鸡西市	7.2
239	贺州市	12.5	273	博尔塔拉蒙古自治州	7.2
240	克孜勒苏柯尔克孜自治州	12.5	274	铜川市	6.9
241	营口市	11.9	275	抚州市	6.8
242	晋城市	11.7	276	鹤岗市	6.6
243	广安市	11.6	277	鹰潭市	6.4
244	铁岭市	11.6	278	乌海市	6.4
245	阜新市	11.2	279	黄南藏族自治州	6.3
246	临沧市	11.1	280	石嘴山市	5.6
247	防城港市	11.0	281	白山市	5.4
248	新余市	11.0	282	巴彦淖尔市	5.4
249	宣城市	10.6	283	辽阳市	5.1
250	河池市	10.6	284	伊春市	4.6
251	松原市	10.5	285	兴安盟	4.0
252	三明市	10.5	286	果洛藏族自治州	3.9
253	广元市	10.4	287	双鸭山市	3.3
254	池州市	10.4	288	大兴安岭地区	3.3
255	庆阳市	10.2	289	辽源市	3.3
256	贵港市	10.2	290	资阳市	3.0
257	泰安市	9.9	291	七台河市	2.8
258	巴中市	9.7	292	吕梁市	2.1
259	濮阳市	9.3	293	四平市	1.9
260	商洛市	9.2	294	呼伦贝尔市	1.6
261	鹤壁市	9.2	295	巴音郭楞蒙古自治州	1.1
262	来宾市	9.0	296	朔州市	1.0
263	固原市	8.9	297	吴忠市	-0.2
264	白城市	8.6	298	淮北市	-1.8
265	武威市	8.4	299	绥化市	-2.7
266	忻州市	7.9	300	定西市	-62.3
267	攀枝花市	7.7	301	雅安市	-177.2
268	阳泉市	7.7			

地级城市中增速最高的是苏州市，苏州地处中国华东地区、江苏东南部、长三角中部，是国务院批复确定的中国长江三角洲重要的中心城市之一、国家高新技术产业基地和风景旅游城市。2020 年苏州市在 Twitter 上的传播主要与文化艺术、风景旅游相关。

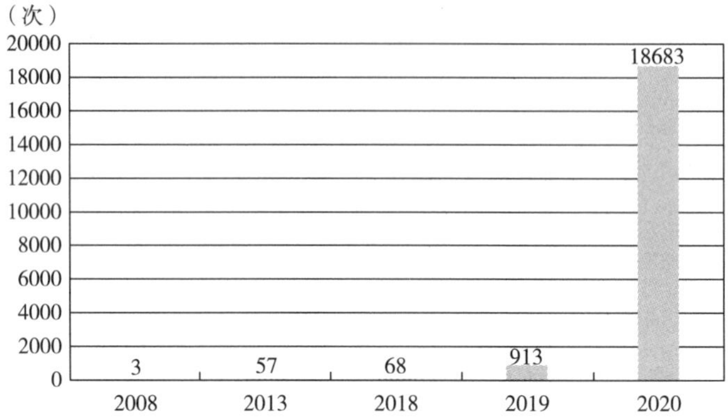

图 3 –5　苏州市 Twitter 搜索数量

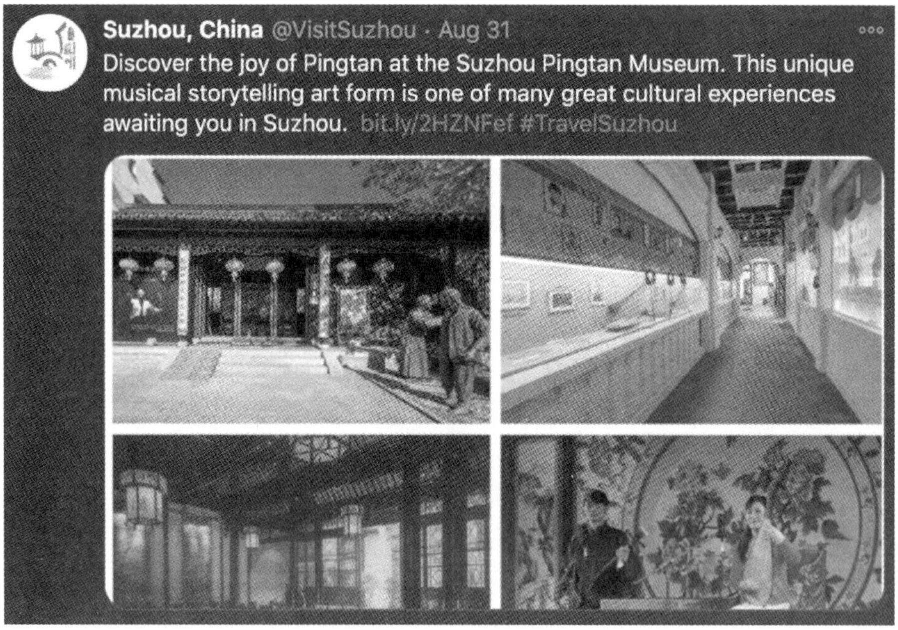

图 3 –6　苏州评弹博物馆相关推文

Suzhou, China @VisitSuzhou · Oct 9
Can you guess the name of this Yuan Dynasty garden with lion-like pinnacles and exquisite stalagmites? #TravelSuzhou

图 3－7　苏州市风景旅游相关推文

六、维度三：中国城市YouTube传播力

YouTube 是世界上规模最大和最有影响力的视频网站。据研究公司 SensorTower 发布的报告，谷歌的 YouTube 是 2020 年 10 月全球收入第二高的非游戏应用程序，总收入超过 9400 万美元，较 2019 年 10 月同比增长 58%。

2020 年，受新冠肺炎疫情影响，YouTube 上的新闻观看量比上年同期大幅上升 75%，YouTube 的月观看量已超过 20 亿次，自疫情以来 YouTube 的流量也大幅上升。

随着视频媒介形式的火速发展，支持 76 种不同语言访问、88 个国家使用的 YouTube 平台覆盖了全球 95% 的互联网人群。YouTube 平台的视频传播具有范围广、速度快的显著特点。YouTube 平台的统计数据在一定程度上能够反映我国各个城市的海外网络传播力。

本报告利用 Google 英文搜索引擎检索来源为 YouTube 的各城市视频。采用对直辖市、省会城市和计划单列市输入带双引号的城市英文名称，对其他地级市采取输入带双引号的城市＋所在省份英文名称的方法，采集 2019 年 10 月 15 日至 2020 年 10 月 15 日中国 337 座城市（自治州、地区、盟）的 YouTube 视频数量。同时，采集 2008 年、2013 年、2018 年和 2019 年的数据做趋势分析。

2020 年中国城市 YouTube 传播力得分排名前十位分别为上海市、西安市、北京市、武汉市、深圳市、成都市、三亚市、重庆市、广州市、天津市。

总体上，各城市 YouTube 传播力呈上升趋势，337 座城市平均增长指数为 808.5，但城市间传播力差异较大。在 YouTube 维度中，传播力排名增幅前二十的城市（地区）中，除扬州市、三亚市外，均为直辖市、省会城市及计划单列市。同时，调查发现有 3 个城市（盟、自治州）的 YouTube 传播力呈负增长趋势，分别是兴安盟、日喀则市、鄂尔多斯市。

（一）直辖市、省会城市及计划单列市 YouTube 传播力增长指数排名

在我国 36 座直辖市、省会城市及计划单列市中，2020 年 YouTube 传播力增长指数排名前五的城市为上海市、西安市、北京市、武汉市、深圳市，平均增速为 41536.96，约为全部 337 座城市平均增长速度的 51.38 倍。

表 3－10　36 座直辖市、省会城市及计划单列市 YouTube 传播力增长指数及排名

排名	城市	YouTube 增长指数	排名	城市	YouTube 增长指数
1	上海市	74360.0	19	沈阳市	869.5
2	西安市	70322.2	20	拉萨市	794.0
3	北京市	40380.0	21	长沙市	688.4
4	武汉市	13092.0	22	福州市	654.0
5	深圳市	9530.6	23	兰州市	586.7
6	成都市	9406.2	24	南宁市	313.4
7	重庆市	4843.4	25	宁波市	270.0
8	广州市	4445.6	26	贵阳市	269.1
9	天津市	2993.0	27	石家庄市	249.2
10	杭州市	2443.8	28	长春市	228.8
11	南京市	2247.4	29	太原市	205.8
12	昆明市	1859.0	30	银川市	188.2
13	哈尔滨市	1505.6	31	合肥市	181.5
14	大连市	1330.6	32	南昌市	123.7
15	郑州市	1215.4	33	海口市	118.3
16	厦门市	1164.2	34	乌鲁木齐市	108.2
17	济南市	1142.0	35	呼和浩特市	78.3
18	青岛市	1122.6	36	西宁市	9.4

上海市是我国国家中心城市，同时也是中国国际经济、金融、贸易、航运、科技创新中心，国家物流枢纽，同时也是长江经济带的龙头城市。在 YouTube 平台上的传播内容呈现多元化的趋势，视频内容涵盖政治、经济（金融业、旅游业）、文化体育活动等多方面信息。

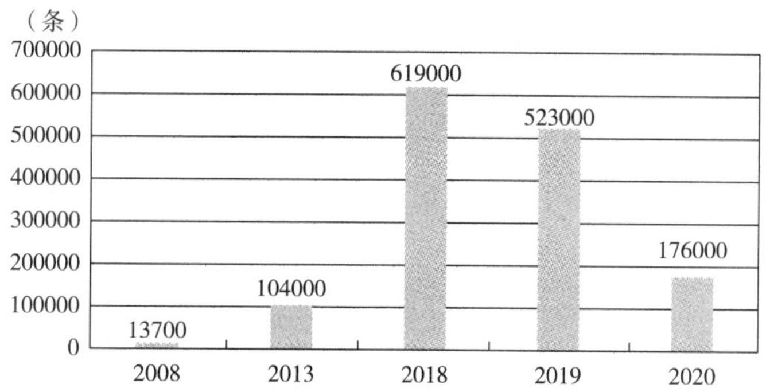

图 3－8　上海市 YouTube 视频数量

图 3－9　联合国教科文组织学习型城市——上海市

图 3－10　华为旗舰店在上海开业

图 3－11　以 5G 为动力的河流清扫机器人在上海亮相

（二）地级城市（自治州、地区、盟）YouTube 传播力增长指数排名

我国共有地级城市（自治州、地区、盟）301 座，2020 年 YouTube 平均传播力增长指数为 113.3，相较于 2018 年和 2019 年，这些城市的增长指数呈现大幅提升的趋势，但仍远低于 337 座城市（自治州、地区、盟）1407.5 的增幅平均值，说明直辖市、省会城市以及计划单列市与地级城市（自治州、地区、盟）的 YouTube 传播力增幅差异分化仍较为明显。其中，有 2 座城市（自治州）增长指数趋近 0，3 座城市（盟）为负值。地级城市（自治州、地区、盟）中，YouTube 增长指数排名前十的城市分别为三亚市、扬州市、珠海市、苏州市、洛阳市、黄山市、阿里地区、中山市、玉林市、绍兴市。

表 3－11　301 座地级市 YouTube 传播力增长指数及排名

排名	城市	增长指数	排名	城市	增长指数
1	三亚市	7484.3	11	无锡市	367.1
2	扬州市	2163.8	12	开封市	360.9
3	珠海市	1030.3	13	乐山市	353.4
4	苏州市	632.5	14	桂林市	349.2
5	洛阳市	629.9	15	丹东市	300.3
6	黄山市	629.3	16	汕尾市	291.8
7	阿里地区	599.6	17	佛山市	282.8
8	中山市	539.2	18	汕头市	274.3
9	玉林市	502.8	19	柳州市	253.3
10	绍兴市	470.7	20	东莞市	248.4

续表

排名	城市	增长指数	排名	城市	增长指数
21	潮州市	247.5	56	淄博市	46.1
22	常州市	158.5	57	自贡市	46.1
23	大理白族自治州	153.2	58	肇庆市	45.3
24	眉山市	150.7	59	岳阳市	44.6
25	温州市	133.9	60	衡水市	44.4
26	莆田市	131.3	61	舟山市	44.2
27	宜昌市	125.4	62	梅州市	41.8
28	泉州市	116.3	63	恩施土家族苗族自治州	41.5
29	宜宾市	99.1	64	龙岩市	41.5
30	大庆市	92.0	65	淮南市	41.3
31	吉林市	85.3	66	镇江市	37.0
32	徐州市	79.3	67	连云港市	36.5
33	九江市	78.5	68	喀什地区	35.8
34	延边朝鲜族自治州	75.8	69	临汾市	35.4
35	漳州市	74.1	70	赣州市	34.5
36	承德市	74.0	71	黄冈市	33.3
37	济宁市	73.6	72	湖州市	31.7
38	烟台市	72.6	73	江门市	31.0
39	益阳市	72.2	74	西双版纳傣族自治州	29.8
40	张家界市	67.5	75	吉安市	29.4
41	威海市	67.2	76	安顺市	26.7
42	南通市	65.0	77	锦州市	26.6
43	唐山市	64.2	78	临沂市	26.0
44	泰州市	63.1	79	海西蒙古族藏族自治州	24.9
45	张家口市	62.8	80	沧州市	24.4
46	台州市	61.3	81	宿州市	24.4
47	保定市	58.7	82	株洲市	23.8
48	潍坊市	57.6	83	陇南市	23.2
49	湛江市	54.3	84	衢州市	23.1
50	呼伦贝尔市	53.3	85	韶关市	23.0
51	嘉兴市	51.7	86	那曲地区	22.8
52	荆州市	50.2	87	和田地区	22.5
53	绵阳市	50.2	88	盘锦市	22.3
54	盐城市	49.1	89	海南藏族自治州	21.9
55	廊坊市	49.0	90	湘西土家族苗族自治州	21.6

续表

排名	城市	增长指数	排名	城市	增长指数
91	惠州市	21.4	126	枣庄市	10.7
92	阿勒泰地区	21.0	127	泸州市	10.2
93	河源市	21.0	128	聊城市	9.8
94	丽江市	21.0	129	抚州市	9.7
95	怒江傈僳族自治州	20.8	130	雅安市	9.7
96	运城市	20.5	131	攀枝花市	9.5
97	玉树藏族自治州	19.4	132	毕节市	9.4
98	六安市	19.0	133	遂宁市	9.4
99	阳江市	19.0	134	铜仁市	9.2
100	咸宁市	18.7	135	邯郸市	9.1
101	滁州市	18.6	136	临沧市	8.6
102	阜阳市	18.5	137	榆林市	8.5
103	遵义市	18.4	138	甘孜藏族自治州	8.3
104	商丘市	18.2	139	张掖市	8.1
105	北海市	17.0	140	景德镇市	7.9
106	襄阳市	16.8	141	南充市	7.8
107	金华市	16.6	142	曲靖市	7.8
108	秦皇岛市	16.1	143	德宏傣族景颇族自治州	7.7
109	焦作市	15.1	144	宁德市	7.6
110	日照市	14.4	145	黔东南苗族侗族自治州	7.5
111	齐齐哈尔市	14.0	146	德州市	7.3
112	伊犁哈萨克自治州	13.8	147	林芝市	7.3
113	南阳市	13.1	148	阿坝藏族羌族自治州	7.0
114	吐鲁番市	13.1	149	上饶市	6.9
115	宣城市	12.7	150	安阳市	6.4
116	包头市	12.3	151	湘潭市	5.5
117	清远市	11.9	152	鞍山市	5.4
118	达州市	11.6	153	郴州市	5.2
119	芜湖市	11.6	154	阿克苏地区	4.9
120	安庆市	11.4	155	衡阳市	4.9
121	凉山彝族自治州	11.6	156	阿拉善盟	4.7
122	酒泉市	11.4	157	赤峰市	4.6
123	牡丹江市	11.4	158	亳州市	4.5
124	四平市	11.1	159	十堰市	4.5
125	大同市	10.9	160	邢台市	4.5

续表

排名	城市	增长指数	排名	城市	增长指数
161	克拉玛依市	4.4	196	茂名市	2.6
162	玉溪市	4.4	197	儋州市	2.5
163	周口市	4.4	198	邵阳市	2.4
164	蚌埠市	4.3	199	普洱市	2.4
165	常德市	4.3	200	孝感市	2.4
166	菏泽市	4.3	201	中卫市	2.4
167	延安市	4.2	202	内江市	2.2
168	昌吉回族自治州	4.1	203	钦州市	2.2
169	丽水市	4.1	204	宜春市	2.2
170	云浮市	4.1	205	广安市	2.1
171	昭通市	4.1	206	马鞍山市	2.1
172	平凉市	4.0	207	濮阳市	2.1
173	怀化市	3.8	208	许昌市	2.1
174	崇左市	3.7	209	安康市	2.0
175	哈密市	3.7	210	保山市	2.0
176	佳木斯市	3.7	211	双鸭山市	2.0
177	六盘水市	3.7	212	文山壮族苗族自治州	2.0
178	三门峡市	3.7	213	楚雄彝族自治州	1.9
179	德阳市	3.6	214	红河哈尼族彝族自治州	1.9
180	南平市	3.6	215	武威市	1.9
181	揭阳市	3.5	216	鄂州市	1.8
182	广元市	3.4	217	平顶山市	1.8
183	松原市	3.3	218	新乡市	1.8
184	晋中市	3.2	219	晋城市	1.7
185	吕梁市	3.2	220	娄底市	1.7
186	营口市	3.1	221	塔城地区	1.7
187	驻马店市	3.1	222	淮安市	1.5
188	抚顺市	3.0	223	嘉峪关市	1.5
189	东营市	2.9	224	泰安市	1.5
190	河池市	2.9	225	百色市	1.4
191	荆门市	2.9	226	本溪市	1.4
192	信阳市	2.9	227	葫芦岛市	1.4
193	通辽市	2.8	228	锡林郭勒盟	1.3
194	梧州市	2.7	229	果洛藏族自治州	1.2
195	宿迁市	2.7	230	贺州市	1.2

续表

排名	城市	增长指数	排名	城市	增长指数
231	三明市	1.2	267	漯河市	0.6
232	新余市	1.2	268	铜川市	0.6
233	甘南藏族自治州	1.1	269	咸阳市	0.6
234	黑河市	1.1	270	阳泉市	0.6
235	淮北市	1.1	271	鹰潭市	0.6
236	黔南布依族苗族自治州	1.1	272	山南市	0.5
237	朔州市	1.1	273	海北藏族自治州	0.5
238	渭南市	1.1	274	黄石市	0.5
239	宝鸡市	1.0	275	忻州市	0.5
240	滨州市	1.0	276	巴音郭楞蒙古自治州	0.4
241	防城港市	1.0	277	朝阳市	0.4
242	来宾市	1.0	278	汉中市	0.4
243	永州市	1.0	279	鹤岗市	0.4
244	白城市	0.9	280	辽阳市	0.4
245	白山市	0.9	281	辽源市	0.4
246	博尔塔拉蒙古自治州	0.9	282	昌都市	0.3
247	池州市	0.9	283	定西市	0.3
248	金昌市	0.9	284	鹤壁市	0.3
249	临夏回族自治州	0.9	285	铁岭市	0.3
250	三沙市	0.9	286	通化市	0.3
251	商洛市	0.9	287	贵港市	0.2
252	铜陵市	0.9	288	七台水市	0.2
253	大兴安岭地区	0.8	289	庆阳市	0.2
254	迪庆藏族自治州	0.8	290	天水市	0.2
255	固原市	0.8	291	资阳市	0.2
256	海东市	0.8	292	巴彦淖尔市	0.1
257	鸡西市	0.8	293	白银市	0.1
258	萍乡市	0.8	294	石嘴山市	0.1
259	黔西南布依族苗族自治州	0.8	295	绥化市	0.1
260	随州市	0.8	296	乌海市	0.1
261	长治市	0.8	297	阜新市	0.0
262	乌兰察布市	0.7	298	黄南藏族自治州	0.0
263	吴忠市	0.7	299	兴安盟	-0.2
264	伊春市	0.7	300	日喀则市	-0.9
265	巴中市	0.6	301	鄂尔多斯市	-3.8
266	克孜勒苏柯尔克孜自治州	0.6			

地级市中 YouTube 传播力增长指数排名第一的三亚市，根据《三亚市城市总体规划（2011－2020 年）》，2020 年为三亚市发展的关键节点。近年来，三亚市政府发挥战略性资源管控、公共服务设施建设等作用，根据三亚城市特色，坚持生态优先，大力发展旅游及相关产业，平衡外来游客和当地常住人口需求，优化城市布局，使得三亚市健康平稳发展。

2018 年，党中央宣布支持海南全岛建设自由贸易试验区，开展国际投资贸易、保税物流、保税维修等业务。三亚 CBD、三亚免税店等项目吸引大量游客前去。

尤其是海南岛国际图书（旅游）博览会、海南岛国际电影节等大型文化品牌活动对三亚市的 YouTube 传播力增长指数贡献显著。这一兼具国际性、专业性、包容性的文化盛典，为其获得更多国际关注。

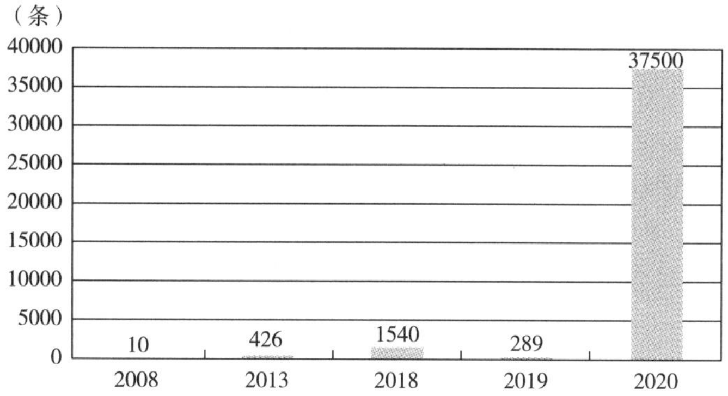

图 3－12　三亚市 YouTube 视频数量

图 3－13　三亚市旅游景点

YVES SAINT LAURENT
SHISEIDO
CLARINS

图 3－14　三亚市海棠湾免税店

ThisisHainan @ThisisHainanGov · Dec 4, 2019
British film director and producer Simon West took to the stage to discuss his life and career during the Master Class session at the 2nd Hainan International Film Festival in Sanya, #Hainan province, on Dec 2. #HIIFF #HIIFF2019 #filmfestival
HAINAN ISLAND INTERNATIONAL FILM FESTIVAL
SIMON WEST 西蒙·韦斯特
第二届海南岛国际电影节
HAINAN ISLAND INTERNATIONAL FILM FESTIVAL

图 3－15　第二届海南岛国际电影节

七、结论与分析

（一）2018～2020 年中国城市海外网络传播力排名靠前城市总体比较稳定，18 座城市一直排名在前二十；2020 年苏州市、三亚市挤入前二十强

2020 年中国城市海外网络传播力排名前二十的城市中，上海市、北京市、深圳市、广州市、成都市、天津市、重庆市、杭州市、西安市、南京市、大连市、哈尔滨市、青岛市、厦门市、苏州市、沈阳市、济南市、郑州市 18 座城市在 2018 年和 2019 年的排名也在前二十，除武汉市排名大幅上升外，其他城市海外网络传播力较为稳定。苏州、三亚两个城市于 2020 年进入排名前二十的行列，传播力增长较快。

武汉市、苏州市、三亚市、沈阳市等城市海外网络传播力呈上升趋势。武汉市的海外网络传播力排名由 2018 年的第十名升至 2020 年的第三名。苏州市、三亚市排名从 2018 年、2019 年的第三十名以外升高至前二十名。

表 3－12　2018～2020 年城市海外网络传播力排名前二十城市

排名	2018 年	2019 年	2020 年
1	上海市	上海市	上海市
2	北京市	北京市	北京市
3	深圳市	深圳市	武汉市
4	广州市	广州市	深圳市
5	杭州市	成都市	广州市
6	天津市	武汉市	成都市
7	重庆市	天津市	天津市
8	南京市	杭州市	重庆市
9	大连市	重庆市	杭州市
10	武汉市	西安市	西安市
11	西安市	南京市	南京市
12	成都市	大连市	大连市
13	青岛市	青岛市	哈尔滨市
14	厦门市	昆明市	青岛市
15	哈尔滨市	济南市	厦门市

续表

排名	2018 年	2019 年	2020 年
16	福州市	厦门市	苏州市
17	济南市	哈尔滨市	沈阳市
18	昆明市	长沙市	济南市
19	宁波市	郑州市	郑州市
20	长沙市	宁波市	三亚市

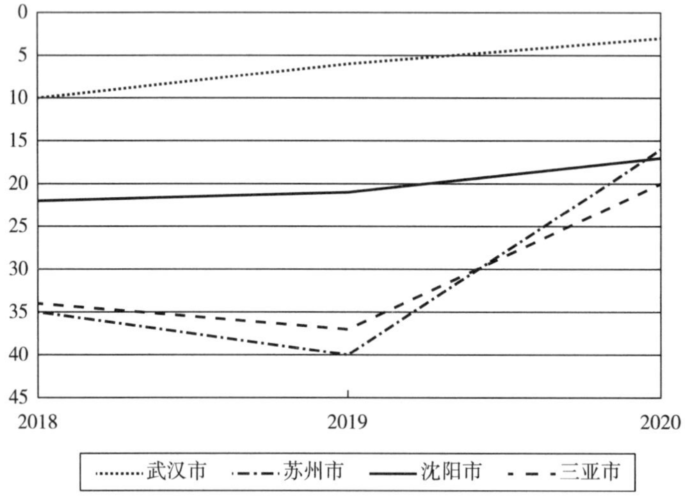

图 3-16　2018~2020 年武汉市、苏州市、三亚市、沈阳市海外网络传播力排名

（二）一方面，中国城市海外网络传播力综合指数与 GDP 指数呈强相关，传播力综合指数排名前二十的城市有 14 个入围 2020 年前三个季度 GDP 指数排名前二十；另一方面，以三亚市为代表的 GDP 不靠前城市也可以建设较好的海外网络传播力

对 2020 年前三个季度中国城市 GDP（经济总量）指数与 2020 年我国城市海外网络传播力综合指数之间的相关系数进行统计分析。结果显示，中国城市 GDP 指数与海外网络传播力综合指数的相关系数为 0.731，P 值在 0.01 级别，中国城市的 GDP 指数与海外网络传播力综合指数之间呈现强相关关系。

进一步将 2020 年前三个季度中国城市的 GDP 指数排行与本次中国城市海外网络传播力的调查结果进行比较，可以发现，2020 年前三个季度 GDP 指数排名在前十的城市与海外网络传播力综合指数排名在前十的城市有 8 个重合，2020 年前三个季度 GDP 指数排名在前二十的城市与海外网络传播力综合指数排名前二十的城市有 14 个重合。城市海外网络传播力综合指数排行与 GDP 指数排行呈现高度吻合。

表 3-13 2020 年城市海外网络传播力与 GDP 两榜排名对比

城市	2020 年海外网络传播力排名	2020 年前三季度 GDP 指数排名
上海市	1	1
北京市	2	2
武汉市	3	10
深圳市	4	3
广州市	5	5
成都市	6	7
天津市	7	11
重庆市	8	4
杭州市	9	8
西安市	10	22
南京市	11	9
大连市	12	29
哈尔滨市	13	47
青岛市	14	13
厦门市	15	33
苏州市	16	6
沈阳市	17	34
济南市	18	20
郑州市	19	16
三亚市	20	50 名以外

西安市、大连市、哈尔滨市、厦门市、沈阳市、三亚市 6 座城市虽然 GDP 排名未进入前二十，但传播力排名靠前。城市海外网络传播力虽与 GDP 高度相关，但并不完全由城市经济实力决定，城市主动建设海外传播、加强城市形象宣传同样重要。

表 3-14 西安市、大连市、哈尔滨市、厦门市、沈阳市、三亚市海外网络传播力与 GDP 两榜排名对比

城市	2020 年海外网络传播力排名	2020 年前三季度 GDP 指数排名
西安市	10	22
大连市	12	29
哈尔滨市	13	47
厦门市	15	33
沈阳市	17	34
三亚市	20	50 名以外

长沙市、宁波市、南通市、无锡市、佛山市、泉州市 6 座城市，2020 年前三季度中国城市 GDP 排名前二十，但海外传播力排名均为二十名之外，应利用城市良好发展现状，加强对外宣传和海外传播建设。

表 3－15　长沙市、宁波市、南通市、无锡市、佛山市、泉州市海外网络传播力与 GDP 两榜排名对比

城市	2020 年海外网络传播力排名	2020 年前三季度 GDP 指数排名
长沙市	21	15
宁波市	22	12
南通市	39	19
无锡市	41	14
佛山市	47	17
泉州市	52	18

（三）海外网络传播力排名前十的城市在 Google、Twitter、YouTube 各平台传播力增长指数也较高，城市海外传播力呈现强者愈强的特征

2020 年城市海外网络传播力排名前十的城市中，上海市、北京市、武汉市、深圳市、广州市、成都市以及天津市 7 座城市在 Google、YouTube 和 Twitter 3 个平台的网络传播力增长指数也排在前十。重庆市、杭州市、西安市在各平台的传播力增长指数均排在前列。可以看出，城市的海外传播力越强，传播力的增长越快，我国城市的海外网络传播力呈现强者愈强的特征。

表 3－16　综合指数排名前十城市的 Google、YouTube、Twitter 增长指数

城市	海外网络传播力综合指数	Google 维度海外网络传播力增长指数	YouTube 维度海外网络传播力增长指数	Twitter 维度海外网络传播力增长指数
上海市	1	1	1	2
北京市	2	2	3	3
武汉市	3	3	4	1
深圳市	4	4	5	4
广州市	5	6	9	5
成都市	6	8	6	7
天津市	7	5	10	9
重庆市	8	9	8	12
杭州市	9	7	11	8
西安市	10	14	2	24

（四）地方文化特色是海外网络传播力建设的亮点

不同的文化特色既是地方城市的“名片”，也成为了城市海外传播力建设的新亮点。“千年古都”西安和“国际旅游胜地”三亚都是凭借其地方文化特色，成功进入了 2020 年 YouTube 平台城市海外传播力排名前十。在 YouTube 中，关于西安市的短视频既有秦始皇陵兵马俑等历史文化古迹，也有地道的西安传统美食。其大多数内容都与传统中国元素相关，如陕西历史博物馆里的展览、非物质文化遗产等。西安市凭借其世界历史文化名城的地位和独特的历史人文景观在 YouTube 平台中获得了广泛关注。

三亚市的短视频大多和三亚国际免税店、海南岛国际图书博览会、海南岛国际电影节等内容有关，三亚市海外网络传播力的建设不仅依靠海滨城市的自然风光，还借助沿海地区的开放政策和国际性文化赛事的成功举办，吸引着国外受众的广泛关注，由此三亚市在 YouTube 平台的海外网络传播力得到显著提升。

西安市和三亚市利用独特的城市文化有效助推其海外传播力的建设，同样地，更多城市可以通过利用本土优势资源来进行更加全面和深入的对外传播，让地方文化特色助力城市海外传播力的建设。

（五）武汉市因新型冠状病毒肺炎疫情受到广泛关注，海外网络传播力综合指数增长明显

受新型冠状病毒肺炎疫情的影响，武汉市引起全球讨论，传播力排名从上年的第六名上升至第三名，在各平台的增长速度也提高较大。其中 Twitter 平台增长指数由第十名上升至第一名，YouTube 平台增长指数由第九名上升至第四名，Google 平台增长指数由第四名上升至第三名。

2020 年武汉市 Twitter 搜索数量居所有城市之首，是同年搜索数量第二名上海市的 3 倍。新型冠状病毒在武汉市首次被发现，这一话题在 Twitter 上有着极高的讨论度，Twitter 用户表达了对疫情现状的担忧与对武汉人民的祝福。

在 Google 平台，武汉市由于新冠肺炎疫情而受到广泛关注，2020 年新闻数量较以往大幅提升。这些新闻包含了各国媒体对武汉当下状况的描述、对武汉的疫情防控措施的介绍等多个方面。

在 YouTube 平台，关于武汉的传播内容依旧以疫情话题为主。涵盖了对疫情全方位、多维度的报道。其中“走进方舱医院”系列视频拥有极高的热度。

在疫情得到控制、市民生活回归正轨后，武汉市在各个平台的热度依旧不减。热度较高的话题也从对疫情形势的讨论转向了日常防控和城市复苏，以及对武汉未来发展的美好祝愿。

（六）珠三角、长三角、环渤海、成渝四城市群稳占海外网络传播力“高地”

2020 年珠三角、长三角、环渤海、成渝四个城市群占据中国城市海外传播力排名前十位中的 8 个。由南向北，以广州市、深圳市、珠海市为代表的珠三角城市群，以上海市、杭州市、南京市为代表的长三角城市群，以北京市、天津市、沈阳市、青岛市、大连市、济南市为代表的环渤海城市群，以及以成都市和重庆市为代表的西南地区，海外传播力增速整体较快。Google 平台增速排名前十的城市有 9 座城市地处这四大城市群；Twitter 平台增速排名前十的城市有 9 座城市地处这四大城市群；YouTube 平台增速排名前十的城市有 8 座城市位于这四大城市群。

（七）成都市、重庆市奠定西部海外网络传播领头羊地位

在海外传播力综合指数排名中，成都和重庆分别排在第六位和第八位。在 Google 和 YouTube 平台中，成都市和重庆市连续 3 年保持在前十名，在 Twitter 平台中，成都市连续两年排名在前十。这充分体现我国中西部新一线城市中成渝双城在各方面的积极发展、影响力的提升以及领头作用，成都市和重庆市也因此成为北上广之外的发展高地，在近年一直是中国西部地区的双增长引擎。

作为四川省省会，成都市的重要地位与国际影响力有目共睹。根据美国智库米尔肯研究所（MilkenInstitute）的年度报告，发展迅速的成都市第 3 次蝉联中国城市经济表现排名第一。2021 年世界大学生运动会、2020 年中国美容博览会等重大活动和国际赛事选择成都市作为举办地，成为 Twitter 和 YouTube 平台上各国人士对成都市的讨论热点。

重庆市高度重视海外网络传播力建设，并设有专门的海外网络传播力建设团队。从对 Google 平台上的新闻内容分析可以看出，在国际经济交流方面，由重庆市政府支持的一个新的区块链创新联盟，利用浪潮、IBM、阿里巴巴、华为、百度等业界巨头的专业知识将重庆市推向一个行业的前列；在城市建设方面，由新加坡和嘉德置地集团在中国的最大单项发展项目——重庆来福士广场的开业为重庆的城市地标性建筑又添上浓墨重彩的一笔；在国际合作方面，美国汽车制造商特斯拉公司已与重庆市讨论并安排“加速项目”，将建立合作。

（八）苏州市、三亚市、无锡市、珠海市逐渐成为地级城市海外网络传播力排头兵

通过对近 3 年地级市海外网络传播力综合指数分析可以发现，苏州市、三亚市、无锡市以及珠海市这 4 座城市连续 3 年进入城市海外网络传播力综合指数排名前十，其整体呈现稳步增长的趋势，特别是苏州市和三亚市在 2020 年上升至第一名和第二名。

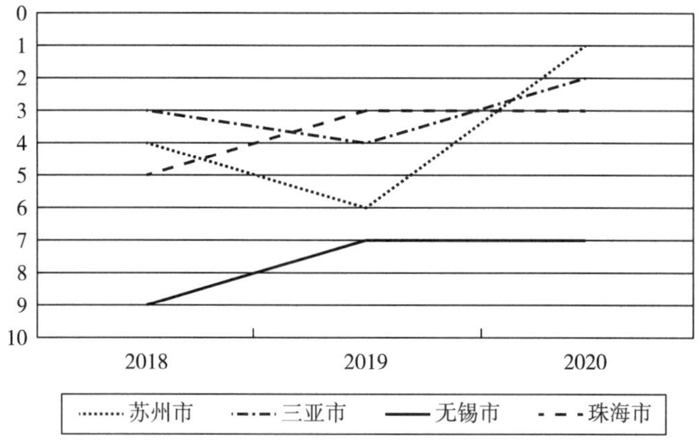

图 3-17 2018~2020 年苏州市、三亚市、无锡市、珠海市传播力综合指数排名

（九）扬州市、中山市、南通市、洛阳市、黄山市首次进入地级市海外网络传播力排名前十

地级市海外网络传播力排名前十的城市中有半数是首次进入的，分别是扬州市、中山市、南通市、洛阳市以及黄山市，在这些新增的地级城市中，黄山市和中山市连续 3 年呈现直线增长趋势，且黄山市海外传播力增速较快，从 2018 年的第 59 名上升到 2020 年的第 10 名。

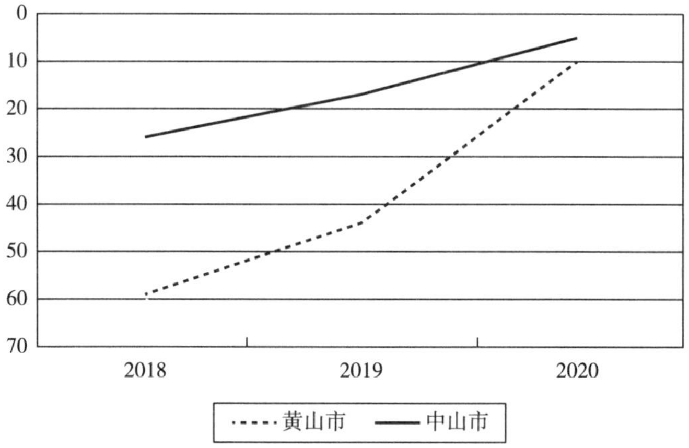

图 3-18 2018~2020 年黄山市与中山市在地级城市中海外网络传播力排名

（十）攀枝花市、乐山市等地级城市海外网络传播力进步明显

以攀枝花市、乐山市为代表的多个地级市海外传播力综合指数排名提升较快，出众的

城市发展建设给海外传播带来正面影响。

攀枝花市的综合指数排名明显提升，从 2019 年的第 283 位上升至 2020 年的第 195 位。这与其城市发展息息相关：扎实推进钒钛新城和攀西科技城建设，倾力打造世界级钒钛产业基地；推进康养产业发展，加快建设国际阳光康养旅游目的地；完善城市功能，加快建设区域中心城市和南向开放门户等努力，促进攀枝花市在综合实力及国际知名度的显著提升。

乐山市综合指数排名由2019 年的第63 位上升至2020 年的第51 位。Google News 搜索结果中，较为突出的是制造业和清洁能源相关新闻。YouTube 和 Twitter 内容大多是关于乐山的美食和美景，翘脚牛肉、甜皮鸭、红糖饼等食物反复出现，乐山大佛作为著名景点出镜率颇高。旅游业和制造业的发展促进乐山、海外网络传播力的提升。

附　录

附表 3－1　直辖市、省会城市及计划单列市 Google News 传播力增长指数排名

排名	城市	2008 年	2013 年	2018 年	2019 年	2020 年	Google 增长指数
1	上海市	16800	72500	1670000	31400000	15400000	6209390. 0
2	北京市	15100	76200	1650000	22300000	16900000	5599360. 0
3	武汉市	245	2600	21700	1050000	8220000	1748691. 0
4	深圳市	885	12100	130000	3160000	163000	347213. 0
5	天津市	4710	7300	44800	883000	111000	108828. 0
6	广州市	1290	10300	84100	787000	129000	103212. 0
7	杭州市	552	7740	82000	759000	91200	93255. 6
8	成都市	740	6030	44700	437000	113000	65549. 0
9	重庆市	585	3510	36900	74000	78900	22712. 0
10	南京市	1040	5380	43000	72500	48600	16224. 0
11	青岛市	254	1670	27400	54500	38700	12972. 2
12	大连市	292	3000	25900	38000	31700	9781. 6
13	西安市	377	1790	21000	39400	25900	8865. 6
14	宁波市	135	1180	22400	44500	22600	8825. 0
15	南宁市	57	336	5610	16600	35500	8715. 0
16	哈尔滨市	297	2380	23300	29500	30300	8712. 6
17	厦门市	190	1850	15900	28200	24700	7537. 0
18	郑州市	64	2630	15600	33800	19200	6944. 2
19	沈阳市	124	1280	11700	15500	19900	5377. 2

续表

排名	城市	2008 年	2013 年	2018 年	2019 年	2020 年	Google 增长指数
20	济南市	73	1130	14400	21600	15900	5212.4
21	长春市	225	575	9560	13600	16100	4477.5
22	长沙市	52	1160	7630	16400	14200	4353.6
23	昆明市	132	1670	9110	16700	12700	4016.6
24	兰州市	128	1830	16800	11200	13500	3611.4
25	石家庄市	88	395	7320	14600	10900	3582.9
26	乌鲁木齐市	98	668	7560	9840	13200	3537.6
27	合肥市	78	668	2010	11300	11900	3427.6
28	南昌市	19	322	3680	12400	9670	3138.0
29	贵阳市	17	252	4190	4720	12700	2983.4
30	福州市	88	1900	71400	9970	8600	2509.4
31	拉萨市	571	535	15300	5460	6030	1584.3
32	太原市	16	494	3360	7130	4390	1538.4
33	海口市	18	5610	30200	5320	7100	1387.4
34	呼和浩特市	17	8	8190	2610	5360	1328.8
35	银川市	11	102	1970	1880	2840	743.6
36	西宁市	9	53	237	1560	1250	398.9

附表 3－2　地级城市（自治州、地区、盟）Google News 传播力增长指数排名

排名	城市	2008 年	2013 年	2018 年	2019 年	2020 年	Google 增长指数
1	苏州市	29	1720	4490	4160	44700	9178.2
2	中山市	10	67	828	2260	13400	2897.3
3	三亚市	27	247	3320	4790	10300	2508.9
4	阿里地区	138	1770	4790	8930	6650	2018.4
5	珠海市	25	1500	10100	4040	5370	1323.0
6	南通市	7	95	1820	2400	5100	1249.1
7	无锡市	39	116	1600	6310	2560	1123.6
8	吉林市	1	15	613	201	5470	1112.4
9	连云港市	3	57	1170	2090	4320	1066.7
10	东莞市	91	313	1540	4120	2490	860.5
11	喀什地区	1	11	40	2420	3010	842.7
12	临沂市	1	47	1640	1640	2990	757.1
13	扬州市	19	54	949	1480	2710	680.8
14	台州市	8	42	963	3420	1630	662.2
15	吐鲁番市	6	41	207	714	2880	642.1

续表

排名	城市	2008 年	2013 年	2018 年	2019 年	2020 年	Google 增长指数
16	常州市	5	83	1140	2780	1680	604. 7
17	温州市	7	217	1520	1890	2140	593. 9
18	黄冈市	1	5	58	86	2870	581. 9
19	唐山市	39	45	1210	2210	1850	578. 7
20	潍坊市	9	66	1160	2770	1490	566. 6
21	佛山市	6	161	1430	2280	1730	556. 7
22	阿克苏地区	3	57	203	467	2410	522. 4
23	烟台市	40	107	1450	2590	1400	520. 3
24	和田地区	18	425	1720	1840	1650	467. 9
25	淄博市	9	30	1930	3310	642	454. 6
26	洛阳市	6	81	806	1270	1590	435. 7
27	阿勒泰地区	3	13	171	1520	1300	410. 1
28	湖州市	1	35	837	1800	1160	408. 3
29	张家界市	3	75	1100	806	1640	400. 5
30	宿州市	1	118	1150	1350	1340	391. 0
31	泉州市	5	65	841	779	1590	388. 4
32	北海市	4	36	666	2030	944	387. 4
33	延安市	4	27	1100	457	1660	374. 2
34	宜昌市	5	64	477	382	1700	370. 8
35	桂林市	6	142	843	1070	1310	353. 6
36	盐城市	2	18	653	1830	864	353. 6
37	运城市	1	13	1650	2110	627	334. 9
38	舟山市	2	206	1260	962	1280	331. 2
39	曲靖市	2	23	208	1670	834	331. 1
40	泰州市	4	46	557	1320	1020	330. 6
41	邯郸市	2	74	860	942	1210	328. 4
42	黄山市	28	74	610	1340	1030	327. 0
43	鄂州市	0	4	30	28	1600	322. 4
44	大理白族自治州	9	187	550	1310	966	303. 7
45	恩施土家族苗族自治州	3	66	788	604	1200	293. 2
46	日照市	3	24	1210	977	899	274. 5
47	孝感市	1	8	22	89	1320	271. 9
48	丽江市	48	24	563	1280	764	268. 8
49	潮州市	3	13	114	262	1160	256. 3
50	惠州市	8	49	580	859	882	255. 8

续表

排名	城市	2008 年	2013 年	2018 年	2019 年	2020 年	Google 增长指数
51	廊坊市	2	37	505	933	820	253.2
52	安阳市	2	50	1080	1180	700	252.6
53	东营市	1	7	746	1280	583	243.7
54	济宁市	2	17	363	1020	711	242.1
55	乐山市	5	43	758	735	865	241.2
56	绍兴市	9	59	1120	1020	715	237.3
57	江门市	2	57	923	1140	637	235.3
58	徐州市	0	42	705	795	800	235.3
59	南阳市	3	38	375	362	984	228.6
60	汕头市	7	107	470	464	971	228.5
61	襄阳市	0	28	313	284	1010	227.6
62	荆州市	2	23	76	125	1080	225.8
63	开封市	5	73	657	598	870	225.5
64	嘉兴市	10	173	702	807	819	225.2
65	金华市	1	59	449	842	701	218.3
66	张家口市	3	33	663	686	767	218.1
67	荆门市	0	3	410	258	944	214.3
68	咸宁市	0	4	45	49	1040	212.5
69	芜湖市	1	23	529	762	670	207.7
70	抚州市	3	36	465	424	840	206.2
71	德宏傣族景颇族自治州	3	18	455	831	616	203.9
72	衢州市	1	17	371	1180	434	202.9
73	毕节市	1	23	211	344	844	200.7
74	威海市	2	39	1130	740	616	192.9
75	大同市	5	42	330	577	689	190.3
76	九江市	2	868	7650	359	1170	182.7
77	淮北市	5	64	276	786	557	182.6
78	宜宾市	2	28	358	836	499	180.2
79	包头市	2	58	850	720	571	180.0
80	伊犁哈萨克自治州	7	29	342	322	741	176.1
81	邢台市	3	82	342	545	642	174.1
82	保定市	5	82	557	648	584	172.4
83	张掖市	0	44	305	471	645	171.7
84	许昌市	3	20	74	1540	98	171.0
85	鞍山市	0	32	66	101	804	167.7

续表

排名	城市	2008 年	2013 年	2018 年	2019 年	2020 年	Google 增长指数
86	镇江市	1	35	326	576	562	166.3
87	莆田市	1	7	380	251	706	165.4
88	滨州市	1	27	480	947	366	165.0
89	巴音郭楞蒙古自治州	3	13	186	20	812	162.5
90	玉林市	1	26	301	394	626	161.8
91	秦皇岛市	6	24	596	387	625	160.1
92	阜阳市	7	33	388	234	697	158.1
93	汉中市	1	1	342	79	752	158.0
94	漳州市	1	49	135	307	662	158.0
95	山南市	2	10	94	1120	233	157.2
96	安顺市	2	21	350	283	651	156.0
97	湛江市	6	1	898	638	462	154.9
98	黄石市	1	9	48	115	719	154.2
99	百色市	0	5	135	946	297	153.5
100	肇庆市	1	22	346	561	499	153.5
101	钦州市	1	8	327	977	278	152.3
102	沧州市	0	1	217	568	471	150.9
103	泸州市	1	21	106	211	660	150.8
104	清远市	2	9	678	420	550	150.7
105	遵义市	3	15	147	487	488	144.2
106	昌吉回族自治州	0	8	368	88	673	142.6
107	商丘市	2	19	178	171	632	141.2
108	绵阳市	156	45	260	492	622	137.9
109	柳州市	5	51	245	494	468	136.9
110	十堰市	1	16	505	166	606	136.0
111	濮阳市	0	4	401	545	380	130.1
112	西双版纳傣族自治州	9	43	270	341	509	129.8
113	牡丹江市	1	8	82	68	613	128.4
114	普洱市	102	42	302	425	546	127.1
115	焦作市	3	19	108	311	492	127.0
116	随州市	1	2	29	43	612	126.3
117	红河哈尼族彝族自治州	2	34	250	259	505	123.1
118	自贡市	2	25	120	318	470	122.9
119	平顶山市	0	43	85	129	569	122.4
120	宁德市	2	89	150	186	562	121.7

续表

排名	城市	2008 年	2013 年	2018 年	2019 年	2020 年	Google 增长指数
121	承德市	1	16	641	498	367	121.4
122	邵阳市	0	49	79	62	597	120.7
123	郴州市	4	4	146	475	353	116.9
124	安康市	0	52	103	368	424	116.4
125	赣州市	1	8	381	452	352	114.6
126	景德镇市	3	158	1190	538	386	114.6
127	凉山彝族自治州	7	12	96	139	514	114.1
128	湘西土家族苗族自治州	2	0	132	632	251	113.0
129	岳阳市	1	15	135	297	402	108.4
130	临汾市	7	81	297	251	462	108.0
131	眉山市	1	42	190	461	329	107.5
132	阿坝藏族羌族自治州	39	62	72	204	504	107.2
133	榆林市	1	7	53	108	483	106.5
134	盘锦市	0	4	70	260	397	105.0
135	大庆市	6	72	135	433	344	103.7
136	株洲市	1	36	275	314	371	101.8
137	枣庄市	2	20	346	381	329	101.5
138	锦州市	1	22	78	449	292	100.9
139	上饶市	2	5	129	292	359	100.1
140	新乡市	1	10	361	484	259	99.0
141	淮安市	3	8	584	460	266	97.8
142	保山市	0	8	329	223	376	96.7
143	玉溪市	1	69	244	399	314	95.6
144	安庆市	2	5	102	129	417	95.4
145	吴忠市	2	6	42	431	266	95.3
146	梧州市	1	13	112	301	331	94.8
147	海南藏族自治州	11	54	482	1010	6	94.6
148	鹰潭市	0	6	33	103	420	93.7
149	塔城地区	0	2	52	705	104	91.1
150	黔南布依族苗族自治州	1	1	58	86	402	88.7
151	商洛市	0	27	15	137	382	87.4
152	梅州市	1	19	63	590	151	87.1
153	揭阳市	1	9	110	198	341	86.9
154	中卫市	2	2	83	254	310	86.8
155	德州市	1	10	258	386	244	86.2

续表

排名	城市	2008 年	2013 年	2018 年	2019 年	2020 年	Google 增长指数
156	酒泉市	9	81	555	203	375	85.4
157	甘南藏族自治州	3	12	75	171	349	85.1
158	三门峡市	2	35	79	132	374	84.1
159	信阳市	1	35	108	208	333	83.7
160	昭通市	1	12	347	209	321	83.7
161	哈密市	10	86	229	531	204	83.3
162	聊城市	1	40	275	410	231	83.0
163	铜仁市	0	7	150	122	350	81.5
164	雅安市	37	295	125	125	516	78.8
165	铜川市	0	3	34	404	189	77.9
166	南充市	3	19	202	357	221	77.4
167	衡水市	0	7	349	419	180	77.2
168	迪庆藏族自治州	3	12	396	140	318	75.8
169	丽水市	1	34	98	175	307	75.3
170	达州市	5	7	71	184	289	74.5
171	那曲市	0	4	56	50	348	74.2
172	韶关市	0	1	1	2	370	74.1
173	宿迁市	1	8	601	315	217	73.9
174	怒江傈僳族自治州	0	30	90	382	193	73.8
175	文山壮族苗族自治州	0	8	240	191	276	73.5
176	河源市	1	16	113	201	273	72.9
177	营口市	0	9	179	342	195	72.3
178	楚雄彝族自治州	2	20	229	212	256	70.0
179	丹东市	1	724	2200	562	424	68.4
180	佳木斯市	1	18	73	117	293	68.3
181	黑河市	0	8	292	190	247	67.6
182	铜陵市	1	3	353	195	243	67.6
183	日喀则市	7	20	130	211	246	66.9
184	湘潭市	1	24	113	145	274	66.7
185	亳州市	0	7	2	83	292	66.0
186	益阳市	1	7	73	313	177	65.8
187	天水市	0	30	45	54	313	65.0
188	汕尾市	1	20	136	90	283	63.4
189	新余市	0	42	421	239	214	62.5
190	南平市	1	5	222	132	245	61.5

续表

排名	城市	2008 年	2013 年	2018 年	2019 年	2020 年	Google 增长指数
191	松原市	1	4	42	137	241	61.3
192	锡林郭勒盟	1	6	481	414	93	59.2
193	六安市	9	8	156	8	301	58.4
194	菏泽市	1	8	106	143	221	57.5
195	攀枝花市	1	5	19	36	271	57.1
196	六盘水市	1	6	63	166	205	56.8
197	齐齐哈尔市	1	6	348	234	169	56.4
198	玉树藏族自治州	0	55	108	145	235	56.0
199	白银市	0	6	37	431	61	54.7
200	阳江市	2	20	227	103	234	54.7
201	朝阳市	0	45	109	78	254	54.1
202	延边朝鲜族自治州	6	24	134	97	240	54.1
203	遂宁市	3	53	115	79	255	53.0
204	龙岩市	1	39	97	166	200	52.5
205	晋中市	1	6	88	202	165	52.4
206	吉安市	1	2	101	145	190	52.1
207	武威市	0	10	87	144	191	51.6
208	黔东南苗族侗族自治州	0	7	73	113	197	50.0
209	鄂尔多斯市	8	110	245	156	233	49.6
210	宣城市	1	5	133	247	128	49.6
211	晋城市	0	5	65	162	169	49.5
212	泰安市	1	2	386	415	39	48.9
213	蚌埠市	1	7	132	107	192	48.2
214	驻马店市	0	6	82	125	181	48.1
215	赤峰市	3	6	194	219	135	47.7
216	忻州市	0	3	44	87	196	47.6
217	永州市	2	38	49	199	149	45.5
218	资阳市	6	18	46	95	191	44.7
219	防城港市	2	16	90	146	159	44.4
220	茂名市	7	16	238	86	194	44.4
221	临沧市	7	60	170	214	148	43.6
222	宜春市	1	7	74	127	157	43.2
223	临夏回族自治州	3	12	84	81	184	43.1
224	铁岭市	0	19	32	332	59	43.1
225	淮南市	1	40	192	77	186	40.7

续表

排名	城市	2008 年	2013 年	2018 年	2019 年	2020 年	Google 增长指数
226	漯河市	0	37	50	74	184	40. 5
227	长治市	8	40	75	153	154	40. 5
228	克孜勒苏柯尔克孜自治州	2	4	51	98	150	39. 0
229	周口市	1	33	34	73	174	38. 6
230	阜新市	1	3	29	86	149	37. 9
231	四平市	0	4	24	53	164	37. 7
232	葫芦岛市	0	2	77	125	125	37. 3
233	三沙市	0	16	118	108	137	36. 6
234	内江市	2	31	46	94	153	36. 5
235	德阳市	22	21	129	68	170	34. 3
236	林芝市	0	3	10	38	153	34. 1
237	金昌市	0	1	62	205	66	33. 6
238	常德市	1	44	235	142	117	33. 0
239	陇南市	6	2	75	46	148	32. 8
240	儋州市	0	2	145	185	67	31. 7
241	鹤岗市	1	3	9	46	137	31. 5
242	池州市	1	0	161	156	80	31. 4
243	定西市	0	40	19	222	61	30. 4
244	甘孜藏族自治州	6	29	20	143	100	30. 2
245	乌兰察布市	0	1	20	50	126	30. 1
246	白城市	0	4	19	48	127	29. 8
247	巴中市	0	3	8	38	124	28. 3
248	三明市	1	9	70	146	70	27. 5
249	通化市	1	20	73	54	119	27. 0
250	阳泉市	0	5	59	66	99	25. 9
251	海西蒙古族藏族自治州	0	6	93	170	46	25. 6
252	萍乡市	3	19	52	98	89	25. 1
253	庆阳市	0	5	62	51	102	25. 0
254	通辽市	0	6	33	38	109	25. 0
255	绥化市	0	2	11	30	106	24. 0
256	伊春市	0	5	37	85	78	23. 6
257	广安市	1	3	37	32	104	23. 5
258	怀化市	1	8	21	90	77	23. 4
259	朔州市	0	2	79	62	87	23. 4
260	辽源市	0	1	3	126	51	22. 7

续表

排名	城市	2008 年	2013 年	2018 年	2019 年	2020 年	Google 增长指数
261	平凉市	2	7	537	58	90	22.7
262	克拉玛依市	1	55	91	117	79	21.8
263	崇左市	1	2	14	143	39	21.7
264	抚顺市	1	104	121	222	50	21.6
265	贵港市	0	2	58	7	105	21.5
266	马鞍山市	1	4	54	151	35	21.5
267	滁州市	4	26	71	52	97	21.2
268	贺州市	0	3	20	29	88	20.2
269	固原市	0	2	343	46	76	19.6
270	鸡西市	1	1	52	77	61	19.6
271	嘉峪关市	3	13	67	148	33	19.5
272	辽阳市	0	2	57	84	56	19.4
273	娄底市	2	30	32	42	89	18.6
274	宝鸡市	1	3	36	58	65	18.3
275	河池市	0	3	38	42	72	18.3
276	海北藏族自治州	0	4	16	8	89	18.2
277	乌海市	0	8	8	52	66	17.6
278	石嘴山市	1	2	13	53	58	16.5
279	双鸭山市	0	3	9	58	54	16.3
280	本溪市	1	15	69	49	64	16.0
281	黔西南布依族苗族自治州	0	0	20	42	59	16.0
282	鹤壁市	1	7	26	36	61	14.9
283	广元市	28	9	57	33	89	14.6
284	来宾市	0	1	31	19	61	14.0
285	吕梁市	0	6	56	40	52	13.8
286	阿拉善盟	0	3	17	50	43	13.3
287	七台河市	0	1	9	22	53	12.7
288	云浮市	1	4	51	32	48	12.2
289	白山市	0	8	31	78	23	11.6
290	海东市	0	2	10	52	30	11.0
291	咸阳市	1	1	16	6	53	10.9
292	渭南市	0	2	19	7	47	9.9
293	衡阳市	5	613	1120	256	226	8.5
294	昌都市	1	5	5	57	13	7.6
295	博尔塔拉蒙古自治州	1	32	16	59	25	7.5

续表

排名	城市	2008 年	2013 年	2018 年	2019 年	2020 年	Google 增长指数
296	巴彦淖尔市	0	0	2	35	10	5.5
297	黄南藏族自治州	0	6	8	7	18	3.7
298	果洛藏族自治州	0	6	8	13	11	2.9
299	大兴安岭地区	1	1	1	4	11	2.3
300	兴安盟	0	1	3	10	6	2.1
301	呼伦贝尔市	1	2	2	7	2	0.7

附表 3-3 直辖市、省会城市及计划单列市 Twitter 传播力增长指数排名

排名	城市	2008 年	2013 年	2018 年	2019 年	2020 年	Twitter 增长指数
1	武汉市	8	797	842	51971	3448528	694821.4
2	上海市	118	406	26280	2255280	1126252	450714.2
3	北京市	103	6673	13848	1528032	1346892	421493.7
4	深圳市	9	98	3600	174612	223176	62084.8
5	广州市	14	43519	2457	142680	194284	48770.1
6	大连市	5	52	1471	68700	85921	24048.0
7	成都市	41	114	151	68109	76528	22096.9
8	杭州市	12	706	980	81676	59824	20059.4
9	天津市	54	223	656	65427	48918	16293.2
10	南京市	8	2367	853	40378	54768	14753.1
11	青岛市	9	464	541	44488	40860	12572.6
12	重庆市	41	194	1232	19420	47841	11482.6
13	济南市	5	59	650	60912	17020	9488.3
14	厦门市	14	416	581	30387	29622	8918.7
15	沈阳市	7	43	258	19639	28842	7726.6
16	长沙市	7	471	437	23343	26617	7609.2
17	哈尔滨市	5	1131	561	38086	18964	7487.3
18	福州市	8	74	191	14167	17202	4848.1
19	昆明市	28	90	289	22390	12295	4683.4
20	宁波市	1	54	350	12652	16633	4586.2
21	乌鲁木齐	0	61	120	1786	19763	4125.1
22	郑州市	6	60	241	14632	10335	3523.0
23	西安市	0	445	482	30740	2362	3501.9
24	长春市	1	46	196	8955	7801	2450.9
25	兰州市	23	48	109	5500	8289	2198.4
26	贵阳市	4	113	153	4830	7954	2061.7

续表

排名	城市	2008 年	2013 年	2018 年	2019 年	2020 年	Twitter 增长指数
27	合肥市	9	64	131	5652	6059	1768.8
28	南昌市	1	45	170	7657	4546	1670.2
29	南宁市	9	41	188	9818	2523	1480.5
30	石家庄市	1	100	127	3652	5497	1454.4
31	拉萨市	435	178	137	4463	5217	1384.9
32	呼和浩特市	0	1	86	3616	3949	1151.3
33	太原市	8	48	129	5390	947	722.0
34	银川市	0	42	111	1449	2616	663.9
35	海口市	7	156	136	1870	1449	459.8
36	西宁市	5	61	80	451	501	138.2

附表 3-4　地级城市（自治州、地区、盟）Twitter 传播力增长指数排名

排名	城市	2008 年	2013 年	2018 年	2019 年	2020 年	Twitter 增长指数
1	苏州市	3	57	68	913	18683	3821.6
2	玉林市	0	307	64	3757	1885	722.0
3	东莞市	5	62	95	4225	1491	713.5
4	南通市	4	31	65	418	2903	618.5
5	三亚市	15	67	76	1143	2277	560.0
6	珠海市	1	40	58	1246	1570	434.4
7	镇江市	0	27	50	912	1713	431.1
8	无锡市	1	42	68	1446	1236	387.4
9	喀什地区	1	153	120	1222	1353	377.3
10	宜昌市	1	31	42	259	1572	337.0
11	温州市	1	33	70	752	1122	296.1
12	泉州市	35	98	75	1124	899	275.4
13	佛山市	6	51	68	829	898	256.2
14	黄山市	4	46	71	1075	726	247.3
15	红河哈尼族彝族自治州	1	50	38	2198	127	240.0
16	桂林市	8	58	37	968	741	237.6
17	扬州市	1	47	63	509	936	233.2
18	玉溪市	2	16	44	1892	201	227.4
19	洛阳市	1	51	73	837	705	219.4
20	昌都市	0	4	4	301	915	212.7
21	连云港市	0	700	47	895	933	206.1
22	湘西土家族苗族自治州	0	26	34	294	856	198.0

续表

排名	城市	2008 年	2013 年	2018 年	2019 年	2020 年	Twitter 增长指数
23	烟台市	4	52	51	286	871	196. 8
24	和田地区	8	52	56	447	742	186. 3
25	乐山市	1	40	72	413	620	161. 1
26	常州市	3	25	28	784	426	160. 5
27	张家界市	2	1609	59	1136	1020	156. 3
28	黄冈市	0	2	44	38	737	151. 0
29	恩施土家族苗族自治州	0	37	40	258	628	147. 7
30	大理白族自治州	10	58	82	736	393	144. 4
31	惠州市	0	48	49	643	406	140. 7
32	西双版纳傣族自治州	1	200	50	371	610	138. 9
33	金华市	0	61	62	631	400	137. 0
34	吐鲁番市	1	49	73	258	561	132. 9
35	吉林市	1	41	63	101	619	129. 6
36	潍坊市	2	48	59	468	429	127. 4
37	阿里地区	7	52	77	603	359	125. 5
38	中山市	0	41	47	377	427	119. 0
39	日喀则市	0	40	65	443	385	117. 3
40	唐山市	1	46	49	277	466	116. 1
41	湖州市	1	34	34	541	326	115. 7
42	安庆市	0	250	41	1225	83	114. 1
43	淮南市	1	23	43	89	523	111. 0
44	盐城市	0	48	63	702	223	110. 0
45	普洱市	0	52	52	721	196	106. 1
46	芜湖市	1	59	50	174	460	103. 3
47	徐州市	1	49	66	322	365	100. 1
48	丽江市	13	59	44	419	322	97. 8
49	嘉兴市	2	24	57	372	295	93. 4
50	宜宾市	0	29	49	503	223	92. 0
51	台州市	1	44	72	633	165	91. 7
52	清远市	0	21	52	339	296	91. 0
53	梧州市	3	35	32	46	444	89. 3
54	柳州市	2	53	65	301	315	87. 4
55	安顺市	1	45	51	181	366	86. 6
56	威海市	0	35	65	412	231	83. 9
57	马鞍山市	0	14	226	494	175	83. 0

续表

排名	城市	2008 年	2013 年	2018 年	2019 年	2020 年	Twitter 增长指数
58	莆田市	0	60	52	235	323	82.1
59	舟山市	0	51	225	320	270	80.9
60	大同市	6	43	63	243	307	80.2
61	襄阳市	0	30	44	172	330	80.2
62	孝感市	0	13	57	42	385	79.9
63	张家口市	0	53	203	345	248	78.8
64	邯郸市	1	38	56	273	270	77.3
65	保定市	2	39	54	285	249	74.0
66	阿勒泰地区	1	30	45	52	359	73.8
67	汕头市	1	58	65	187	305	73.7
68	荆州市	2	26	48	141	308	72.7
69	包头市	0	43	46	354	198	70.7
70	十堰市	0	58	41	118	320	70.0
71	玉树藏族自治州	1	33	49	192	269	69.5
72	临沂市	4	58	53	267	242	68.5
73	郴州市	1	46	199	162	284	68.2
74	绍兴市	0	43	58	162	278	67.5
75	淄博市	2	41	62	305	199	65.8
76	湛江市	0	48	63	283	210	65.5
77	毕节市	2	79	47	195	269	65.0
78	遵义市	1	31	52	191	241	64.0
79	运城市	3	43	303	274	202	62.9
80	鄂州市	0	1	21	21	303	62.6
81	黔东南苗族侗族自治州	0	15	43	151	233	60.2
82	济宁市	0	40	60	190	225	60.0
83	漳州市	1	36	52	256	190	59.8
84	绵阳市	12	36	56	226	208	58.2
85	阿坝藏族羌族自治州	4	262	35	377	233	57.3
86	大庆市	1	44	32	210	200	56.4
87	赣州市	0	41	57	281	157	55.4
88	梅州市	0	33	33	242	171	55.1
89	新乡市	0	42	58	147	220	54.5
90	沧州市	0	53	43	195	200	54.2
91	甘孜藏族自治州	0	125	41	271	194	53.4
92	凉山彝族自治州	0	32	40	136	215	53.4

续表

排名	城市	2008 年	2013 年	2018 年	2019 年	2020 年	Twitter 增长指数
93	延边朝鲜族自治州	0	31	89	99	233	53.4
94	鄂尔多斯市	2	41	59	193	192	53.2
95	日照市	0	38	53	161	203	52.9
96	铜仁市	0	19	51	192	178	52.9
97	伊犁哈萨克自治州	0	45	41	141	214	52.4
98	张掖市	0	1152	38	639	518	52.3
99	咸阳市	0	3	2	115	204	52.0
100	潮州市	2	37	48	196	182	51.9
101	淮安市	0	24	42	241	151	51.9
102	开封市	0	31	277	191	175	51.0
103	那曲市	0	25	18	137	190	49.2
104	信阳市	0	34	49	92	216	49.0
105	廊坊市	3	61	70	325	115	48.8
106	赤峰市	0	31	149	196	159	48.3
107	邵阳市	0	139	22	56	283	48.3
108	海南藏族自治州	0	17	35	67	212	47.4
109	宝鸡市	0	2	23	213	127	46.5
110	黄石市	0	36	40	81	209	46.3
111	株洲市	1	41	62	214	143	45.7
112	锦州市	0	42	76	257	118	45.1
113	丽水市	1	33	231	140	172	44.9
114	北海市	3	267	260	317	202	44.8
115	鞍山市	0	40	52	208	134	43.6
116	江门市	0	38	54	189	141	43.3
117	酒泉市	1	37	38	140	166	43.3
118	阜阳市	1	54	57	135	176	43.1
119	自贡市	0	36	41	184	141	43.0
120	景德镇市	1	37	52	140	159	41.9
121	承德市	3	156	49	173	202	41.5
122	秦皇岛市	0	54	49	251	107	41.1
123	龙岩市	0	43	112	241	105	40.8
124	海西蒙古族藏族自治州	0	15	43	94	164	40.7
125	宁德市	0	29	39	78	179	40.7
126	乌兰察布市	0	2	23	56	176	40.6
127	哈密市	2	29	52	152	143	40.5

续表

排名	城市	2008 年	2013 年	2018 年	2019 年	2020 年	Twitter 增长指数
128	嘉峪关市	1	35	43	212	115	40.5
129	茂名市	0	26	43	47	192	40.5
130	安阳市	1	24	50	169	129	40.1
131	揭阳市	0	31	45	159	136	40.0
132	六盘水市	0	30	40	124	153	40.0
133	咸宁市	0	17	31	33	189	39.4
134	甘南藏族自治州	0	70	38	145	159	39.3
135	三沙市	0	62	27	293	77	38.5
136	眉山市	0	9	43	150	121	38.3
137	天水市	0	34	31	139	136	37.7
138	岳阳市	0	34	48	100	151	36.8
139	荆门市	0	10	34	39	165	35.9
140	陇南市	6	14	36	58	163	35.8
141	丹东市	0	37	47	145	119	34.6
142	迪庆藏族自治州	1	21	43	93	138	34.6
143	云浮市	0	9	27	75	140	34.6
144	衡阳市	1	40	56	152	117	34.4
145	邢台市	0	32	50	110	133	34.4
146	东营市	0	34	43	90	142	34.0
147	德州市	1	22	53	109	127	33.9
148	汉中市	0	5	8	100	119	33.3
149	聊城市	0	30	43	89	137	33.3
150	肇庆市	1	33	46	113	123	32.4
151	安康市	0	1	1	44	140	32.3
152	牡丹江市	1	115	40	76	180	31.9
153	上饶市	1	25	45	103	121	31.8
154	枣庄市	0	25	41	110	113	31.1
155	三门峡市	0	34	36	125	105	30.1
156	百色市	0	15	29	89	112	29.8
157	林芝市	0	11	31	147	81	29.8
158	蚌埠市	0	22	36	73	123	29.7
159	宿迁市	0	10	45	115	96	29.7
160	延安市	1	15	39	118	98	29.7
161	商丘市	0	25	54	109	105	29.4
162	南充市	0	21	135	87	112	29.0

续表

排名	城市	2008 年	2013 年	2018 年	2019 年	2020 年	Twitter 增长指数
163	楚雄彝族自治州	0	24	51	131	91	28.9
164	钦州市	0	12	43	105	96	28.5
165	黔西南布依族苗族自治州	0	5	23	36	126	28.3
166	菏泽市	1	31	39	126	93	27.9
167	泰州市	0	38	55	206	54	27.6
168	阳江市	0	55	54	125	103	27.6
169	临夏回族自治州	0	22	52	100	93	26.4
170	衢州市	0	23	168	77	105	26.4
171	河源市	0	28	57	113	89	26.3
172	南阳市	0	54	56	171	73	26.3
173	黑河市	0	23	42	90	97	26.1
174	朝阳市	0	120	29	175	102	25.9
175	阿拉善盟	0	8	35	52	106	25.6
176	克拉玛依市	0	21	37	60	108	25.5
177	文山壮族苗族自治州	0	11	41	76	95	25.5
178	昭通市	0	80	37	53	139	25.1
179	益阳市	0	18	44	54	107	25.0
180	内江市	0	17	33	83	91	24.8
181	湘潭市	1	33	47	123	80	24.8
182	德宏傣族景颇族自治州	0	18	43	139	63	24.7
183	韶关市	0	0	2	66	88	24.2
184	常德市	0	29	46	152	59	24.1
185	黔南布依族苗族自治州	0	6	18	50	96	23.6
186	佳木斯市	0	25	39	114	71	23.1
187	吉安市	0	17	24	72	87	22.9
188	中卫市	0	32	34	49	106	22.9
189	宿州市	0	25	36	155	49	22.8
190	滨州市	0	59	52	101	91	22.4
191	曲靖市	0	22	49	63	91	22.3
192	平顶山市	1	23	89	56	95	22.1
193	永州市	0	13	43	84	74	21.9
194	齐齐哈尔市	0	29	515	91	78	21.8
195	盘锦市	0	32	94	63	88	20.7
196	怒江傈僳族自治州	0	15	25	59	78	20.0
197	通辽市	0	22	46	62	79	19.8

续表

排名	城市	2008 年	2013 年	2018 年	2019 年	2020 年	Twitter 增长指数
198	南平市	0	12	32	101	54	19.7
199	儋州市	0	95	30	187	51	19.4
200	娄底市	0	32	52	36	95	19.4
201	漯河市	0	31	40	36	94	19.3
202	昌吉回族自治州	1	48	44	57	91	18.9
203	随州市	0	8	46	59	69	18.9
204	遂宁市	0	26	43	82	66	18.8
205	塔城地区	0	2	24	58	65	18.6
206	衡水市	0	19	42	82	60	18.3
207	怀化市	1	22	42	63	72	18.3
208	泸州市	1	132	49	105	105	18.1
209	九江市	0	42	46	157	32	17.9
210	铜陵市	0	11	22	48	71	17.9
211	六安市	0	2	7	22	78	17.6
212	焦作市	0	28	104	77	63	17.5
213	平凉市	0	5	35	78	51	17.5
214	葫芦岛市	0	23	11	90	53	17.3
215	崇左市	0	11	19	21	81	17.2
216	金昌市	0	10	18	120	31	17.2
217	山南市	1	18	38	26	83	17.2
218	抚顺市	0	18	30	56	65	16.8
219	滁州市	0	47	41	136	39	16.7
220	德阳市	3	36	34	73	68	16.7
221	达州市	1	19	42	61	62	16.4
222	白银市	0	28	31	94	47	16.0
223	亳州市	0	5	16	80	42	15.9
224	临汾市	4	274	50	133	151	15.3
225	锡林郭勒盟	0	1	28	40	56	15.1
226	驻马店市	0	18	56	58	55	15.0
227	宜春市	0	30	50	77	50	14.7
228	长治市	1	40	42	87	51	14.7
229	海东市	0	2	16	34	57	14.6
230	许昌市	0	30	45	76	50	14.6
231	阿克苏地区	2	31	51	37	71	14.4
232	本溪市	0	37	34	45	67	14.2

续表

排名	城市	2008 年	2013 年	2018 年	2019 年	2020 年	Twitter 增长指数
233	榆林市	0	0	7	56	39	13.4
234	渭南市	0	1	4	52	41	13.3
235	周口市	0	18	36	43	54	13.3
236	萍乡市	0	5	37	67	35	13.2
237	晋中市	0	147	40	80	98	12.9
238	汕尾市	0	21	23	30	60	12.9
239	贺州市	0	25	38	46	52	12.5
240	克孜勒苏柯尔克孜自治州	0	12	24	35	51	12.5
241	营口市	0	25	42	40	52	11.9
242	晋城市	0	29	27	58	44	11.7
243	广安市	4	2	25	46	40	11.6
244	铁岭市	0	9	20	65	30	11.6
245	阜新市	0	13	31	25	50	11.2
246	临沧市	0	21	46	50	41	11.1
247	防城港市	0	12	34	24	49	11.0
248	新余市	0	39	37	73	38	11.0
249	河池市	0	12	24	30	44	10.6
250	宣城市	0	22	171	56	36	10.6
251	三明市	0	27	54	54	39	10.5
252	松原市	0	34	30	37	51	10.5
253	池州市	0	7	25	53	29	10.4
254	广元市	1	26	36	26	53	10.4
255	贵港市	0	7	32	39	35	10.2
256	庆阳市	0	50	28	60	46	10.2
257	泰安市	0	23	36	58	32	9.9
258	巴中市	1	8	14	19	44	9.7
259	濮阳市	0	18	40	37	37	9.3
260	鹤壁市	0	5	22	55	21	9.2
261	商洛市	0	5	28	27	35	9.2
262	来宾市	0	7	15	9	44	9.0
263	固原市	0	9	32	30	34	8.9
264	白城市	0	1	19	11	38	8.6
265	武威市	0	20	49	56	24	8.4
266	忻州市	0	87	46	90	38	7.9
267	攀枝花市	2	21	31	0	51	7.7

续表

排名	城市	2008 年	2013 年	2018 年	2019 年	2020 年	Twitter 增长指数
268	阳泉市	0	46	20	27	48	7.7
269	海北藏族自治州	0	2	14	39	19	7.5
270	通化市	0	9	34	11	36	7.4
271	保山市	0	27	49	17	41	7.2
272	博尔塔拉蒙古自治州	0	11	11	21	31	7.2
273	鸡西市	0	4	19	20	28	7.2
274	铜川市	0	5	33	22	26	6.9
275	抚州市	0	43	44	53	29	6.8
276	鹤岗市	0	13	4	21	29	6.6
277	乌海市	0	16	19	30	25	6.4
278	鹰潭市	0	6	32	30	20	6.4
279	黄南藏族自治州	0	3	15	22	22	6.3
280	石嘴山市	0	2	9	14	22	5.6
281	巴彦淖尔市	0	0	1	2	26	5.4
282	白山市	1	18	21	36	19	5.4
283	辽阳市	0	8	24	23	18	5.1
284	伊春市	0	21	28	27	20	4.6
285	兴安盟	1	0	4	24	9	4.0
286	果洛藏族自治州	0	0	6	23	8	3.9
287	大兴安岭地区	0	1	3	6	14	3.3
288	辽源市	0	2	3	17	9	3.3
289	双鸭山市	0	6	8	15	12	3.3
290	资阳市	0	21	40	19	16	3.0
291	七台河市	0	5	4	11	11	2.8
292	吕梁市	0	3	15	4	10	2.1
293	四平市	1	12	33	3	15	1.9
294	呼伦贝尔市	0	17	19	5	14	1.6
295	巴音郭楞蒙古自治州	0	1	1	4	4	1.1
296	朔州市	0	56	22	20	23	1.0
297	吴忠市	0	25	46	13	5	-0.2
298	淮北市	0	102	29	46	19	-1.8
299	绥化市	0	95	11	18	25	-2.7
300	定西市	0	744	25	59	31	-62.3
301	雅安市	2	2407	51	213	213	-177.2

附表 3－5　直辖市、省会城市及计划单列市 YouTube 传播力增长指数排名

排名	城市	2008 年	2013 年	2018 年	2019 年	2020 年	YouTube 增长指数
1	上海市	13700	104000	619000	523000	176000	74360. 0
2	西安市	529	2920	11200	19200	344000	70322. 2
3	北京市	15500	54200	263000	263000	113000	40380. 0
4	武汉市	315	2350	10800	18300	57800	13092. 0
5	深圳市	772	8450	42700	62500	21400	9530. 6
6	成都市	624	4690	19100	58200	20900	9406. 2
7	重庆市	213	1940	14300	21400	14700	4843. 4
8	广州市	952	8040	29300	23400	15500	4445. 6
9	天津市	445	4580	38100	15200	10100	2993. 0
10	杭州市	376	2970	17900	13100	7530	2443. 8
11	南京市	763	4680	9660	10700	8990	2247. 4
12	昆明市	108	974	16500	13700	3040	1859. 0
13	哈尔滨市	437	1560	4400	2590	7450	1505. 6
14	大连市	132	1230	4940	8740	3030	1330. 6
15	郑州市	183	1140	1720	1760	5950	1215. 4
16	厦门市	329	3170	8490	3670	5900	1164. 2
17	济南市	130	1420	3890	3440	4830	1142. 0
18	青岛市	237	1550	6400	4410	4420	1122. 6
19	沈阳市	87	641	2600	1730	3890	869. 5
20	拉萨市	1500	7380	8270	12500	2910	794. 0
21	长沙市	59	958	4630	2580	2690	688. 4
22	福州市	155	930	3430	2160	2810	654. 0
23	兰州市	39	355	794	1560	2370	586. 7
24	南宁市	111	824	1270	1800	1190	313. 4
25	宁波市	78	954	2010	1210	1300	270. 0
26	贵阳市	4	158	649	257	1300	269. 1
27	石家庄市	6	154	587	936	861	249. 2
28	长春市	66	371	1760	611	1090	228. 8
29	太原市	4	303	505	427	971	205. 8
30	银川市	6	69	733	425	769	188. 2
31	合肥市	10	587	823	954	734	181. 5
32	南昌市	65	303	667	446	612	123. 7
33	海口市	2	109	663	454	421	118. 3
34	乌鲁木齐市	117	660	1840	528	724	108. 2
35	呼和浩特市	6	125	976	530	195	78. 3
36	西宁市	0	157	207	95	78	9. 4

附表 3－6　地级城市（自治州、地区、盟）YouTube 传播力增长指数排名

排名	城市	2008 年	2013 年	2018 年	2019 年	2020 年	YouTube 增长指数
1	三亚市	10	426	1540	289	37500	7484. 3
2	扬州市	3	7	66	51	10800	2163. 8
3	珠海市	1	78	490	463	4960	1030. 3
4	苏州市	138	713	1100	254	3530	632. 5
5	洛阳市	4	58	44	65	3150	629. 9
6	黄山市	2	7	18	64	3120	629. 3
7	阿里地区	118	658	2530	6790	50	599. 6
8	中山市	1	77	133	151	2660	539. 2
9	玉林市	0	3	33	151	2440	502. 8
10	绍兴市	5	24	119	81	2330	470. 7
11	无锡市	3	7	220	284	1700	367. 1
12	开封市	7	26	45	29	1810	360. 9
13	乐山市	3	9	171	149	1700	353. 4
14	桂林市	7	143	378	209	1720	349. 2
15	丹东市	0	3	12	6	1500	300. 3
16	汕尾市	0	2	3	0	1460	291. 8
17	佛山市	4	156	153	252	1370	282. 8
18	汕头市	1	82	99	87	1370	274. 3
19	柳州市	0	79	99	72	1270	253. 3
20	东莞市	4	125	181	177	1220	248. 4
21	潮州市	1	9	79	106	1190	247. 5
22	常州市	1	9	121	84	756	158. 5
23	大理白族自治州	7	178	159	456	634	153. 2
24	眉山市	0	1	13	174	667	150. 7
25	温州市	2	119	178	96	683	133. 9
26	莆田市	0	2	9	179	568	131. 3
27	宜昌市	0	9	59	51	606	125. 4
28	泉州市	1	140	177	117	594	116. 3
29	宜宾市	1	1	98	106	444	99. 1
30	大庆市	0	3	8	7	458	92. 0
31	吉林市	19	11	13	26	438	85. 3
32	徐州市	0	10	59	45	379	79. 3
33	九江市	0	5	7	16	387	78. 5
34	延边朝鲜族自治州	0	0	6	10	374	75. 8
35	漳州市	0	4	21	19	363	74. 1

续表

排名	城市	2008 年	2013 年	2018 年	2019 年	2020 年	YouTube 增长指数
36	承德市	0	4	6	18	363	74.0
37	济宁市	1	5	39	59	342	73.6
38	烟台市	2	8	145	80	329	72.6
39	益阳市	1	1	4	3	361	72.2
40	张家界市	0	179	587	756	49	67.5
41	威海市	0	6	33	44	317	67.2
42	南通市	0	8	86	48	305	65.0
43	唐山市	0	3	19	33	306	64.2
44	泰州市	1	6	25	29	305	63.1
45	张家口市	1	1	25	27	302	62.8
46	台州市	1	59	62	64	305	61.3
47	保定市	2	6	27	99	249	58.7
48	潍坊市	0	49	129	77	274	57.6
49	湛江市	1	2	24	23	262	54.3
50	呼伦贝尔市	2	4	1	1	270	53.3
51	嘉兴市	0	8	29	65	230	51.7
52	荆州市	0	6	7	6	251	50.2
53	绵阳市	2	1	39	31	238	50.2
54	盐城市	1	0	9	111	191	49.1
55	廊坊市	1	2	22	26	234	49.0
56	淄博市	2	5	18	54	208	46.1
57	自贡市	0	8	11	45	212	46.1
58	肇庆市	0	39	27	56	218	45.3
59	岳阳市	0	1	7	5	221	44.6
60	衡水市	0	5	9	9	220	44.4
61	舟山市	0	4	40	28	209	44.2
62	梅州市	0	6	19	34	195	41.8
63	恩施土家族苗族自治州	0	2	9	51	183	41.5
64	龙岩市	2	2	17	37	192	41.5
65	淮南市	2	3	3	4	208	41.3
66	镇江市	2	3	27	29	174	37.0
67	连云港市	0	0	39	47	159	36.5
68	喀什地区	10	242	446	520	50	35.8
69	临汾市	0	6	9	8	176	35.4
70	赣州市	0	0	29	23	161	34.5

续表

排名	城市	2008 年	2013 年	2018 年	2019 年	2020 年	YouTube 增长指数
71	黄冈市	0	1	0	2	166	33.3
72	湖州市	0	1	39	20	149	31.7
73	江门市	6	4	61	30	148	31.0
74	西双版纳傣族自治州	4	48	62	92	131	29.8
75	吉安市	11	250	8	4	281	29.4
76	安顺市	1	0	14	9	130	26.7
77	锦州市	0	3	43	39	115	26.6
78	临沂市	0	10	39	58	106	26.0
79	海西蒙古族藏族自治州	0	1	7	2	124	24.9
80	沧州市	2	9	24	21	118	24.4
81	宿州市	0	1	8	45	100	24.4
82	株洲市	1	3	80	9	117	23.8
83	陇南市	1	0	3	2	116	23.2
84	衢州市	0	3	3	58	88	23.1
85	韶关市	0	0	1	0	115	23.0
86	那曲市	0	2	58	4	113	22.8
87	和田地区	2	16	37	53	96	22.5
88	盘锦市	0	0	5	13	105	22.3
89	海南藏族自治州	3	9	48	4	115	21.9
90	湘西土家族苗族自治州	0	10	166	128	49	21.6
91	惠州市	0	7	39	71	75	21.4
92	阿勒泰地区	4	7	34	131	47	21.0
93	河源市	0	0	6	12	99	21.0
94	丽江市	0	295	321	309	98	21.0
95	怒江傈僳族自治州	2	8	8	10	105	20.8
96	运城市	0	2	9	13	97	20.5
97	玉树藏族自治州	0	3	7	9	94	19.4
98	六安市	0	0	3	0	95	19.0
99	阳江市	0	1	18	9	91	19.0
100	咸宁市	0	0	1	9	89	18.7
101	滁州市	1	0	8	2	93	18.6
102	阜阳市	0	2	8	9	89	18.5
103	遵义市	0	1	19	29	78	18.4
104	商丘市	1	8	14	40	76	18.2
105	北海市	0	4	15	100	37	17.0

续表

排名	城市	2008 年	2013 年	2018 年	2019 年	2020 年	YouTube 增长指数
106	襄阳市	0	2	8	6	82	16. 8
107	金华市	1	61	59	79	75	16. 6
108	秦皇岛市	0	3	5	6	79	16. 1
109	焦作市	0	3	3	4	75	15. 1
110	日照市	0	4	3	6	71	14. 4
111	齐齐哈尔市	1	0	20	24	59	14. 0
112	伊犁哈萨克自治州	2	2	11	26	59	13. 8
113	南阳市	0	2	47	19	57	13. 1
114	吐鲁番市	12	81	99	136	50	13. 1
115	宣城市	0	0	16	105	11	12. 7
116	包头市	4	4	8	9	63	12. 3
117	清远市	2	1	33	53	37	12. 2
118	达州市	0	0	13	5	57	11. 9
119	芜湖市	0	3	10	6	58	11. 9
120	安庆市	3	0	0	6	58	11. 6
121	凉山彝族自治州	0	2	12	40	39	11. 6
122	酒泉市	0	0	26	46	34	11. 4
123	牡丹江市	0	0	2	38	38	11. 4
124	四平市	0	2	0	39	37	11. 1
125	大同市	1	5	19	38	39	10. 9
126	枣庄市	0	4	5	5	53	10. 7
127	泸州市	0	0	3	54	24	10. 2
128	聊城市	0	3	4	17	42	9. 8
129	抚州市	1	1	7	26	37	9. 7
130	雅安市	1	18	13	17	50	9. 7
131	攀枝花市	0	1	0	8	44	9. 5
132	毕节市	2	1	9	25	37	9. 4
133	遂宁市	1	0	3	8	44	9. 4
134	铜仁市	0	4	15	38	29	9. 2
135	邯郸市	3	3	20	10	45	9. 1
136	临沧市	2	3	2	17	38	8. 6
137	榆林市	0	0	2	1	42	8. 5
138	甘孜藏族自治州	2	1	5	54	17	8. 3
139	张掖市	3	12	64	39	30	8. 1
140	景德镇市	0	7	10	6	40	7. 9

续表

排名	城市	2008 年	2013 年	2018 年	2019 年	2020 年	YouTube 增长指数
141	南充市	0	3	9	5	38	7.8
142	曲靖市	0	1	10	3	38	7.8
143	德宏傣族景颇族自治州	2	14	12	29	33	7.7
144	宁德市	0	4	9	26	27	7.6
145	黔东南苗族侗族自治州	0	2	4	7	35	7.5
146	德州市	0	2	25	39	18	7.3
147	林芝市	1	8	59	9	37	7.3
148	阿坝藏族羌族自治州	2	3	3	21	28	7.0
149	上饶市	0	1	21	14	28	6.9
150	安阳市	1	5	27	39	16	6.4
151	湘潭市	0	0	39	3	26	5.5
152	鞍山市	0	3	6	7	25	5.4
153	郴州市	1	0	6	8	23	5.2
154	阿克苏地区	0	3	12	10	21	4.9
155	衡阳市	0	1	58	10	20	4.9
156	阿拉善盟	0	1	16	10	19	4.7
157	赤峰市	2	17	6	39	14	4.6
158	亳州市	0	0	0	5	20	4.5
159	十堰市	1	4	13	3	24	4.5
160	邢台市	0	2	7	13	17	4.5
161	克拉玛依市	1	0	9	8	19	4.4
162	玉溪市	0	2	7	6	20	4.4
163	周口市	0	1	2	5	20	4.4
164	蚌埠市	1	3	8	4	22	4.3
165	常德市	0	5	21	4	22	4.3
166	菏泽市	1	3	7	8	20	4.3
167	延安市	1	6	7	8	21	4.2
168	昌吉回族自治州	0	1	5	6	18	4.1
169	丽水市	0	18	10	39	10	4.1
170	云浮市	0	0	8	1	20	4.1
171	昭通市	0	1	9	2	20	4.1
172	平凉市	0	1	2	1	20	4.0
173	怀化市	0	4	4	6	18	3.8
174	崇左市	0	1	5	2	18	3.7
175	哈密市	2	5	17	8	19	3.7

续表

排名	城市	2008 年	2013 年	2018 年	2019 年	2020 年	YouTube 增长指数
176	佳木斯市	0	0	4	5	16	3.7
177	六盘水市	0	0	4	9	14	3.7
178	三门峡市	0	1	5	26	6	3.7
179	德阳市	3	0	1	10	16	3.6
180	南平市	0	1	1	9	14	3.6
181	揭阳市	0	2	8	7	15	3.5
182	广元市	1	3	5	1	19	3.4
183	松原市	0	1	17	26	4	3.3
184	晋中市	0	1	1	3	15	3.2
185	吕梁市	0	0	1	0	16	3.2
186	营口市	0	0	5	9	11	3.1
187	驻马店市	0	2	2	3	15	3.1
188	抚顺市	0	2	3	16	8	3.0
189	东营市	0	4	6	7	13	2.9
190	河池市	0	0	4	1	14	2.9
191	荆门市	0	0	31	13	8	2.9
192	信阳市	0	1	9	6	12	2.9
193	通辽市	1	1	4	1	15	2.8
194	梧州市	0	1	5	6	11	2.7
195	宿迁市	0	4	3	1	15	2.7
196	茂名市	1	1	7	7	11	2.6
197	儋州市	0	1	2	10	8	2.5
198	邵阳市	0	5	7	2	14	2.5
199	普洱市	2	9	9	9	14	2.4
200	孝感市	0	0	1	2	11	2.4
201	中卫市	0	1	4	5	10	2.4
202	内江市	0	0	2	6	8	2.2
203	钦州市	0	3	11	5	10	2.2
204	宜春市	1	1	4	5	10	2.2
205	广安市	2	5	12	2	14	2.1
206	马鞍山市	0	2	40	13	5	2.1
207	濮阳市	0	1	6	0	11	2.1
208	许昌市	0	0	8	3	9	2.1
209	安康市	0	9	0	3	13	2.0
210	保山市	1	0	8	6	8	2.0

续表

排名	城市	2008 年	2013 年	2018 年	2019 年	2020 年	YouTube 增长指数
211	双鸭山市	0	0	1	0	10	2.0
212	文山壮族苗族自治州	0	8	10	4	12	2.0
213	楚雄彝族自治州	0	0	3	7	6	1.9
214	红河哈尼族彝族自治州	0	5	7	6	9	1.9
215	武威市	1	0	9	3	9	1.9
216	鄂州市	0	0	1	2	8	1.8
217	平顶山市	0	3	6	3	9	1.8
218	新乡市	0	21	81	33	3	1.8
219	晋城市	0	0	2	3	7	1.7
220	娄底市	0	0	1	1	8	1.7
221	塔城地区	0	0	5	5	6	1.7
222	淮安市	0	1	2	8	4	1.5
223	嘉峪关市	4	3	7	8	9	1.5
224	泰安市	0	1	8	4	6	1.5
225	百色市	0	5	6	9	5	1.4
226	本溪市	0	3	8	5	6	1.4
227	葫芦岛市	0	2	9	2	7	1.4
228	锡林郭勒盟	0	0	2	3	5	1.3
229	果洛藏族自治州	0	0	0	2	5	1.2
230	贺州市	0	11	10	5	9	1.2
231	三明市	0	1	0	7	3	1.2
232	新余市	0	0	8	6	3	1.2
233	甘南藏族自治州	0	2	7	3	5	1.1
234	黑河市	0	2	6	7	3	1.1
235	淮北市	0	0	5	3	4	1.1
236	黔南布依族苗族自治州	1	2	1	3	6	1.1
237	朔州市	0	0	0	1	5	1.1
238	渭南市	0	0	1	1	5	1.1
239	宝鸡市	0	0	1	0	5	1.0
240	滨州市	0	3	2	9	2	1.0
241	防城港市	0	0	4	2	4	1.0
242	来宾市	0	0	2	6	2	1.0
243	永州市	1	2	1	6	4	1.0
244	白城市	0	0	1	1	4	0.9
245	白山市	0	1	0	4	3	0.9

续表

排名	城市	2008 年	2013 年	2018 年	2019 年	2020 年	YouTube 增长指数
246	博尔塔拉蒙古自治州	0	0	6	1	4	0.9
247	池州市	0	0	2	5	2	0.9
248	金昌市	0	1	3	4	3	0.9
249	临夏回族自治州	0	1	5	4	3	0.9
250	三沙市	0	1	4	6	2	0.9
251	商洛市	0	3	3	2	5	0.9
252	铜陵市	0	0	4	1	4	0.9
253	大兴安岭地区	0	0	0	0	4	0.8
254	迪庆藏族自治州	0	1	4	5	2	0.8
255	固原市	2	0	3	2	5	0.8
256	海东市	0	0	0	4	2	0.8
257	鸡西市	1	1	2	5	3	0.8
258	萍乡市	0	2	3	2	4	0.8
259	黔西南布依族苗族自治州	0	0	0	2	3	0.8
260	随州市	0	0	5	2	3	0.8
261	长治市	0	0	0	2	3	0.8
262	乌兰察布市	0	0	2	1	3	0.7
263	吴忠市	1	1	3	0	5	0.7
264	伊春市	0	0	1	1	3	0.7
265	巴中市	0	0	2	2	2	0.6
266	克孜勒苏柯尔克孜自治州	0	0	1	0	3	0.6
267	漯河市	0	5	3	3	4	0.6
268	铜川市	0	1	0	1	3	0.6
269	咸阳市	0	0	0	0	3	0.6
270	阳泉市	0	0	1	2	2	0.6
271	鹰潭市	0	1	2	3	2	0.6
272	山南市	1	10	15	5	6	0.5
273	海北藏族自治州	0	0	0	1	2	0.5
274	黄石市	0	1	4	0	3	0.5
275	忻州市	0	0	0	3	1	0.5
276	巴音郭楞蒙古自治州	0	0	1	0	2	0.4
277	朝阳市	0	2	2	2	2	0.4
278	汉中市	0	0	0	0	2	0.4
279	鹤岗市	0	1	0	3	1	0.4
280	辽阳市	0	0	5	2	1	0.4

续表

排名	城市	2008 年	2013 年	2018 年	2019 年	2020 年	YouTube 增长指数
281	辽源市	0	0	0	2	1	0. 4
282	昌都市	0	0	0	1	1	0. 3
283	定西市	0	0	1	1	1	0. 3
284	鹤壁市	0	0	2	1	1	0. 3
285	铁岭市	0	1	1	2	1	0. 3
286	通化市	0	1	4	0	2	0. 3
287	贵港市	0	0	0	0	1	0. 2
288	七台河市	0	0	0	0	1	0. 2
289	庆阳市	0	0	2	2	0	0. 2
290	天水市	4	1	8	3	4	0. 2
291	资阳市	1	1	6	3	1	0. 2
292	巴彦淖尔市	0	0	0	1	0	0. 1
293	白银市	0	4	2	3	1	0. 1
294	石嘴山市	0	0	0	1	0	0. 1
295	绥化市	0	0	2	1	0	0. 1
296	乌海市	1	0	2	1	1	0. 1
297	阜新市	4	2	0	4	3	0. 0
298	黄南藏族自治州	0	2	0	0	1	0. 0
299	兴安盟	0	5	1	1	1	-0. 2
300	日喀则市	10	138	81	49	50	-0. 9
301	鄂尔多斯市	4	53	51	21	1	-3. 8